辽宁省"十二五"普通高等教育本科省级规划教材

21世纪高等院校工程管理专业教材

U0674933

可行性研究与项目评估

KEXINGXING YANJIU YU XIANGMU PINGGU

（第五版）

宋维佳　王立国　王红岩　编著

东北财经大学出版社　大连
Dongbei University of Finance & Economics Press

图书在版编目（CIP）数据

可行性研究与项目评估 / 宋维佳，王立国，王红岩编著. —5版.
—大连：东北财经大学出版社，2020.9（2022.7重印）
（21世纪高等院校工程管理专业教材）
ISBN 978-7-5654-3933-9

Ⅰ．可… Ⅱ．①宋… ②王… ③王… Ⅲ．①基本建设项目-可
行性研究-高等学校-教材 ②基本建设项目-项目评价-高等学校-教
材 Ⅳ．F282

中国版本图书馆CIP数据核字（2020）第144558号

东北财经大学出版社出版
（大连市黑石礁尖山街217号　邮政编码　116025）
网　　址：http://www.dufep.cn
读者信箱：dufep@dufe.edu.cn
大连东泰彩印技术开发有限公司印刷　东北财经大学出版社发行
幅面尺寸：170mm×240mm　　字数：395千字　　印张：19.25　　插页：1
2020年9月第5版　　　　　　　　　　　2022年7月第2次印刷
责任编辑：李　彬　王芃南　王　斌　　　责任校对：孙　楠
封面设计：张智波　　　　　　　　　　　版式设计：钟福建

定价：39.00元

21世纪高等院校工程管理专业教材编写委员会

总序

8年前，我们依照建设部高等院校工程管理专业学科指导委员会制定的课程体系，组织我院骨干教师编写了"21世纪高等院校工程管理专业教材"。目前，这套教材已出版的有《工程经济学》《可行性研究与项目评估》《工程项目管理学》《房地产经济学》《项目融资》《工程造价》《工程招投标管理》《工程建设合同与合同管理》《城市规划与管理》《国际工程承包》《房地产投资分析》《土木工程概论》《投资经济学》《建筑结构——概念、原理与设计》《物业管理理论与实务》等17部。

上述教材的出版，既满足了校内本科教学的需要，也满足了外校和社会上实际工作者的需求。其中，一些教材出版后多次再版，深受读者的欢迎；一些教材还被选入"普通高等教育'十一五'国家级规划教材"和"十二五"普通高等教育本科国家级规划教材。从总体上看，"21世纪高等院校工程管理专业教材"已取得了良好的效果。

为进一步提升上述教材的质量，加大工程管理专业学科建设的力度，新一届编委会决定，对已出版的教材逐本进行修订，并适时推出本科教学急需的新教材。

组织修订和编写新教材的指导思想是：以马克思主义经济理论和现代管理理论为指导，紧密结合中国社会主义市场经济的实践，特别是工程建设的管理实践，坚持知识、能力、素质的协调发展，坚持本科教材应重点讲清基本理论、基本知识和基本技能的原则，不断创新教材编写理念，大力吸收工程管理的新知识和新经验，力求编写的教材融理论性、操作性、启发性和前瞻性于一体，更好地满足高等院校工程管理专业本科教学的需要。

多年来，我们在组织编写和修订"21世纪高等院校工程管理专业教材"的过程中，参考了大量的国内外已出版的相关书籍和刊物，得到国家发展和改革委员会、住房和城乡建设部等部门的大力支持，同时，东北财经大学出版社有限责任公司的领导、编辑为这套系列教材的及时出版提供了必要的条件，做了大量的工作，在此一并致谢。

编写一套高质量的工程管理专业的系列教材是一项艰巨、复杂的工作。由于编著者的水平有限，书中的缺点与不足在所难免，竭诚欢迎同行专家与广大读者批评指正。

21世纪高等院校工程管理专业教材编委会主任　王立国

第五版前言

可行性研究与项目评估均是从市场、资源、技术、经济和社会等方面对投资项目进行分析和论证，以判断项目投资是否可行，或从拟定的若干个有价值的投资方案中遴选出最合理的方案。我国开展可行性研究和项目评估工作始于20世纪80年代初，经过近40年的实践，可行性研究与项目评估理论日趋成熟。本教材自2001年9月初版以来，一直为众多高校和企业采用，本次为第五次修订再版。

《可行性研究与项目评估》第五版以《建设项目经济评价方法与参数（第三版）》为指南，秉承第四版的基本框架，不仅包括可行性研究的基本内容，而且还根据国内外经济形势的变化，依据国家现行的法律法规、政策制度以及标准规范，结合我国投资项目决策的具体实践，对投资估算与资金筹措、财务费用与效益分析中的"营改增"等内容，对全书内容作了相应的更新、增补和修订和完善。随着我国经济和投资体制改革的不断深入，可行性研究与项目评估实践中还会出现许多新理论、新做法和新经验，需要理论工作者及时总结。

修订后的教材可以作为高等院校工程管理、金融、工商管理、公共管理等专业的本科生的专业教材，同时还可作为学术型研究生和专业硕士以及银行信贷管理、工程项目管理、经济管理、财务管理和投资咨询等部门人员的参考书。

本次教材修订的人员分工是（以撰写章节为序）：王立国第一、二、五章，鞠蕾第三、四、十章，王红岩第六、七章，宋维佳第八、十一、十二、十四章，韩国高第九、十三、十五章。全书由宋维佳总纂、审改和定稿。

在本书的修订过程中，东北财经大学出版社给予了多方面的支持，特别感谢总编室李彬主任为本教材的修订付出了辛勤的努力；很多热心读者对教材的修订提出了中肯的建议。对于这些支持和帮助，在此一并致以由衷的谢忱！

尽管我们对原教材进行了更新、修订、补充和完善，但由于编者的学识水平有限，书中的不妥之处在所难免，恳请读者批评指正。

作　者
2020年5月于东北财经大学

目录

第一章

总 论

□ 学习目标

　　通过本章的学习，学生应该掌握投资决策的基本内容，包括可行性研究的阶段划分，可行性研究和项目评估的作用、内容和程序，以及可行性研究与项目评估的关系；熟悉投资项目的概念和项目类型的划分；了解投资的本质、作用和决定因素。

第一节　投资项目与投资决策

一、投资

（一）投资的本质

　　投资是促进生产力发展，提高社会物质文明程度和改善人民生活水平的主要推动力，也是可行性研究与项目评估的重要研究范畴。因此，科学、准确地把握投资的本质是十分必要的。

　　投资是指经济主体为未来获得收益而现时投入生产要素，以形成资产的一种经济活动。投资的另一层含义也可解释为经济主体为未来获得收益而现时投入的资金或资本。

　　从不同的角度分析，投资的内涵存在一定差异。由中国大百科全书出版社与不列颠百科全书公司合作编译的权威工具书《简明不列颠百科全书》对投资的解释是：投资是指"在一定的时期内期望在未来能产生收益而将收益变换成资产的过程"。"如从个体的观点来看，投资可分为生产资料投资和纯金融投资。就个体而言，二者均对投资者提供货币报酬，但就整体而论，纯金融投资仅表现为所有权的转移，并不构成生产能力的增加，生产资料投资能增加一国经济生产的能力，它是反映经济增长的因素。"①这里所讲的生产资料投资，是指经济意义上的投资，即直接投资；纯金融投资，是指金融意义上的投资，即间接投资。

保罗·萨缪尔森和威廉·诺德豪斯对投资的解释是："投资是一年内一国的建筑物、设备和库存等资本货物的增加部分。投资意味着牺牲当前消费以增加未来消费。""经济学家将'投资'（有时称为实际投资）定义为耐用资本品的生产。而在一般用法上，'投资'通常是指诸如购买通用汽车公司的股票或去开个存款户头这类东西。为了不产生混淆，经济学家将后者称为金融投资。""只有当有形的资本品生产发生时，经济学家才认为形成投资。"②

通过分析，在可行性研究和项目评估中所指的投资是直接投资，或者说是实际投资，而非间接投资或者纯金融投资。

就直接投资或实际投资而言，投资还分为宏观投资和微观投资。宏观投资是指整个国民经济的投资，包括一定时期内全社会范围内的投资规模、投资方向、投资结构和投资效益等。投资涉及的这些问题是国家或地方政府根据现有的资源条件、经济发展状况和未来的社会经济发展规划而确定的，或进行测算的，属于宏观经济范畴。微观投资一般是指项目投资，亦即投资项目。尽管项目的范畴比较大，涵盖一系列的活动，包括横向的项目和纵向的项目（如"上联"和"下联"项目），但都作为一个投资项目（可以作为一个"综合体"项目）来考虑。

在可行性研究与项目评估中的投资一般是指微观投资，亦即投资项目。

（二）投资的作用

1.从宏观的角度看，投资有两个方面的作用

（1）投资增加，会相应地扩大内需，从而增加社会总需求水平；投资减少，会相应地减少内需，从而减少社会总需求水平。从短期来看，产出和就业水平的变化取决于投资水平，投资增加，会增加社会的产出水平，同时提供更多的就业机会。

（2）通过投资能够增加社会的资本积累，提高潜在的生产能力，从而促进长期的经济增长。

2.从微观的角度看，投资有三个方面的作用

（1）增强投资者的经济技术实力。投资者通过投资项目的实施，不但增加了资本积累，而且提高了获得收益的能力，同时也增强了抵御风险的能力。

（2）提高投资者不断创新的能力。投资者通过自主研发或购买知识产权并实施投资项目，实现科技成果的商品化和产业化，不断地取得创新利润或垄断利润，从而使投资者具备长期的经济发展实力。

（3）增加投资者的市场竞争能力。经验表明，企业的市场竞争能力不但体现在技术创新上，而且取决于企业的规模。通过实施投资项目，可以扩大投资者的生产规模，达到规模经济，或者增加产品的种类，实行范围经济，在市场竞争中立于不

---

① 中国大百科全书出版社《简明不列颠百科全书》编辑部，美国不列颠百科全书公司亚洲出版物发展部.简明不列颠百科全书：第7卷［M］.北京：中国大百科全书出版社，1985：840.
② 萨缪尔森，诺德豪斯.经济学［M］.萧琛，等，译.16版.北京：华夏出版社，1999：320.

败之地。

（三）投资的决定因素

投资的决定因素主要有收益、成本和经济发展预期等。

1.收益因素

投资活动可以是新建一个工厂，可以是增加现有工厂的生产规模（扩建），也可以是对现有工厂进行更新改造，但不论是哪一种形式，投资者都要追求收益的增加。新建工厂和扩建工厂有助于投资者生产和销售更多的产品，从而增加收益；对现有工厂进行更新改造有利于投资者提高产品的市场竞争力，以此增加收益。

2.成本因素

投资成本包括资本品的价格、借款利息和投资者为其收入缴纳的税金。资本品的价格是指投资者购买土地、设备及其他资本货物和建造建筑物所支出的费用。资本品的价格是投资成本的主要部分，也是投资者最为关心的成本。投资者进行一项投资活动，经常需要外部资金的支持，或者向银行借款，或者在债券市场上发行债券，但无论是银行借款，还是发行债券，都要支付利息。一定时期的利率水平决定投资者的利息成本，从而决定投资支出。政府的税收也会影响投资成本，政府运用税收政策可以直接或间接地影响投资行为。不同部门、不同项目或不同国家的税收政策，都会对追求利润最大化的投资者的投资行为产生深远的影响。

3.经济发展预期因素

决定投资的第三个因素是预期。投资是为了在未来的一定时期取得预期的收益，因此对未来经济发展的预期就显得非常重要。如果估计未来的经济不景气，投资者的投资欲望就会大大减少；相反，如果认为经济有可能在近期迅速发展，投资者可能会大规模地进行投资。

正因为上述决定投资的三个因素，"投资决策取决于：①对新投资生产出的产品的需求状况；②影响投资成本的利率和税收；③企业对未来经济状况的预期"①。

二、投资项目

（一）投资项目的界定

在我国，关于投资项目，目前尚无公认的解释。按照世界银行的解释，投资项目是指在规定的期限内，为完成一项（或一组）开发目标而规划的投资、政策、机构以及其他各方面的综合体。

投资项目一般要包括以下因素或其中的几个因素：

（1）具有能用于土建工程和（或）机器设备及其安装等投资的资金。

（2）具备提供有关工程设计、技术方案、实施施工监督、改进操作和维修等业务的能力。

（3）拥有一个按集中统一原则组织起来的，能协调各方面关系，促进各类要素

---

① 萨缪尔森，诺德豪斯. 经济学［M］. 萧琛，等，译. 16版. 北京：华夏出版社，1999：343.

合理配置，高效、精干的组织机构。

（4）改进与项目有关的价格、补贴、税收和成本回收等方面的政策，使项目能与所属部门和整个国民经济的发展目标协调一致，并提高项目自身的经济效益。

（5）拟订明确的项目目标以及项目的具体实施计划。

（二）投资项目的类型

根据不同的分类标准，投资项目可划分为不同的类型。

1.按项目的目标不同，可划分为经营性项目和非经营性项目

经营性项目以实现所有者权益最大化为目标，以投资谋利为行为趋向。绝大多数生产或者流通领域的项目都属于这种类型。

非经营性项目不以追求盈利为目标，这包括本身就没有经营活动、没有收益的项目，如城市道路、路灯、公共绿化和植树造林等项目。这类项目的投资一般由政府安排，营运资金由政府支出。另外，有的项目的产出直接为公众提供基本生活服务，本身有生产经营活动，有营业收入，但产品价格不由市场机制形成。这种项目有的能收回投资，有财务生存能力；有的不能收回全部投资，需要政府补贴才能维持运营。

2.按项目的内容不同，可划分为工业投资项目和非工业投资项目

工业投资项目，简称工业项目，即国民经济中各工业部门的投资项目，主要包括钢铁、有色金属、煤炭、石油、化学、电力、机械、建材、轻工、纺织等工业部门的投资项目。

非工业投资项目，简称非工业项目，即工业投资项目之外的所有投资项目，主要包括农业、水利、林业、水产、铁路、公路、民航、邮政、电信、公用事业等部门的投资项目。

3.按项目的投资来源不同，可划分为政府投资项目和企业投资项目

政府投资项目是指政府使用政府性资金建设的项目以及有关的投资活动，投资活动可以采用直接投资、资本金注入、投资补助、转贷和贴息等方式进行。政府性资金包括财政预算投资资金、利用国际金融组织和外国政府贷款的主权外债资金、纳入预算管理的专项建设资金，以及法律和法规规定的其他政府性资金。

企业投资项目是指企业不使用政府性资金的投资项目，包括企业使用政府补助、转贷、贴息投资建设的项目。

4.按项目的产品（或服务）属性不同，可划分为公共项目和非公共项目

公共项目是指为满足社会公众需要，生产或提供公共产品（包括服务）的项目，一般多为非经营性项目。公共产品的特征是具有非排他性或排他无效率，这类项目提供的产品有很大一部分无法或不应收费。

公共项目主要包括基础性投资项目和公益性投资项目，基础性投资项目是指为其他产业的发展提供基本生产资料和生产条件的基础产业的项目；公益性投资项目是指为满足社会公众公共需求的项目。

非公共项目是指除了公共项目以外的其他项目，这类项目是可以通过收费回收

投资，并且可以通过收费获得利润的。这类项目一般都是竞争性投资项目，如加工工业项目、商业项目和服务业项目等。

5.按项目与企业原有资产的关系，可划分为新建项目和改扩建项目

改扩建项目与新建项目的区别为：改扩建项目是在原有企业基础上进行建设的，在不同程度上利用了原有企业的资源，以增量带动存量，以较小的新增投入取得较大的新增效益。

6.按项目的投资主体不同，可划分为国内投资项目和外商投资项目

国内投资项目是指全部由国内投资者投资兴建的项目，其资金来源可以是投资者的自有资金，也可以是在国内外筹集的资金。

外商投资项目具体包括以下三类：中外合资经营投资项目，简称合资项目，是一种股权式合营项目，即由一个或几个中国的公司、企业或其他经济组织与一个或几个外国的公司、企业或个人共同出资兴建的项目，合资各方按股权比例分配收益和承担风险；中外合作经营投资项目，简称合作项目，是一种契约式合营项目，一般是指由中方合作者提供土地、厂房、劳动力等，由外方合作者提供设备、资金和技术等，共同兴建的项目，合作各方按契约规定的比例分配收益和承担风险；外商独资项目，即由外商独自出资兴建的项目。

此外，还可根据其他不同的标准，将项目划分为不同的类型，如可按项目的设计生产能力，将其划分为大型项目、中型项目和小型项目。

三、投资决策

(一) 投资决策的含义

如上所述，无论是在宏观方面，还是在微观方面，无论是政府，还是企业（厂商），在其经济发展或经营过程中，投资都发挥着重要的作用。政府通过投资，提供公共品，满足社会需求，提高效率；企业通过投资，提供私人物品，满足市场需求，取得利润。在一定时期，政府或企业的可利用资源都是有限的，合理配置资源，提高利用效率就显得非常重要。投资者要审慎地选择项目，以达到最佳资源配置，使生产最有效率。另外，投资不但需要热切的心情，而且需要冷静的头脑。一个投资者仅有投资的冲动是不够的，在拟建项目之前，还要进行科学的分析论证，分析该项投资能给投资者带来什么好处，给整个社会经济带来什么影响，在权衡利弊的基础上决定是否实施该项投资。另外，投资项目不但具有收益性、长期性和不可逆性的特点，而且在未来具有很大的不确定性，投资者能否取得预期的利润取决于未来社会经济发展的条件、环境和趋势等，所有的投资都建立在对未来收益的估计上，这就需要投资者和资金的供给者在拟建项目建设之前进行科学的投资决策，充分估计未来的不确定性，使一定的投入取得最佳的回报。投资决策是指根据预期的投资目标，拟订若干个有价值的投资方案，并用科学的方法或工具对这些方案进行分析、比较和遴选，以确定最佳实施方案的过程。

（二）投资决策的程序

1.投资决策的一般程序

投资决策的一般程序为：

（1）调查研究、搜集信息并提出问题，在此基础上确定预期目标

一般来讲，投资项目是投资者在充分调研和思考的基础上，根据自己的要求提出来的。作为一个政府，为了充分发挥其经济职能，要实施投资项目。而一项投资总是为实现一定的目标服务的，或者为了提供更多的公共品，满足社会需求，或者为了充分发挥城市的功能，或者为了矫正外部不经济性和垄断。一个企业，无论是原有企业，还是新建企业，为了企业的生存和发展，一定时期都要进行项目投资。每一项投资都是为一定的经济目标服务的。具体来说，这些经济目标主要包括：使高科技成果商品化和产业化；扩大市场份额，提高市场竞争力；增加生产规模，达到规模经济；增加与企业目前正在生产的产品有关的产品（如"上游"和"下游"产品），达到范围经济；平衡企业的生产能力，增加产量；进行产品的更新换代，保证市场占有率；实施替代进口战略；把资源优势转化为经济优势。

（2）根据宏观环境和现有条件拟订若干个有价值的方案

一般来讲，欲达到预期目标，可能存在诸多可实施方案。投资者或受投资者委托的中介咨询机构可根据预期的目标和现有的市场、资源、技术等条件拟订若干个有价值的方案。所谓有价值的方案有两层含义：一是强调拟订的方案要具有可实施性，不能拟订根本无法实施的方案；二是在拟订的可实施方案中有两种选择，即可能实施拟订方案，也可能不实施拟订方案（后者称为"零方案"），不实施项目本身也是一个有价值的方案。

（3）对拟订的方案进行分析、比较，遴选出最满意的实施方案

拟订一系列有价值的方案后，要用科学的方法对这些方案进行全面的分析和比较，以遴选最使投资者满意的方案。所谓科学的方法，是指运用可行性研究和项目评估的方法进行项目的遴选，可行性研究和项目评估是投资决策的重要手段或重要工具。作为政府投资的项目，可主要进行经济分析和社会评价，遴选既可以保证项目的可持续性，又能有利于政府财政和利益相关者的可实施方案。作为企业投资的项目，可以利用可行性研究和项目评估对这些方案的市场、规模、建设条件和生产条件、技术工艺、财务效益以及经济效益等进行分析、比较，遴选具体实施的方案。所谓投资者满意的方案，是指在各个方面都基本满足了投资者的需求。项目可行与否取决于诸多方面的因素，实施一项投资项目，需要具备各方面的条件，所以，几乎不存在从各个方面来讲都是最佳的方案，所选择的方案只能是投资者最满意的方案。

（4）确定实施的计划，提出合理化建议

当确定了实施方案以后，就要制订实施计划，或者是细化可行性研究和项目评估中的实施计划，或者是修改实施计划，或者根据论证的结果，重新制订实施计划。之所以要提出合理化建议，是因为在实施项目中，不是所有的条件都能满足要

求，需要有关部门或有关人员为项目的顺利实施提出建议，使项目按照预期的目标和竣工时间投入使用，发挥应有的效益。

2.国际金融机构的投资决策程序

各个国家和国际组织对投资决策程序都有自己的规定。全球性金融机构（如世界银行）和一些区域性的金融机构（如亚洲开发银行和非洲开发银行）的项目决策程序主要有以下几个环节：

（1）明确问题和目标；

（2）研究项目的背景；

（3）收集有关信息资料；

（4）安排项目分析的步骤；

（5）对项目进行经济分析；

（6）衡量非经济的影响；

（7）进行不确定性分析；

（8）综合权衡；

（9）提出项目评估报告及其他建议；

（10）最终作出投资决策。

以上只是国际金融机构一般的投资决策程序，事实上，由于投资的规模、投资项目的性质和投资主体的不同，使得投资项目具有不同的特点，从而在决策程序的繁简上也有区别。

3.我国现行的投资项目决策程序

根据《国务院关于投资体制改革的决定》（国发〔2004〕20号）的要求，把投资项目划分为政府投资项目和企业投资项目。企业投资项目不再实行审批制，区别不同情况实行核准制和备案制。其中，政府仅对重大项目和限制类项目从维护社会公共利益角度进行核准，其他项目无论规模大小，均改为备案制，项目的市场前景、经济效益、资金来源和产品方案等均由企业自主决策，自担风险，并依法办理环境保护、土地使用、资源利用、安全生产、城市规划等许可手续和减免税确认手续。对于实行备案制的投资项目，除国家另有规定，由投资者按照属地原则向地方政府投资主管部门备案。备案制的具体实施办法由省级人民政府自行制定。国务院投资主管部门要对备案工作加强指导和监督，防止以备案的名义变相审批。

《政府核准的投资项目目录》由国务院投资主管部门会同有关部门研究提出，报国务院批准后实施。未经国务院批准，各地区、各部门不得擅自增减该目录规定的范围。实行核准制的投资项目，投资者仅需向政府提交项目申请报告，不用提交审批项目建议书、可行性研究报告和开工报告等。政府对企业提交的项目申请报告，主要从维护经济安全、合理开发利用资源、保护生态环境、优化重大布局、保障公共利益、防止出现垄断等方面进行核准。对于外商投资项目，政府还要从市场准入、资本项目管理等方面进行核准。政府有关部门要制定严格规范的核准制度，明确核准的范围、内容、申报程序和办理时限，并向社会公布，提高办事效率，增强透明度。

审批制适用于政府投资项目。政府投资项目是指全部或部分使用中央预算内资金、国债专项资金、省级预算内基本建设和更新改造资金投资建设的项目。对于政府投资项目，采用直接投资和资本金注入的，从投资决策角度只审批项目建议书和可行性研究报告，除特殊情况外，不再审批开工报告，同时应严格管理政府投资项目的初步设计、概算审批工作；采用投资补助、转贷和贷款贴息方式的，只审批资金申请报告。具体的权限划分和审批程序由国务院投资主管部门会同有关方面专家进行研究制定，报国务院批准后颁布实施。

（1）企业投资项目的决策程序（以实行核准制为例）

①提交项目申请报告。对于项目申请报告，国家规定了比较严格的标准，投资者应按要求的内容提交报告。

②政府职能部门（发展和改革委员会，简称发改委）对投资者提交的项目申请报告进行核准。在投资者提出项目申请以后，政府职能部门在规定的时间内对项目进行核实、论证。如果属于重大项目，政府职能部门还要委托有资质的中介咨询机构进行项目评估，若符合有关要求，予以核准。

③办理相关手续。项目核准后，投资者可以此办理相关手续，包括环境保护、土地转让和城市规划等。当然，在办理环境保护手续前，要根据《中华人民共和国环境影响评价法》（2003年9月1日起施行，2016年第一次修正，2018年第二次修正）的要求，委托有资质的机构编制环境影响评价报告。

④金融机构进行项目评估。如果企业需要贷款，金融机构在提供贷款之前，要按照贷款程序进行项目评估。

（2）政府投资项目的决策程序

①提交项目建议书。在拟建项目之前，项目的投资者必须向政府职能部门（发改委）提交项目建议书，并由政府职能部门审批。

②编制并提交可行性研究报告。如果项目建议书得到批准，投资者要委托有资质的中介咨询机构编制可行性研究报告，并提交给政府职能部门。对于一般投资项目，政府职能部门要组织有关专家进行论证；对于重大投资项目，政府职能部门要委托有资质的中介咨询机构进行项目评估。对于符合有关要求的投资项目，政府职能部门应下发文件，准予实施。

③办理相关手续。项目获得批准后，投资者可以此办理相关手续，包括环境保护、土地征用和城市规划等。与企业投资项目相同，在投资者办理环境保护手续前，要根据《中华人民共和国环境影响评价法》（2003年9月1日起施行，2016年第一次修正，2018年第二次修正）的要求，委托有资质的机构编制环境影响评价报告。

④金融机构进行项目评估。如果政府投资项目需要贷款，金融机构在提供贷款之前，要按照贷款程序进行项目评估。

第二节　可行性研究

一、可行性研究及其作用

可行性研究是在投资项目拟建之前，通过对与项目有关的市场、资源、工程技术、经济和社会等方面的问题进行全面分析、论证和评价，确定项目是否可行或选择最佳实施方案的工作。可行性研究在国外已被广泛采用，其理论和方法也日臻完善，我国于20世纪70年代末到80年代初，在投资项目决策中引入西方的可行性研究方法。

（一）可行性研究的阶段划分

国外大型投资项目的可行性研究一般包括投资机会研究、初步可行性研究和详细可行性研究三个阶段。

1.投资机会研究阶段

投资机会研究亦称投资鉴定，即寻求最佳投资机会的活动。投资机会研究可分为一般机会研究和具体机会研究。一般机会研究又可分为三种：一是地区研究，旨在通过研究某一地区自然地理状况、其在国民经济体系中的地位以及自身的优劣势而寻求投资机会；二是部门（或行业）研究，旨在分析某一部门（或行业）由于技术进步、国内外市场变化而出现的新的发展和投资机会；三是以资源为基础的研究，旨在分析由于自然资源的开发和综合利用而出现的投资机会。在进行一般机会研究时，可参考国内外同类项目、同类地区和同类投资环境的成功案例。在发展中国家，一般机会研究通常由政府部门或专门机构进行，作为中央政府制定国民经济长远发展规划的依据。

根据一般机会研究的结论，当某项目有投资条件时，就可进行具体机会研究，即具体研究某一项目得以实施的可能性，将项目设想转变为投资建议。

投资机会研究是可行性研究的第一阶段，如果投资机会研究的结论表明投资项目是可行的，则可进入下一阶段，即进行更深一步的研究。投资机会研究是比较粗略的，投资费用和生产（或营业）成本一般根据同类项目加以推算，误差一般要求为±30%，研究费用一般占总投资额的0.2%~1.0%，时间一般为1~3个月。

2.初步可行性研究阶段

初步可行性研究亦称预可行性研究，是指在投资机会研究的基础上，对项目可行与否所作的较为详细的分析论证。初步可行性研究是介于投资机会研究与详细可行性研究之间的一个中间阶段，起着承上启下的作用，对于大型复杂项目而言，是一个不可缺少的阶段。一般来讲，详细可行性研究需要收集大量的基础资料，花费较长的时间，支出较多的费用，因此，在此之前进行项目初步可行性研究是十分必要和科学的。初步可行性研究与详细可行性研究相比，除研究的深度与准确度有差异外，其内容是大致相同的。初步可行性研究得出的投资额误差一般要求为±20%，研究费用一般占总投资额的0.25%~1.5%，时间一般为4~6个月。

3.详细可行性研究阶段

详细可行性研究亦称最终可行性研究，它是投资决策的重要阶段。在该阶段，要全面分析项目的全部组成部分和可能遇到的各种问题，并最终形成可行性研究的书面成果——可行性研究报告。详细可行性研究得出的投资额误差一般要求为±10%，研究费用一般占总投资额的1.0%~3.0%（小型项目）或0.2%~1.0%（大型项目），时间一般为8~10个月或更长。

此外，对某些特定的大型复杂项目，还要进行辅助研究。辅助研究亦称功能研究，是指对项目某一个或某几个方面的关键问题进行的专门研究。辅助研究并不是一个独立的阶段，而是作为初步可行性研究和详细可行性研究的一部分。辅助研究一般包括以下几类：产品市场研究、原材料和其他投入物研究、实验室和中间试验研究、厂址选择研究、规模经济研究、设备选择研究等。

（二）可行性研究的作用

可行性研究的最终成果是可行性研究报告，它是投资者在前期准备工作阶段的纲领性文件，是进行其他各项投资准备工作的主要依据。对投资者而言，可行性研究有如下作用：

1.为投资者进行投资决策提供依据

进行可行性研究是投资者在投资前期的重要工作，投资者需要委托有资质、有信誉的投资咨询机构，在充分调研和分析论证的基础上，编制可行性研究报告，并以可行性研究的结论作为其投资决策的主要依据。《国务院关于投资体制改革的决定》颁布以后，取消了企业投资项目提交可行性研究报告的要求，只规定投资者提交项目申请报告。实际上，这只是审批体制的变化，并不等于投资者不需要编制可行性研究报告。无论从理论上讲，还是从国内外的实践经验上讲，在拟建项目之前，投资者都应该进行可行性研究，为自己的投资决策把关。

2.为投资者筹措资金提供依据

投资者筹措资金包括寻找合作者投入资金和申请金融机构贷款。在寻找合作者，特别是国外的合作者时，往往需要编制可行性研究报告，如到国外去招商，在向外商提供项目资料时，可行性研究报告是主要的资料之一，外商会根据项目的可行性研究报告，与国内的投资者签订合作意向书。对于申请金融机构贷款，无论是国外的金融机构，还是国内的金融机构，其在受理项目贷款申请时，首先要求申请者提供可行性研究报告，然后对其进行全面、细致的审查和分析论证，并在此基础上编制项目评估报告，评估报告的结论是银行确定是否贷款的重要依据。世界银行等国际金融机构也都将提交可行性研究报告作为申请贷款的先决条件。

3.为商务谈判和签订有关合同或协议提供依据

有些项目可能需要引进技术和进口设备，如与外商谈判时要以可行性研究报告的有关内容（如设备选型、生产能力、技术先进程度等）为依据。有时，外商往往会要求，在项目的可行性研究报告被批准之后才签约。在项目实施与投入运营之后，需要供电、供水、供气、通信和原材料等单位或部门的协作，因此，要根据可行性研究报告的有关内容与这些单位或部门签订有关协议或合同。

4.为工程设计提供依据

在可行性研究报告中，对项目的场（厂）址选择、总图布置、生产规模、产品方案、生产工艺、设备选型等都进行了方案比选和论证，确定最优方案。投资者可依据可行性研究报告进行工程设计。

此外，可行性研究报告还可为设备订货、施工准备、机构设置和人员培训等提供依据。

二、可行性研究的内容和程序

（一）可行性研究的内容

可行性研究的内容和报告的编写格式因项目的不同而有差异。联合国工业发展组织（UNIDO）编写的《工业可行性研究编制手册》（最新修订及增补版）提供了一般工业项目可行性研究的内容和报告的编写格式，主要包括以下几个方面：

1.实施纲要

简要描述可行性研究的结论，并归纳研究报告各个关键性问题。实施纲要的结构与可行性研究的正文一致。归纳的关键性问题主要包括：有关商业环境的数据及可靠程度；项目的投入物和产出物；对市场、供应和工艺技术趋势所作预测的误差（不确定性和风险）幅度和范围以及项目的设计等。

2.项目的背景和基本设想

主要考察项目的设想是否符合有关国家总的经济情况的基本结构以及工业发展情况。对项目要详细叙述，对项目发起人（投资者）及他们对项目感兴趣的理由都要加以审定。

3.市场分析与销售设想

这一部分是可行性研究的重点之一。要求对项目的市场供求量进行预测和分析，判断项目产品是否有市场潜力，然后确定销售产品的规划和设想，为实现预期利润奠定基础。

4.原材料和供应品

叙述并确定企业生产所需的不同投入物，分析并叙述各种投入物的来源和供应情况，以及估算最终生产成本的方法，为进行财务基础数据估算打好基础。

5.建厂地区、厂址和环境

叙述确定项目建厂地区、厂址的分析方法和选择方法，并就项目对环境的影响进行深入的分析和评价。

6.工程设计和工艺

工程设计的任务是设计工厂生产规定的产品必需的功能布置图和各单项工程的布置图。工艺选择及技术的取得也是工程设计的一个必要组成部分。在工艺选择和技术取得中要涉及工业产权问题。工程设计和工艺选择要考虑整个建筑工程的布置和设计、生产能力的确定、工艺的遴选、设备的选型和安装及各项投资支出和生产运营支出的估算。

7.组织和管理费用

涉及管理和控制工厂整体运行所需组织和管理的发展与设计，以及相关的费用支出情况。

8.人力资源

论述制订人力资源计划，涉及项目对人力资源的质量和数量要求，以及人员来源和培训的需要、工资和其他与人员有关的费用及培训成本的估算方法。

9.实施计划和预算

论述项目实施计划和预算的目标，叙述主要的实施工作的特点和主要的限制因素，并介绍编制实施计划的技术。

10.财务分析和经济分析

主要是在上述投资估算和有关财务基础数据（如投资额、销售收入、税金和总成本费用等）的基础上编制一系列带有汇总性质的表格，并根据这些表格计算相应的指标，进行项目的财务分析和经济分析，以及各层面的不确定性分析。

（二）可行性研究的程序

可行性研究可分为三个阶段，除了投资机会研究阶段（类似于我国的项目建议书阶段）比较简单，不一定有一个比较固定的程序外，初步可行性研究阶段和详细可行性研究阶段一般都有一个相对比较固定的程序。

1.组织工作小组

对拟建项目进行可行性研究，首先要确定工作人员，成立可行性研究小组。工作小组的人员结构要尽量合理，不同规模和不同行业的项目，工作小组的人员构成有一定的区别。根据我国的实际情况，编制可行性研究报告实行资质制度，投资者一般要委托有资质的中介机构（如工程咨询公司、各类设计院等）编制可行性研究报告。工作小组成立以后，可按可行性研究的内容进行分工，并分头进行调研，分别撰写详细的提纲，并要求根据提纲展开下一步的工作。

2.数据调研

根据分工，工作小组各成员分头进行数据调查、整理、估算、分析，以及有关指标的计算等。在可行性研究过程中，数据的调查和分析是重点。可行性研究所需要的数据可来源于三个方面：一是投资者提供的资料。因为投资者在进行投资项目的初步决策时，已经对与项目有关的问题进行过比较详细的考察，获取了一定量的信息，这可以作为中介咨询机构的重要信息来源。二是中介咨询机构本身所拥有的信息资源。一般来讲，中介咨询机构都是有资质的从事投资项目咨询的机构，拥有丰富的经验和专业知识，同时也拥有大量的历史资料、经验资料和关于可行性研究方面的其他相关信息。三是通过调研获取信息。一般来讲，投资者提供的资料和中介咨询机构拥有的信息不可能满足编制可行性研究报告的要求，还要进行广泛的调研，以获取更多的信息资料。必要时，也可委托专业调研机构进行专项信息调研，以保证获得更加全面的信息资料。

3.形成可行性研究报告初稿

在取得信息资料后，要对其进行整理和筛选，并组织有关人员进行分析论证，以考察其全面性和准确性。在掌握了所需信息资料以后即进入可行性研究报告的编写阶段，编写出可行性研究报告的初稿。报告的编写要求工作小组成员进行很好的衔接，因为可行性研究报告的各项内容是有联系的，需要各成员的衔接和联合工作才能完成。

4.论证和修改

编完可行性研究报告的初稿以后，要由工作小组成员进行分析论证，形式是：由工作小组成员介绍各自负责的部分，大家一起讨论，提出修改意见。对于可行性研究报告，要注意前后的一致性、数据的准确性、方法的正确性和内容的全面性等，提出的每一个结论，都要有充分的依据。有些项目还可以扩大参加论证的人员的范围，可以请有关方面的决策人员、专家和投资者等参加讨论。在经过充分的讨论以后，再对可行性研究报告进行修改，并最后定稿。

第三节　项目评估

一、项目评估及其作用

(一) 项目评估的含义

项目评估是指在可行性研究的基础上，根据国家有关部门颁布的政策、法律法规、方法和参数等，从项目（或企业）、国民经济和社会的角度出发，由有关部门（包括银行、中介咨询机构等）对拟建投资项目的必要性、建设条件、生产条件、产品市场需求、工程技术、财务效益、经济效益和社会效益等进行全面分析论证，并就该项目是否可行提出相应的职业判断的一项工作。

(二) 项目评估的作用

如上所述，在我国，当政府投资项目的投资者向政府职能部门提出投资要求时，政府职能部门首先需要投资者提交项目建议书和可行性研究报告，然后组织有关人员进行项目论证。

1.为上级主管部门把关提供依据

在现行经济体制下，投资者在拟建项目之前都要由其主管部门进行审批，在征得主管部门同意之后，方能实施该项目，而主管部门只有在进行项目评估（或通过类似于项目评估的形式）以后才能作出决策。从这个意义上讲，项目评估可以为上级主管部门把关提供依据。

2.为金融机构贷款决策提供依据

金融机构提供贷款一般坚持"三性"原则，即效益性、安全性和流动性，凡是申请贷款（一般是中长期贷款）的投资者，都要在提交贷款申请的同时，提供项目的可行性研究报告，由金融机构组织或委托有资质的中介咨询机构进行项目评估，并主要以项目评估的结论作为是否提供贷款的依据。在现行的经济体制和金融体制下，金融机构更加重视信贷资产的质量，对投资项目贷款的要求更加严格，无论项目规模的大小，也无论项目属于什么行业，都要严格把关，进行真正的项目评估。从这个意义上讲，项目评估可以为金融机构进行贷款决策提供依据。

3.为政府职能部门审批项目提供依据

在现行经济体制下，我国实行的是项目审批制度，一般的投资项目都要经过各级政府职能部门的审批才能实施。即使对项目审批制度进行改革，有些项目也需要政府职能部门的审批，如有关国计民生的项目、大型基础设施项目和资源开发项目等。在审批项目之前，政府职能部门要对拟建的大型项目进行评估，评估这些项目所花费的时间、财力和人力比可行性研究更多，特别是那些有关国计民生的大型的、结构复杂的投资项目。从这个意义上讲，项目评估为政府职能部门审批项目提供了依据。

二、项目评估的内容和程序

（一）项目评估的内容

项目评估的目标是为投资决策提供科学依据。项目的类型很多，其规模、性质和复杂程度各不相同，因而其评估的内容与侧重点也有一定的差异，但其基本内容大同小异，主要包括以下几个方面：

1.项目与企业概况评估

在这一评估过程中，首先，对项目实施的背景进行简要分析。其次，对各类项目的基本概况进行简要分析。对于基本建设项目，主要评估项目的投资者、建设性质、建设内容、产品方案、项目隶属关系，以及项目得以成立的依据（如立项批复文件、选址意见书）等。对于更新改造项目，除上述内容外，还要评估现有企业的基本概况、历史沿革、组织机构、技术经济水平、资信程度、经济效益等。对于中外合资项目，还要分别评估合资各方的基本概况。

2.项目建设必要性评估

这一评估过程主要从宏观和微观角度论述项目建设的必要性，如项目的建设是否符合国家的产业政策，是否符合国民经济发展规划与地区发展规划，是否有助于优化城市总体布局等。

3.项目市场需求分析

这一评估过程主要分析项目生产的产品（或所提供的服务）的市场现状、未来发展趋势，以及产品（或服务）在市场上的竞争能力等。

4.项目生产规模确定

这一评估过程在必要性评估与市场需求分析的基础上，结合项目的具体情况（如厂址情况、资金筹措能力、技术和管理水平、规模经济等），确定项目的最佳生产规模。

5.项目建设生产条件评估

这一评估过程主要评估项目的建设施工条件能否满足项目正常实施的需要，项目的生产条件能否满足正常生产经营活动的需要。

6.项目工程与技术评估

这一评估过程主要评估项目工程设计是否合理，项目所采用的工艺是否具备先进性、经济性、合理性和安全性，以及设备选型是否合理等。

7.投资估算与资金筹措

这一评估过程主要估算项目总投资额（包括建设投资、流动资金投资与建设期利息等），并制订相应的资金筹措方案和资金使用计划。

8.财务分析

这一评估过程从企业或项目的角度出发，根据收集和估算出的财务数据，以财务价格为基础，编制有关表格，计算相应的技术经济指标，据此判断项目的财务盈利能力和清偿能力。

9.经济分析

这一评估过程从国民经济的角度出发，根据收集和估算出的经济数据，以影子价格为基础，编制有关表格，计算相应的技术经济指标，据此判断项目对国民经济的贡献。

10.社会分析

这一评估过程从社会的角度出发，以社会影子价格为基础，编制社会评价表格，计算相应的技术经济指标，据此判断项目对实现社会发展目标的贡献。

应当指出，目前项目的社会评价指标体系尚不完善，加之有关权数的确定受主观因素的影响较大，特别是有些学者认为，我国项目社会效益分析所要解决的问题可通过制定宏观经济政策加以解决，故我国项目评估中一般不包括此项内容。

11.不确定性分析

这一评估过程通过运用有关方法、计算有关指标，考察项目抵御风险的能力。

12.项目总评估

这一评估过程是在上述各项评估的基础上，得出项目评估的结论，并提出相应的问题和建议。

在实际评估中，可根据项目的性质、规模、类别等对上述内容加以调整。

（二）项目评估的程序

项目评估的程序是指开展项目评估工作应当依次经过的步骤。不同类型的项目，其投资额不同，涉及面不同，因而对其进行评估的程序也不完全相同。就一般项目而言，其评估的程序大致如下：

　　1.准备和组织

　　与可行性研究一样，对拟建项目进行评估，首先要确定评估人员，成立评估小组。因为项目评估与可行性研究都是从市场、资源、技术、经济和社会等几个方面考察拟建项目的可行性的，所以，评估小组的人员结构类似于可行性研究工作小组的人员结构。其次，组成评估小组以后，组织评估人员对可行性研究报告进行审查和分析，并提出审查意见。最后，综合各评估人员的审查意见，编写评估报告提纲。

　　2.搜集整理数据

　　根据评估报告的内容，由评估小组负责人作出明确的分工，各自分头工作，包括数据调查、估算和分析，以及指标的计算等。数据调查、估算和分析重点在于审查可行性研究提出的问题。在对收集到的资料进行整理以后，进行审核和分析。在基本掌握所需要的数据以后即进入评估报告的编写阶段。

　　3.编写评估报告初稿

　　报告的编写要求各评估人员进行很好的衔接，因为评估报告的内容都是有联系的。一般地，先进行项目的概况分析、市场分析、建设生产条件和技术评估，然后再进行有关财务数据的估算，计算有关评价指标，进行财务效益分析、国民经济效益分析和不确定性分析，最后是总评估，包括问题和建议。

　　4.论证与修改

　　编写出项目评估报告的初稿以后，首先要由评估小组成员进行分析和论证，提出修改意见。这一阶段是项目评估的关键，一定要充分掌握数据，并保证数据的准确和客观。计算指标的方法一定要科学合理，并且，不同特点的项目要选用有侧重点的方法和指标体系。评估报告提出的每一个问题，要有充分的依据。

第四节　可行性研究与项目评估的关系

　　可行性研究和项目评估都是以分析和论证项目可行与否为己任的，两者关系密切，有许多共同之处，亦各有特点。

一、可行性研究与项目评估的联系

　　1.均处于项目发展周期的建设前期

　　可行性研究和项目评估均处于项目投资前期阶段。可行性研究是在项目建议书（相当于国外的投资机会研究）批准之后，对项目可行与否进行的全面分析论证；项目评估则是对项目的可行性研究进行审查与分析，进而判断其是否可行。两者都是重要的前期准备工作。这两项工作的质量如何，对项目投资决策都会产生重大影响。

2.基础理论基本相同

可行性研究和项目评估都是应用性的学科，要掌握其理论和方法体系，需要许多基础理论。从可行性研究和项目评估包括的内容来看，它们的基础理论都是市场学、工程经济学和费用－效益分析等。

3.工作内容基本相同

可行性研究和项目评估无论从经济评价指标计算的基本原理、分析对象、分析依据，还是分析内容都是相同的。就同一个投资项目而言，从经济评价的角度看，无论是项目评估还是可行性研究，它们计算评价指标的基本原理是相同的，都是通过比较计算期的所费与所得，计算一系列技术经济指标，得出可行与否的结论；其分析的对象是一致的，都是项目；它们分析的某些依据是相同的，都是国家的有关规定和有关部门为拟建项目下达的批复文件等；它们分析的内容均包括建设必要性、市场条件、资源条件、工程技术、经济效益等部分。

4.最终工作目标及要求相同

为拟建项目进行评估和开展可行性研究的最终目标都是一致的，即通过分析论证，判断项目是否可行，实现投资决策的科学化、程序化和民主化，提高投资效益，使资源得到最佳配置。两者的要求也是相同的，都是在调查研究的基础上进行分析和预测，得出公正客观的结论。

二、可行性研究与项目评估的主要区别

可行性研究和项目评估存在诸多相同之处，从理论和实践方面来看，两者又有明显的区别。

1.行为的主体不同

可行性研究工作是由投资者组织或委托的，而项目评估则是由贷款银行或有关部门组织或委托的。一般来讲，这两项活动均须委托有关工程咨询机构（或其他中介机构）进行，但其所代表的仍是不同的行为主体，即咨询机构要对不同的行为主体负责。

2.立足点不同

可行性研究是站在直接投资者的角度来考察项目的，而项目评估则是站在贷款银行或有关部门的角度来考察项目的。由于角度不同，可能导致对同一问题的看法不同，结论也可能出现差异。

3.所起的作用不同

两者都是投资决策的重要依据，可行性研究是投资者进行投资决策和政府职能部门审批项目（在现行投资项目审批制度条件下）的重要依据，项目评估则是政府职能部门（对于大型项目而言）和上级主管部门审批项目的重要依据，更是金融机构确定贷款与否的重要依据。两者不可能也无法相互替代。

4.所处的阶段不同

尽管两者同处于项目建设周期中的建设前期，但在此时期内，可行性研究在

先，项目评估在后，这一工作顺序是不能颠倒的。可行性研究是投资决策的首要环节，但仅有这一环节是不够的，还必须在此基础上进行项目评估。项目评估人员要充分利用可行性研究的成果，进行周密的调查研究与分析论证，独立地提出决策建议。可行性研究为项目评估提供工作基础，而项目评估则是可行性研究的延伸和再研究。

■ 本章小结

投资是指经济主体为未来获得收益而现时投入生产要素，以形成资产的一种经济活动。可行性研究与项目评估中研究的投资是专指增加或恢复生产能力的直接投资，或者说是实际投资，即项目投资，不包括金融投资。

就实际投资或直接投资而言，还有宏观投资和微观投资之分，微观投资一般是指项目投资。

投资的宏观作用不仅会影响社会总需求水平，在短期内影响产出和就业水平，而且还会增加社会的资本积累，提高潜在的生产能力，从而促进长期的经济增长。

投资的微观作用可以增强投资者的经济技术实力、不断创新能力和市场竞争能力。

投资者只有在预期其投资活动能带来利润，即带来大于投资成本的收益时，才会进行投资。这就是决定投资的三个基本要素：收益、成本和预期。

投资项目简称为项目，是指在规定的期限内，为完成一项（或一组）开发目标而规划的投资、政策、机构，以及其他各方面的综合体。

项目可以按不同标准进行不同的分类。

投资决策是指根据预期的投资目标，拟订若干个有价值的投资方案，并用科学的方法或工具对这些方案进行分析、比较和遴选，以确定最佳实施方案的过程。

一般的投资决策程序包括4个步骤，一些国际金融机构的投资项目决策包括10个步骤，我国现行的投资项目决策程序，可以分为政府投资项目的决策程序和企业投资项目的决策程序。

可行性研究是一项在投资项目拟建之前，通过对与项目有关的市场、资源、工程技术、经济和社会等方面的问题进行全面分析、论证和评价，确定项目是否可行或选择最佳投资方案的工作。它包括投资机会研究、初步可行性研究和详细可行性研究3个阶段。

通过开展可行性研究，可以为投资者进行投资决策，为项目筹措资金、进行商务谈判和签订有关合同或协议，工程设计，设备订货，施工准备，机构设置和人员培训等提供依据。

可行性研究的程序是指开展可行性研究工作应当依次经过的步骤，初步可行性研究和详细可行性研究一般要经过组织工作小组、数据调研、形成可行性研究报告初稿，以及论证和修改4个步骤。

项目评估是指在可行性研究的基础上，根据国家有关部门颁布的政策、法规、方法、参数和条例等，从项目（或企业）、国民经济和社会的角度出发，由有关部门（包括银行、中介咨询机构等）对拟建投资项目的必要性、建设条件、生产条件、产品市场需求、工程技术、财务效益、经济效益和社会效益等进行全面分析论证，并就该项目是否可行提出相应职业判断的一项工作。国家政府职能部门和金融机构也在审批项目、提供贷款之前对拟建项目进行评估。

项目评估不但可以为上级主管部门把关，为金融机构贷款决策提供依据，而且还可以为政府职能部门审批项目提供依据。

项目评估的程序是指开展项目评估工作应当依次经过的步骤，通常包括准备和组织、搜集和整理数据、编写评估报告初稿，以及论证和修改4个步骤。

可行性研究与项目评估既有共性又有个性。尽管两者有密切的联系，均处于项目发展周期的建设前期、基础理论基本相同、工作内容基本相同、最终工作目标及要求相同，但两者在行为的主体、立足点、侧重点、所起的作用，以及所处的阶段等方面又表现出不同于对方的特点。

■ 关键概念

投资　投资决策　投资项目　可行性研究　项目评估　工业项目　非工业项目
国内投资项目　外商投资项目　经营性投资项目　公共项目

■ 复习思考题

1.投资有哪些作用？

2.投资项目有哪些类型？它们的分类标准各是什么？

3.怎样理解投资的决定因素？

4.投资决策的一般程序是什么？

5.我国现行的投资项目决策程序是什么？

6.可行性研究可分为几个阶段？各包括什么内容？

7.可行性研究有哪些作用？

8.项目评估有哪些作用？

9.可行性研究与项目评估有哪些联系？

10.可行性研究与项目评估有哪些主要区别？

第二章

投资者的资信分析和评价

□ 学习目标

　　通过本章的学习，学生应该掌握投资者资信分析和评估的基本内容，熟悉资信分析和评估的基本方法。

第一节　资信分析和评价的目的与内容

一、资信分析和评价的目的

　　目前我国投资项目实行项目法人责任制，项目法人对项目策划、资金筹措、建设实施、生产经营、债务偿还和资产保值增值，实行全过程负责。项目建议书、可行性研究报告要由项目法人提出。因此，对承担投资项目的资金筹措、建设实施、经营管理和资产负债管理的企业进行资信分析和评价，就成为投资项目可行性研究与项目评估的重要组成部分。

　　投资者资信分析和评价是指对企业的资质和信用度进行检验和计量，并科学、客观地作出全面评价的过程。投资者的资信程度是指投资者的资质和信用度。投资者的资质是指企业的经济技术实力、经营管理能力和经营状况等企业基本条件；投资者的信用度是指投资者的金融信用和经营信用。金融信用主要是指借款按期偿还率，由于项目投资除了投资者按规定应有一定比例的资本金外，大部分需向金融机构借贷筹资。因此，对投资者进行金融信用评估尤为重要，这是保证金融资产安全的一项重要措施。经营信用主要是指供销、技术服务和技术咨询等经济合同的履约率。通过对有关单位的调查、研究，判断投资者的经济合同履约率，进而评估其经营信用。

　　通过对投资者资质和信用度的全面评估，考察其资信程度是否符合项目建设本身以及项目审批部门和银行的有关要求，提高信贷资产的质量，防范和减少贷款风险，以此保障信贷资金的效益性、安全性和流动性。

二、资信分析和评价的内容

投资者资信分析和评价的内容主要包括历史沿革、投资者素质、经营管理、经营效益、投资者信用和发展前景这6个方面。

（一）历史沿革评估

对投资者历史沿革的评估主要是审查、分析投资者的创立和发展过程、隶属关系和体制变化的情况，从而掌握企业的特点和发展变化过程，为下一步分析和评价做好准备。

（二）投资者素质评估

投资者素质评估是对项目法人根本条件的评估。投资者素质就是指企业内在的质的情况，它是企业生存和发展的关键和根本，也是投资者资信的基础和内在条件。因此，投资者素质评估是对影响项目投资的根本条件的考察。投资项目是否成功，不仅取决于项目本身的技术经济条件和项目所在地的区域投资环境，而且还有赖于承担项目实施的企业素质的好坏，必须从企业素质上进行分析，以提高项目决策的科学水平。

投资者素质主要包括领导群体和职工队伍素质、产品素质、技术装备素质、资产素质、经营管理素质和企业行为等各种综合能力的质量。

（三）经营管理评估

一个投资项目是否成功取决于诸多因素，投资者的经营管理水平是其中的一个重要因素。所以，对投资者的考察与评估，一定要考察其经营管理水平，分析其是否有能力来管理所投资的项目（包括建设期和生产期）。经营管理评估主要包括对投资者的经营机制评估和生产经营管理评估。

经营机制评估主要考察投资者企业法人性质、产权构成、主营业务和经营管理制度的建立及健全程度等内容。对于新组建的项目法人，应重点审核和考察其是否符合现代企业制度与《中华人民共和国公司法》的要求，产权构成及各股东的基本情况。

生产经营管理评估主要考察投资者现有主要产品的质量、生产能力、销售以及流动资金周转情况。分析近年来各年新产品开发计划完成率、产品销售增长率、合同履约率、一级品率、产品销售率、成品库存适销率及全部流动资金周转加速率等指标。

除此之外，对投资者经营管理水平的考察与评估还要了解投资者，尤其是高层管理人员对今后的发展有无更高的设想与安排，对产品结构、质量和产量的发展规划有无更长远的打算等。

（四）经营效益评估

经营效益评估是对企业的获利能力进行评估，这是投资者、债权人（即贷款者）以及经营者都十分关心的关键问题。经营效益评估应包括企业经济实力评估、生产经营情况评估以及企业资产负债及偿债能力评估，以此考核企业的经营水平和经济效益状况。

（五）投资者信用评估

信用评估是指投资者在一定资产结构下所表现出的信用状况，包括对借贷资金信用、经济合同履约信用和产品信誉的分析评估。评估投资者借贷资金信用主要分析企业以往借贷资金的占用、使用和偿还情况以及信誉状况，同时也反映投资者经济效益水平和资信品质。通过对各项借贷资金指标的测算，掌握企业历年来银行贷款和其他借款的偿还情况。评估企业经济合同履约信用，主要了解企业的法治意识和企业与其他单位经济活动往来的信誉状况，可运用经济合同履约率指标来进行定量分析。经济合同履约率指标反映企业经营者的管理水平和履行合同的信用度，其比值以大于95%为好，说明企业的履约能力较强；也可对合同的数量范围、规范程度和条款的法律效力进行质量分析。对产品信誉的评估，主要是考察企业产品的优质率和合格率、产品的市场占有率和竞争能力。

（六）发展前景评估

发展前景评估主要考察投资者未来的发展规划、发展目标与相应的措施、产品市场竞争力、应变能力及发展趋势。从市场预测、发展规划和管理手段三个方面，通过投资者销售收入增长率、利润增长率、资本保值增值率和固定资产净值率等定量指标和其他定性指标来反映和考核企业未来的发展能力和前景。

第二节　资信分析和评价的方法与指标体系

一、资信分析和评价的方法

为了科学、客观、公正、全面地对投资者的资信状况进行分析和评价，通常采取定性分析与定量分析相结合、静态分析与动态分析相结合、历史资料分析与未来预测分析相结合的方法。

（一）定性分析与定量分析相结合

首先可以对投资者的历史沿革、人员素质、产品素质和管理素质等整体综合企业素质，筹资投向，履约能力和企业发展前景等方面内容进行定性分析。然后对企业的资产结构、资金信用、经营管理和经济效益等有关财务质量进行分析，一般均可按照资产负债、贷款偿还、盈利能力、产品销售和资金周转等财务评价指标进行定量分析。将定性分析与定量分析相互结合、相互补充，从而能够更加科学、全面、系统地分析和评价投资者的资信程度。

（二）静态分析与动态分析相结合

对投资者的技术经济实力和经营管理能力及经济效益的分析，不仅要通过静态分析得出投资者历史基本情况的分析结果，据此衡量和判断投资者历来的经营和信用状况，而且还必须采用动态分析法对与投资者前景相关的动态因素和对发展前景有影响的因素进行分析，从而对投资者作出更为客观、准确的分析和评价。

（三）综合分析评价法

在对投资者的历史沿革、投资者素质、经营管理、经济效益、投资者信用与发展前景这6个方面进行定量和定性指标的计算与分析后，还应将这6个方面的静态分析与动态分析指标、历史因素指标和未来预测指标、定量指标与定性指标进行综合分析评价。通过综合分析，得出投资者真实的实力评估。

二、资信分析和评价指标的计算

（一）资产结构评估指标

1.资产负债率

$$资产负债率 = \frac{负债总额}{资产总额} \times 100\%$$

资产负债率是评估企业资产的主要指标，资产负债率是负债总额与资产总额的比例关系。资产负债率反映在总资产中有多大比例是通过借债来筹资的。

2.固定资产净值率

$$固定资产净值率 = \frac{固定资产净值}{固定资产原值} \times 100\%$$

这是反映企业固定资产新旧程度和折旧计提情况的指标。对于一个经济效益好又有发展潜力的企业，该项指标应在65%以上。

3.流动比率

$$流动比率 = \frac{流动资产}{流动负债} \times 100\%$$

它是衡量企业流动资产流动性大小的主要指标，反映了企业流动资产在短期债务到期前可以变现用于偿还流动负债的能力。该比率一般应维持在1~2的水平。

4.速动比率

$$速动比率 = \frac{流动资产 - 存货}{流动负债} \times 100\%$$

它是速动资产（即流动资产中扣除存货）与流动负债的比率，反映了企业偿付流动负债的快慢，衡量流动资产中可以立即用于偿还流动负债的部分的比重，也反映了企业流动资产的总体变现或近期的偿债能力，能够比流动比率更精确地衡量一个企业的短期偿债能力。速动比率通常保持在1左右。

（二）经营管理评估指标

1.产品销售增长率（或称销售收入增长率）

$$产品销售增长率 = \frac{本期产品销售收入总额 - 上期产品销售收入总额}{上期产品销售收入总额} \times 100\%$$

这项指标反映了企业产品销售收入的变化情况，说明了企业生产经营规模扩大或缩小的程度，同时也表明企业产品的市场竞争力。

　　2.一级品率

$$一级品率 = \frac{一级品产品产值}{全部产品产值} \times 100\%$$

　　这项指标反映了企业产品质量和企业经营管理的整体素质。一级品率如能达到或超过国家、行业或部门规定的目标值，说明该企业的产品质量（优良品率与合格品率）较高，经营管理素质较好，也能增强其产品在市场上的竞争力和社会对其产品的信任度。

　　3.全部流动资金周转加速率

$$全部流动资金周转加速率 = (1 - \frac{本期全部流动资金周转天数}{上期全部流动资金周转天数}) \times 100\%$$

　　该指标能反映企业全部流动资金的周转加速率，也体现了企业经营管理水平和流动资金的运用效率。

　　（三）经济效益评估指标

　　能反映企业经济效益的指标很多，本书主要从利税角度提出以下主要指标来分析评估。

　　1.主营业务利润率、营业利润率

$$主营业务利润率 = \frac{主营业务利润}{主营业务收入净额} \times 100\%$$

$$营业利润率 = \frac{营业利润}{营业收入净额} \times 100\%$$

　　由于利润总额和净利润中包含着非销售利润因素，所以从利润率指标来讲，更能反映企业经济效益的指标是主营业务利润率和营业利润率。

　　2.资金利税率

$$资金利税率 = \frac{企业全年利税总额}{全部固定资金平均余额 + 全部流动资金平均余额} \times 100\%$$

　　这项指标体现了企业的全面经济效益和对国家财政的贡献。该指标如能达到15%以上就很好了。

　　3.销售收入利润率

$$销售收入利润率 = \frac{企业全年实现利润总额}{企业全年销售收入} \times 100\%$$

　　销售收入利润率不仅反映了企业经营的利润水平和经济效益，同时也体现了企业的经营管理水平。企业的销售收入应与利润同步同方向增长，而且利润的增长率应适应销售收入的增长率，只有这样才能说明企业经营效果良好。

　　4.利润增长率

$$利润增长率 = \frac{本期实现利润总额 - 上期实现利润总额}{上期实现利润总额} \times 100\%$$

　　该指标反映了企业实现利润总额的变化情况和企业经济效益增长或降低的程度。

5.总资产报酬率

$$总资产报酬率 = \frac{利润总额 + 利息支出}{平均资产总额} \times 100\%$$

$$平均资产总额 = \frac{期初资产总额 + 期末资产总额}{2}$$

这项指标反映企业综合资产利用效果，也是衡量企业利用负债总额和所有者权益总额取得盈利的重要指标。指标值越高，表明企业资产的利用效果越好，说明企业在增收节支和节约资本使用等方面取得了良好的效果。

6.净资产收益率

$$净资产收益率 = \frac{净利润}{平均净资产} \times 100\%$$

净资产收益率也可称为股东权益报酬率、净值报酬率，该指标是评价企业自有资本及其积累获取报酬水平的最具综合性和代表性的指标，反映了企业资本运作的综合效益。该指标通用性强、使用范围广。该指标越高，企业自有资本获取收益的能力越强，运营效果越好，对企业的投资人和债权人的保证程度越高。

（四）企业信用度评估指标

1.全部资金自有率

$$全部资金自有率 = \frac{固定资金 + 流动资金 + 其他单位投入资金 + 股本}{全部资金平均余额} \times 100\%$$

这项指标反映了企业自有资金占项目全部投资资金的百分比，该项指标应按照国家规定的资本金制度进行考核。

2.定额流动资金自有率

$$定额流动资金自有率 = \frac{流动资金 + 其他单位投入流动资金 + 股本}{定额流动资金平均余额} \times 100\%$$

该项目指标体现了自有流动资金占全部定额流动资金的百分比。

3.流动资金贷款偿还率

$$流动资金贷款偿还率 = (1 - \frac{逾期流动资金贷款额}{流动资金贷款总余额}) \times 100\%$$

这项指标反映了流动资金贷款偿还能力。

4.货款支付率（或称应付款清付率）

$$货款支付率 = \frac{期初应付货款 + 本期外购货款 - 期末应付货款}{期初应付货款 + 本期外购货款} \times 100\%$$

货款支付率反映企业对外购货物的支付能力和企业的支付信誉，是说明企业应付其他单位或个人的货款清付情况的指标。应付款包括应付票据、应付账款、预收账款和其他应付款等。

5.贷款按期偿还率

$$贷款按期偿还率 = \frac{报告期止按期实际偿还贷款额}{报告期止应偿还贷款总额} \times 100\%$$

这项指标是企业按期实际偿还银行的贷款额与同期到期应偿还银行贷款总额的比值。它反映了企业偿还贷款的能力和企业向银行贷款的信誉。

6.合同履约率

$$合同履约率 = \frac{当期实际履行（或按期完成）合同份数}{当期应完成（履行）合同总份数} \times 100\%$$

这项指标是企业依据合同规定按期完成（履行）的合同份数与同期应完成的合同总份数的比值。它反映了企业经营者的管理水平和履行合同的信用度。

■ 本章小结

由于目前我国投资项目实行项目法人责任制，项目法人对项目策划、资金筹措、建设实施、生产经营、债务偿还和资产保值增值实行全过程负责。因此，对于作为项目法人的投资者进行资信分析和评价，就成为投资项目可行性研究与项目评估的重要组成部分。

对于一般投资项目，投资者资信分析和评价的内容主要包括历史沿革、投资者素质、经营管理、经营效益、投资者信用和发展前景这6个方面。

投资者素质主要包括领导群体和职工队伍素质、产品素质、技术装备素质、资产素质、经营管理素质和企业行为等各种综合能力的质量。

投资者资信分析和评价通常采用的方法是定性分析与定量分析相结合、静态分析与动态分析相结合、综合分析评价法。

投资者资信分析和评价指标体系主要包括资产结构、经营管理、经济效益和企业信用度四大类指标。

■ 关键概念

资信程度　资信分析和评估　金融信用　经营信用

■ 复习思考题

1.对于项目可行性研究与项目评估而言，为什么一定要对投资者进行评估？

2.投资者资信程度主要受哪些因素影响？

3.应当从哪些方面对投资者的资信程度进行考察与评估？

4.如何考察投资者的素质？

5.如何考察投资者的经营管理能力？

6.如何考察投资者的信用？

7.资信分析和评价有哪些方法？

第三章

投资项目概况和必要性分析

□ 学习目标

　　通过本章的学习，学生应该掌握项目实施背景分析、项目建设必要性分析的基本内容；熟悉项目发展概况分析的基本内容；了解项目投资环境分析的基本内容。

第一节　项目概况分析评估

　　投资项目概况分析评估需要判断有关项目提出的背景是否成立，程序是否符合有关规定，项目的发展程度是否能保证项目及时实施，以及项目所处环境是否有利于项目建设，并提出相应结论。

一、项目提出背景的考察与评估

　　项目提出的背景是指最初设计或规划投资项目的根据或理由。项目提出的背景从整体上讲，可以归纳为宏观背景和微观背景两个方面。

　　项目的宏观背景分析主要是考察与评估项目是否符合国家一定时期的方针、政策、规划等，这是项目是否可行的基本依据。进行项目宏观背景分析时，应掌握各级政府一定时期的方针、政策，同时还要充分研究政府的有关规划。此外，还要考察在规划中项目所处的地位和安排的投资时机等，考察有关规划和项目的建设内容，以及项目建设对有关规划的影响。

　　项目微观背景分析主要从项目本身提出的理由着手进行分析评估。通过分析项目的投资给地方、部门和企业带来的贡献，考察投资项目提出的理由是否充分。

　　在进行可行性研究与项目评估时，项目的提出背景分析和评价通常包括产业背景分析、区位背景分析和项目定位分析三个方面的内容。

(一) 产业背景分析

对于一个国家来说，当经济发展到一定程度，国民经济具备一定的基础之后，都要制定相应的产业政策。对于一个项目而言，在进行背景分析时，首先应该对国家在这一时期的产业政策进行深入研究。产业政策的主要功能是协调产业结构，产业政策在某种意义上集中地反映了政府希望通过调整投资结构来实现经济发展目标的强烈愿望，确定了整个国民经济优先发展的产业及需要抑制发展的产业。从这个意义上讲，项目的建设也是实现国家产业政策的一个重要手段。

对项目的产业背景进行分析和评价，首先就要分析国家的产业政策，包括产业结构政策、产业组织政策、产业分布政策，以及国家在这一时期的技术政策和投资政策等。把项目的建设与同期的产业政策、技术政策和投资政策的要求进行对比分析，只有符合国家产业政策、技术政策和投资政策的要求，才可以认为项目的提出是合理的，项目的建设是必要的。同时，不仅要考察项目建设与国家这一时期的产业政策、技术政策和投资政策的关系，还要分析产业政策与项目建设内容的相符程度，以及项目建设对产业政策的影响程度。

行业分析包括对国家的行业政策，管制与准入，行业周期，行业及项目的成长性、稳定性、发展趋势等的分析，特别是对基础设施的分析。项目管制与准入对项目需求、现金流入及未来偿债能力影响甚大。

对项目背景进行分析，还要了解项目实施人的资格、项目是否符合产业规划、项目对应产品/服务的市场前景及行业供需状况、项目技术、建设条件及规模定位等。对于工业、房地产等行业来说，不仅需要充分分析评估对行业本身竞争力有影响的因素，更要关注其相关行业的联动性、行业间替代产品的出现及行业内产品的升级，对其目前市场份额、行业同层次竞争者及潜在竞争者要有一个清楚的了解，以准确确定自身的市场定位。

(二) 区位背景分析

任何经济活动都离不开某一特定区位和空间，不管其发展如何，最终都能在某一特定空间找到它的位置。优越的区位对投资者和生产者而言，同样的投入可获得更大的产出；对消费者而言，同样的支出，可获得更大的效用。

投资者或生产者的区位选择应尽可能寻找利益最大化的地点，因为不同投资项目的建设和生产对生产要素和产品服务的要求是不同的，对市场距离、资源分布和环境等状况的依赖程度也有差异。从区位的角度看，项目对生产要素、市场和环境的区位指向类型主要有市场指向型、资源地指向型、原料供应地指向型、燃料及动力指向型、劳动力指向型、技术指向型，以及集聚经济指向型等。

1.市场指向型

市场指向型也可称为消费地指向型，它是指项目靠近消费地比靠近原料产地布局有利的倾向。具有这种布局倾向性的通常有：产品易碎或易失重，经长途运输可能会发生较大的途中损失的项目；产品易腐，难以长久保存，经过长时间的、远距离的运输过程将不能保证产品质量的项目；原料产地相当分散，而消费区的分布相对集中的项目。

2.资源地指向型

这里的资源仅指自然资源。有些项目在布局时，只能考虑建在有某种自然资源储量的地区。一般是那些直接以自然资源的开采和利用为目的的项目，如采煤项目、采油项目、森林加工项目和水力发电项目等。这类项目在布局时，几乎没有其他选择。

3.原料供应地指向型

原料供应地指向型是指项目靠近原材料产地的倾向。具有这种布局倾向性的通常有：生产中所需原料用量大且不易运输的项目，如制糖项目、钢铁项目和建材项目等；为便于某种重要原料的运输供应而对其进行初步处理、加工的项目，如棉花打包厂项目；自身生产过程与其主要原料的生产过程之间存在着重要的生产联系与互补关系的项目，这类项目如果设在原料产地，将可能取得比较好的经济效益，如石油化工项目设在炼油中心、冶金机械项目设在钢铁产地等；消费市场在地域分布上十分分散，没有明显的主次之分，而各种重要生产原料分布相当集中的项目，如许多矿产品加工项目等。

4.燃料及动力指向型

有许多工业项目在布局时要着重考虑接近燃料和动力产地。这主要是指那些在生产过程中对燃料和动力依赖性极强，且消耗量非常大的项目，如火力发电项目、有色金属冶炼项目、稀有金属生产加工项目等。在这类项目的生产过程中，燃料和动力的消耗量往往可占其生产总消耗的50%左右。靠近燃料和动力产地可以大大节省燃料和动力长距离运输过程中所发生的高昂的成本费用和损耗，并且有助于提高燃料和动力供给的充分性及稳定性。

5.劳动力指向型

劳动力指向型是指某些项目具有密集使用廉价劳动力的倾向。有些生产活动受劳动力费用高低、劳动力供给数量和质量的影响比较大，在布局时需重点考虑那些有条件节约劳动力费用或能提供相应劳动力资源的区域。劳动力指向型的项目一般是劳动密集型的项目，但也可能是技术密集型的项目（如需要高素质劳动力的项目）。这类项目包括纺织、服装、食品和造船等行业实施的项目。

6.技术指向型

技术指向型主要是指随着新技术变革而产生的一系列新兴产业朝着文化、教育、科技和发达地区布局的倾向，如电子、信息和生物基因工程等项目。

7.集聚经济指向型

在现代化大生产的条件下，不同企业之间的经济联系日趋密切，一些企业的产出常常是另一些企业的投入。如果这些互相联系、互相依赖的企业集聚在一起，能够更好地协调相互间的产供销关系，进行更有效、更合理的分工协作，从而可以节约成本。同时，这些企业集聚在一起，即使它们之间没有直接联系，也可以共同使用某些基础设施，以节省投资成本。如果一个投资项目在将来生产经营中的协作关系对其非常重要，或必须使用某种基础设施而凭自身能力无法单独建设，在布局中必须首先考虑接近具备上述条件的工业基地时，这个项目在布局上就是集聚经济指向型的项目。

综上所述，投资项目的建设要充分发挥项目所在的地区优势，就是要在众多绝对优势中强调最大的优势，在没有绝对优势的情况下则选择劣势最小者，这符合地区作为相对独立利益主体的要求。只有这样，项目的提出背景才是合理的。

（三）项目定位分析

在市场经济条件下，需求总量决定了产业调整空间，需求结构牵动产业结构的调整，从而在根本上决定了项目的市场定位。投资项目所生产的产品是不是社会所需，确切地讲，是否为市场所接受，从根本上决定了项目能否取得比较好的经济效益，也决定了项目是否有建设的必要。因此，企业必须生产市场特别需要的产品，这是企业生产的真谛，投资项目也是如此。市场的变化必然引起产品结构的变化，同时也会引起投资"热点"的变化。只有把资金投向符合市场需求的产品生产中，投资才能取得预期的效益，投资才具有必要性。

要想成功地为项目的产品进行定位，就必须了解项目在竞争市场中所处的位置，必须清楚项目的强项和弱项，对竞争对手进行全面分析，对生产项目产品的行业进行透彻的分析，从而形成差异优势。具体分析过程如图3-1所示。

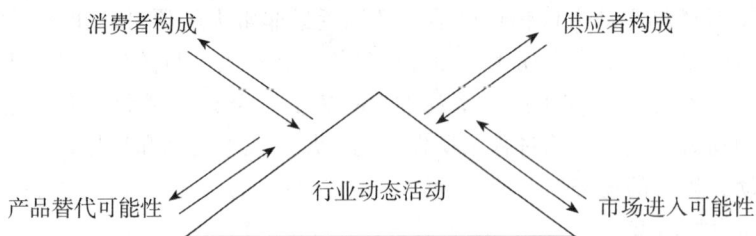

图3-1　产品定位过程

因此，项目定位分析应该透过市场的变化，研究市场的需求情况，调查目前市场需求和供给状况，预测市场未来发展态势，判断项目投产后生产的产品是否符合市场的要求，并在此基础上制定策略，进行项目或产品的市场定位。只有项目定位准确，项目的建设才能实现预计的经济目标。项目定位分析是从项目角度即微观的角度对项目的建设背景进行分析。

二、项目发展概况的考察与评估

项目发展概况是指在进入可行性研究与项目评估阶段之前，项目进展过程中所做的工作的情况，主要指已做过调查研究的项目内容及成果、已做过的试验试制工作情况和建设场（厂）址的初选意见等。

（一）对已做过调查研究的项目内容及成果进行考察与评估

判断一个投资项目是否具有可行性，需要对有关市场、技术、资源、经济和社会等各方面进行全面考察和系统分析。对不同的项目，各种因素的影响程度不同，所要求考察的繁简程度也不同。

　　在进行分析评估时，应首先了解投资项目在论证过程中是否考虑了所有重要因素，是否开展过资源调查、市场调查和环境现状调查等工作。如果确认做过这些方面的工作，其次还要考察究竟做到了什么程度，形成了哪些成果，这些成果是否符合要求。最后围绕是否需要对某些具体因素进行更深入的专题调查和研究提出结论性评估意见。

（二）对已做过的试验试制工作进行考察与评估

　　已做过的试验试制工作通常是指一项科研成果或引进技术在投资项目中应用之前，所进行的有关试验、试制工作。能够应用于项目的科研成果至少应通过小试和中试，有的还需要完成大试。对项目所用技术进行分析是看其是否属于新的科研成果，是否通过小试、中试或大试，是否有有关部门的鉴定材料。通过对鉴定材料分析研究，考察项目利用的技术是否属于高新技术或适用技术，应用条件是否成熟（即承担单位现有的技术水平和技术人员的水平能否与该项技术相适应），是否有能力和技术实力消化吸收引进技术。可行性研究与项目评估人员可列表说明在分析评估之前已做的试验试制工作情况。

（三）建设场（厂）址选择的初步意见

　　场（厂）址选择主要反映建设地点及可供选择的地址（线路），它可以通过建设地点资料表来反映，见表3-1。

表 3-1　　　　　　　　　　　　　　建设地点资料表

序号	初选项目	项目提出单位意见		项目建议书意见			可行性研究报告意见			备注
		I	II	I	II	推荐意见	I	II	推荐意见	
（一）	地点或地区									
（二）	可供选择地段									
（三）	地形地质									
（四）	地貌									
	…									
（五）	社会经济条件									
	…									
（六）	其他条件									
	…									
（七）	主要优缺点									
	…									

三、项目投资环境的考察与评估

(一) 投资环境的分类

投资环境是指影响项目投资行为的外部条件的总称，它是投资赖以进行的前提。根据不同的标准，可将投资环境划分为不同的类型。

1.投资环境按其与投资的关系，可分为狭义投资环境和广义投资环境

狭义投资环境一般是指经济环境，它是由与项目投资直接相关的各子环境构成的，如投资项目建设环境、项目总体环境等。

广义投资环境一般是指自然环境、社会经济环境、国际环境等。它包括的范围较广，是由与项目投资直接、间接相关的诸多子环境构成的。如拟建项目所在国家或地区的地理位置、自然资源、气候条件、市场状况、民族传统、风俗习惯、价值观念、政治状况、国际交往、贸易往来等。

2.投资环境按其投资地域划分，可分为国内与国外投资环境

国内投资环境一般是指投资者在本国境内投资，影响其投资机会决策的诸因素所构成的环境。进行国内项目的评估，对象是国内投资环境。

国际投资环境一般是指东道国影响投资决策的诸因素所构成的环境。

3.投资环境按其表现形态，可分为软环境和硬环境

软环境属于投资环境中无形的非物质条件，一般是指吸引投资的政策和措施、政府对投资的态度、办事效率、服务机构设置、科学文化发展程度，以及法律、经济制度、经济结构等社会、经济、政治环境。

硬环境属于投资环境中有形的物质条件，它是投资环境的物质基础。它一般指与项目相关的交通运输条件、通信设施、城市基础设施，为生产、生活服务的第三产业发展状况，自然资源，技术条件等。

进行可行性研究和项目评估既要分析项目的软环境，又要评估项目的硬环境。

(二) 投资环境的内容及其分析

投资环境分析的具体内容主要包括社会政治环境、经济环境，以及自然、技术和物质环境。

1.社会政治环境及其分析

社会政治环境是投资环境中最敏感的因素，包括政治环境、社会意识形态和法治建设等。

对政治环境的分析要考察国家或地区的政局稳定性、政策连续性和社会安定等情况，政府对投资者的态度，以及政府的办事能力和办事效率等。其中，政局稳定性和政策连续性是衡量国家政治环境优劣的实质性因素。

对社会意识形态的分析是要考察项目所在地区的风俗习惯、宗教信仰、价值观念、生活方式、社会关系和文化素质等。

在形成投资环境的诸因素中，法律因素起着调整投资关系，保障投资者利益和安全，调节投资行为的作用。因而，为了充分发挥投资环境诸因素的作用，给投资

者提供充分的法律保护，强化投资者的投资意愿，坚定其投资信心，必须不断健全法治，并努力保持法律的相对稳定性。对法治建设的评估是要考察与项目实施有关的法律、法规是否完善，是否有效，能否保障投资者的权益等。

2.经济环境及其分析

经济环境是构成投资环境的诸多组成因素中，涵盖面最广、内容最丰富的因素。它涉及与投资者相关的各种经济内容，如经济体制的健全程度、社会经济发展水平及增长速度、物价及货币的稳定性、市场环境、生产要素供给水平、行业竞争状况、专业化协作水平，以及国际收支状况、国际贸易和国际金融等涉外经济政策等。

3.自然、技术和物质环境及其分析

自然、技术和物质环境包括自然环境、技术环境和基础设施配套条件等。对自然环境的分析是要考察项目所在地的地理位置和自然资源状况。对技术环境的分析是要考察相应时期的技术政策、科技发展水平、科技人员素质及数量、科技结构与组织结构等。对基础设施的分析是要考察项目所在地的运输条件、通信条件和公用设施条件等。

（三）投资环境的分析方法——多因素分析法

多因素分析法又称等级尺度法或投资环境等级评分法，是美国经济学家罗伯特·斯托伯提出的。多因素分析法的特点是根据投资环境的8个关键因素所起的作用和影响程度的不同，确定其不同的等级分数，再根据每一个因素的有利或不利的程度给予不同的评分，最后把各因素的等级得分加总，作为对投资环境的总体评价。总分越高表示投资环境越好，总分越低则投资环境越差（见表3-2）。

表 3-2　　　　　　　　　**投资环境多因素分析法的计分表**

	投资环境因素	等级评分
一	资本外调	0~12分
1	无限制	
2	只有时间上的限制	
3	对资本有限制	
4	对资本和利润收入都有限制	
5	严格限制	
6	完全不准外调	
二	外商股权	0~12分
1	准许并欢迎全部外资股权	
2	准许全部外资股权但不欢迎	
3	准许外资占大部分股权	

续表

	投资环境因素	等级评分
4	外资最多不得超过股权的半数	
5	只准外资占小部分股权	
6	外资不得超过股权的 3 成	
7	不准外资控制任何股权	
三	歧视和管制	0～12 分
1	外商与本国企业一视同仁	
2	对外商略有限制但无管制	
3	对外商有少许管制	
四	货币稳定性	4～20 分
1	完全自由兑换	
2	黑市与官方价格的差距小于 1 成	
3	黑市与官方价格的差距在 1 成与 4 成之间	
4	黑市与官方价格的差距在 4 成与 1 倍之间	
5	黑市与官方价格的差距在 1 倍以上	
五	政治稳定性	4～20 分
1	长期稳定	
2	稳定但因人而治	
3	内部分裂但政府掌权	
4	国内外有强大的反对力量	
5	有政变和激变的可能	
6	不稳定，政变和激变极有可能	
六	给予关税保护的意愿	2～8 分
1	给予充分保护	
2	给予一定保护，以新兴工业为主	
3	给予少许保护，以新兴工业为主	
4	保护甚少或不予保护	
七	当地资金市场的完善程度	0～8 分

	投资环境因素	等级评分
1	完善的资本市场，有公开的证券交易所	
2	有少量当地资本，有投机性证券交易所	
3	当地资本少，外来资本不多	
4	短期资本极其有限	
5	资本管制很严	
6	高度的资本外流	
八	近5年的通货膨胀率	2～8分
1	小于1%	
2	1%～3%	
3	3%～7%	
4	7%～10%	
5	10%～15%	
6	15%～35%	
7	35%以上	
	总计	12～100分

　　从斯托伯提出的这个投资环境多因素分析法的表格中可以看出，其所选取的因素都是对投资环境有直接影响的、投资决策者最关切的因素，同时又都具有较为具体的内容，对其进行评价时，所需的资料易于取得且易于比较。多因素分析法采用了简单累加记分的方法对具体环境进行评价，使定性分析具有了一定的数量化内容，同时又简单易行，一般的投资者都可以采用。在各项因素的分值确定方面，其采取了区别对待的原则，在一定程度上体现了不同因素对投资环境作用的差异，反映了投资者对投资环境的一般看法。

　　在分析的8个因素中，首先，货币稳定性和近5年的通货膨胀率占评分总数的28%，说明投资者十分重视币值稳定程度。严重通货膨胀是指两位数值以上的通货膨胀，严重的通货膨胀会使投资贬值，有很大的投资风险，甚至会让投资者却步。其次，资本外调、政治稳定性、外商股权以及歧视和管制，这4项关系到资本能否自由出境、跨国公司和东道国企业之间的竞争条件，以及外商对企业所有权与经营权能否控制。对投资者来说，实际上是投资的安全程度和对企业所有权与经营权的控制程度，因此这4项共占评定总分的56%。最后是给予关税保护的意愿和当地资本市场的完善程度，这两项分别占评定总分的8%，所占比重较轻。

多因素分析法由于具有定量分析和对不同因素的详细分析等优点，是运用较普遍的一种投资环境评价方法。

第二节　项目建设必要性分析

项目建设必要性分析是对可行性研究报告中提出的项目投资建设的必要性理由及建设的重要性和可能性进行重新审查、分析和评估，分析项目建成后所能提供的产品或服务是否符合社会的需要。

一般从宏观和微观两个方面来分析评估项目建设的必要性。首先从国民经济和社会发展的宏观角度，分析评估项目是否符合国家的长远计划、产业技术政策、行业和区域规划等。其次，从项目微观角度，分析评估项目是否符合市场需求的投资方向、产品是否具有竞争力、规模是否合理等。

一、项目宏观必要性分析

项目宏观必要性分析评估是从国民经济的整体角度出发，衡量项目对国民经济总量平衡、结构优化和产业政策，以及地区规划与行业规划等方面的影响，对项目建设的必要性进行分析。

一般来说，对于大中型建设项目应侧重于从国民经济和社会发展的角度进行分析评估，而对于中小型建设项目则侧重于从地区与行业发展的角度进行分析评估。

（一）是否符合国民经济总量平衡和结构平衡发展的需要

国民经济总量的平衡是指社会总需求量和总供给量的基本平衡。社会总需求由投资需求和消费需求两部分构成；社会总供给由投资品供给和消费品供给组成。项目建设投资直接构成投资需求，在消费供求平衡条件下，如果投资需求规模过大，将使社会总需求大于总供给，会引起财政和信贷收支不平衡，引发通货膨胀和经济波动；如果投资需求规模过小，将导致社会总需求小于总供给，使经济出现萧条和衰退。所以，应根据国民经济总量平衡的需要决定项目的压缩、停缓建或者扩大。

国民经济结构的平衡主要指国民经济各部门之间的比例关系协调，产业结构合理。从一定意义上来讲，国民经济平衡发展主要取决于结构的平衡。在社会主义市场经济条件下，国家各级政府需要利用国民经济发展计划和各种经济杠杆，根据资源获得的可能性和社会的需求实现资源的合理配置，主动寻求实现国民经济结构优化的途径。投资作为一种特殊的经济活动，能够起到调节国民经济平衡发展的积极作用。当国民经济发展不平衡时，就要及时地调整投资方向，给"瓶颈"产业更多的投资，压缩"长线"产业的投资，从而积极地影响国民经济产业结构，促使国民经济转入良性循环，使国民经济趋于平衡发展。另一方面，由于经济形势不断发展，市场、技术、资源等条件不断变化，国民经济不能停留在原有的水平上协调发展，而必须使产业结构不断向高级化、现代化转变。这种转变，也要通过科学地确定和调整国民经济结构才能实现。因此，对投资项目进行分析评估，应从宏观上分析、考察项目的建设是否具有这种功能，如果对国民经济平衡发展具有积极作用，则可认为项目的建设是必要的；否则，认为项目的建设是不必要的。这一点对大型投资项目尤为重要。

（二）是否符合国家一定时期的产业政策

产业政策可以引导投资者把资金投向鼓励发展的产业，对加强和改善宏观调控，引导社会投资方向，优化资源配置，促进产业结构调整和优化升级具有重要意义，对投资项目建设具有一种指导作用。例如，按照发改委发布的《产业结构调整指导目录（2019年本）》（以下简称"《目录（2019年本）》"）指引，当前，我国产业投资方向的特点是：第一，以供给侧结构性改革为主线。《目录（2019年本）》由鼓励、限制和淘汰三类组成。对鼓励类项目，按照有关规定审批、核准或备案；对限制类项目，禁止新建，现有生产能力允许在一定期限内改造升级；对淘汰类项目，禁止投资并按规定期限淘汰。这三类都是调整供给结构的有效手段，鼓励类目录是有关部门出台政策、有关地方制定产业发展规划和确定招商引资方向、有关金融机构出台信贷指引的重要参考，鼓励类目录的发布将有效引导社会投资方向，提振经济发展信心。限制和淘汰类目录的发布也将为市场主体提供稳定、公平、透明和可预期的政策环境，引导企业加快过剩产能出清、淘汰落后产能，探索建立有效的市场出清机制。第二，以构建现代产业体系为目标。《目录（2019年本）》聚焦现代产业体系发展问题，一是注重夯实产业基础能力，重点推进产业基础高级化，《目录（2019年本）》把产业基础能力提升和加强人工智能、工业互联网、物联网等新型基础设施建设，加强自主创新，支持国内企业加大技术研发投入，利用技术创新和规模效应形成新的竞争优势，培育和发展新的产业集群作为鼓励类的重点。二是着力提升产业链水平，推进产业链现代化，《目录（2019年本）》着力增强我国产业链、价值链的上游控制能力，实现我国产业发展从最终产品加工组装向中间产品、关键核心零部件、研发等环节跃升。三是促进要素协同发展，在科技服务业中强化了对国家产业创新中心、国家重大科技基础设施、产业集群综合公共服务平台等新型创新平台的支持，在金融服务业中拓展了创业投资、绿色金融、知识产权质押等条目，体现了提高直接融资占比、更好服务实体经济的导向，将教育行业拆分独立设置，强调通过职业教育、互联网+教育、远程教育等培育更多适应产业发展需要的人才队伍，着力为现代产业体系发展提供数量庞大、质量优良、结构合理、配置有效的科技、金融、人才等优质要素支撑。第三，以制造业高质量发展为重点。《目录（2019年本）》把制造业高质量发展放到更加突出的位置，加快传统产业改造提升，大力培育发展新兴产业。考察项目宏观上是否有建设的必要性，就应该深入研究国家同期的产业政策，并把项目建设与这一时期的产业政策要求进行对比分析，只有符合国家产业政策要求的项目，才被认为是有必要的。

（三）是否符合布局经济的要求，促使国民经济地区结构优化

根据生产力最佳配置的要求，在一国或一个地区范围内，选择最适宜的地理位置和最佳的组合形式安排投资建设，由此产生的经济效益就是布局经济。每个国家在一定时期都有相应的布局构想，由于不同的产业之间具有一定的"联系效应"，因而就存在着布局经济的问题。科学的经济布局能够协调整个国民经济的发展，根据布局经济的要求，一个国家、一个地区的经济开发总是有一定先后顺序的，按照"梯级开发"的规律，以发达地区的经济逐步带动落后或不发达地区经济的发展。合理的经济布局能够减少运输费用和生产成本，有效地利用各种资源，加快信息的传递，以同样的投资取得较好的经济效益。另外，合理的经济布局能促进分工协作，加快经济发展，这是因为布局经济要求各地区按照自己的资源、技术和经济等方面的优势来发展经济，这样就会形成重点突出、各有特色的经济区域和生产组织，促进地区间和地区内部的分工协作，从而达到加快地区经济和整个国民经济发展的目的。因此，对投资项目进行分析评估，就不得不考察项目是否符合布局经济的需要，将拟建项目放进国家或地区的经济布局中，看其是否符合布局经济的要求。

（四）项目建设是否符合国民经济长远发展规划、行业与地区发展规划的要求

对项目建设必要性进行分析时，应调查分析项目产品方案是否符合国民经济长远发展规划、行业与地区发展规划的要求。如果项目包括在规划内，则要分析评估项目在总体规划中所处的地位和安排的投资时机是否适宜，从而判断项目建设的必要性和合理性。

（五）考察分析项目产品在国民经济和社会发展中的地位与作用

根据项目产品的品种、类别、特征及采用的生产方法，分析项目产品在国家或行业产品结构中的序列，评估产品在国计民生中所起的作用及其在国民经济中所处的地位，并分析项目产品在社会经济发展中的作用。如果证明项目产品方案确实符合国民经济发展的要求，能为提高人民生活水平作出贡献，则此项目就具有投资建设的必要性。

除上述分析评估内容外，还可以分析考察项目是否符合经济结构优化的需要，包括产业结构、地区结构、企业结构和投资结构等，为项目建设的宏观必要性提供更为充分的依据。

二、项目微观必要性分析

项目微观必要性分析主要是从企业发展的角度出发，衡量项目对市场需求、企业发展、科技进步和投资效益等微观因素的影响，对项目建设的必要性进行分析评估。

（一）项目生产的产品（或提供的服务）是否符合市场的需求

市场需求是项目建设的基础，也是企业生存和发展的基本前提。投资项目所生产的产品是否符合市场需要，从根本上决定了投资项目能否取得良好的经济效益，也就决定了投资项目是否有建设的必要性。市场的变化必然引起生产产品结构的变化，同时也引起投资"热点"的变化。只有把资金投向适应市场需求的产品生产项目，投资才具有必要性。分析项目的微观必要性，必须研究市场的需求情况，对项目产品市场的需求和竞争力进行深入的调查分析。通过对与项目产品有关的生产资料和消费资料，以及项目产品在国内外的供应与需求量的调查和预测，综合分析项目产品的社会总需求与总供应是否适应，据以判断和分析项目产品市场需求情况，并进一步分析产品在质量、性质、成本和价格等方面在国内外市场上的竞争力和市场占有率。只有项目产品适销对路，满足社会和市场需要，拟建项目的投资才是必要的。因此，市场需求的分析研究是进行项目建设微观必要性分析评估的起点。

（二）是否符合企业发展战略

市场经济条件下，企业是一个独立核算、自主经营、自负盈亏的经济实体，企业的发展目标包括产品结构的调整、生产能力的扩大、经营范围的拓宽等。同时，企业的发展有多种途径，包括改变产品结构、扩大生产能力、拓宽经营范围等。但无论选择哪种途径，一般都离不开投资。任何一个企业都有自身的发展规划和要求，因此投资项目必须符合企业发展规划的要求。分析评估时，首先要了解承担项目投资的企业发展规划和要求，并且分析企业的发展规划是否与国家经济发展规划和地区或行业发展规划合理结合，判断企业的发展是否与大环境吻合。其次，再将拟建投资项目的目标与企业的发展规划和要求进行对比分析，分析项目的建设是否能为企业带来各种预期的经济和社会利益。最后，判断投资项目的建设对于企业本身是否是必要的。

（三）是否考虑到合理生产规模问题

生产规模的大小直接影响对项目建设条件的要求、技术方案的选择和生产产品的成本与效益。合理生产规模的确定是在产品市场需求与市场竞争力可行的前提下，结合产品生产所需原材料、能源、水资源及协作配套条件的可能性，根据行业规模经济原则与产业结构要求而进行的。生产规模的分析和评估是项目建设必要性分析的又一项重要内容，它是对可行性研究报告或项目评估报告中提出的拟建项目的设计生产能力是否与产品的市场需求相适应，是否与资金、原材料、能源及外部协作配套条件相适应，是否与项目的合理经济规模相适应，以及是否符合本行业的产业结构变化趋势作出的深入分析与评价。如果投资项目的建设既符合市场需求，又符合合理经济规模要求，那么该项目的建设就是必要的。

（四）是否有利于技术进步

科学技术是社会第一生产力，在推动生产力发展的因素中，科学技术居首位。科学技术进步已成为生产力发展的主导因素，科学技术以渗透的方式凝结于生产力的实体要素之中，使生产力发生了质的变化。科学作为精神生产力转化为物质生产力，增加社会财富，必须经过一定的途径才能实现，其中之一即通过投资把科研成果转化成社会需要的产品。无论是新建还是改扩建项目，应尽可能地采用先进适用的新技术、新工艺和新设备，满足项目在技术上的先进性和适用性要求，并能把这些新的科研成果尽快运用于产品的设计与生产，使其转化为社会生产力，使项目能生产出社会所需要的高质量的新产品。对这类项目进行必要性分析时，首先要分析科研成果转化为社会生产力的必要性和可能性，然后考察拟建项目是否具备这方面的能力。如果能够通过拟建项目的建设尽快地把科研成果转化为生产力，则认为项目是有必要的。

■ 本章小结

投资项目概况分析是指项目分析者根据投资者提供的有关资料，围绕项目提出背景、可行性研究、项目发展概况和项目投资环境等方面所做的调查、研究、分析、考察与评价工作。投资项目概况分析需要判断有关项目提出的背景是否成立、项目的发展程度是否能保证项目及时付诸实施，以及项目所处环境是否有利于项目建设，并提出相应结论。

项目提出的背景是指最初设计或规划项目的根据或理由。它需要从宏观和微观两个方面去考察。通常从产业背景、区位背景和项目定位等方面分析和评价项目提出的背景。

考察分析项目发展概况需要对已做过调查研究的项目内容及成果、已做过的试验试制工作情况和建设地点及可供选择地址进行分析。

投资环境是指影响项目投资行为的外部条件的总称，可分为狭义和广义、国内与国外，以及软环境与硬环境等。进行投资项目的可行性研究和项目评估，需要明确具体项目所处的投资环境，通常需要分析评估社会政治、经济、自然、技术和物质环境等因素。

项目建设必要性分析是针对所确定的建设目标，重点审查、分析和评价投资项目是否有必要确立或兴建，即对投资项目所提供的服务或生产的产品能否得到社会承认进行分析和评估。项目建设必要性分析通常是从宏观和微观两方面进行分析。宏观必要性分析重点考察项目建设是否符合国民经济平衡发展和布局经济的需要，以及是否符合国家的产业政策。微观必要性分析主要考察项目产品是否符合市场、地区或部门发展和企业发展的要求、是否有助于把科研成果转化为社会生产力，以及能否取得预期的经济效益、社会效益和环境效益等方面内容。

■ 关键概念

产业政策　原料供应地指向型　市场指向型　技术指向型　投资环境　项目建设必要性

■ 复习思考题

1. 如何对项目提出的产业背景进行分析？
2. 如何对项目提出的区域背景进行分析？
3. 怎样考察和分析项目的可行性研究报告？
4. 投资环境分析的内容包括哪些？
5. 怎样从宏观角度进行建设必要性的分析和评估？
6. 怎样从微观角度进行建设必要性的分析和评估？

第四章

市场分析

□ 学习目标

□ 学习目标

通过本章的学习，学生应该掌握市场分析的主要内容、市场分析的基本方法；熟悉项目战略的选择和销售规划的内容；了解市场调查和市场预测的内容和方法。

第一节 市场分析概述

一、市场分析的概念和作用

（一）市场分析的概念

市场分析有广义和狭义之分。狭义的市场分析就是市场调查研究，是指以科学方法搜集消费者购买和使用商品的事实、意见、动机等信息并进行研究分析。广义的市场分析指通过市场调查和供求预测，根据项目产品的市场环境、竞争能力和竞争者状况，分析、判断项目投产后所生产的产品在有限的时间内是否有市场，以及应采取怎样的营销战略来实现销售目标。本书所讲的市场分析是广义的市场分析。

（二）市场分析的作用

1.确定合理的生产规模

一般情况下，可以根据规模经济理论和市场供求分析及预测确定生产规模，即在考察了市场供求缺口及未来市场供求情况预测、未来竞争者情况分析、产品的竞争能力等因素后，结合规模经济理论和投资者的资金情况，确定合理的生产规模。

2.初步确定投资规模

通过市场分析，在确定生产规模的基础上，对厂房建设、设备购买、流动资金投入等进行预测，从而基本确定项目的总体投资规模。

3.确定产品生产方案

通过市场分析，能够根据不同消费者的消费性特征，把握消费者的需求倾向，找到市场潜在供求存在缺口的产品类别，由此选择能满足更多消费者需求、市场竞争力更强的产品进行生产。市场分析对生产产品的品种、数量、质量标准、技术参数指标等的确定也具有直接指导意义。

4.为财务分析确定合理的数据分析基础

市场供求现状及预测和营销策略分析是确定产品价格的重要基础。通过市场分析可以确定产品营销策略，制定产品的销售价格。通过市场分析确定生产规模，有助于确定项目聘用人员数量、直接原材料和燃料动力的消耗、流动资金的需求量等，对财务费用效益的估算和财务分析有重要意义。

5.为市场风险分析提供客观的判断依据

前期影响项目产品市场销售的因素中，可以客观、准确评价的因素越多（某些情况下更多的是保守估计），则未来收益的不确定性（达不到预期收益的概率）就会越小。这些因素包括：市场分析的数据是否准确，对竞争者的竞争能力和未来发展潜力的评价是否客观，影响市场预测的各方面因素考虑得是否全面，市场环境是否稳定等。如果上述因素分析较透彻，则市场分析对风险分析具有较大价值。

二、市场分析的方法

市场分析的目的在于揭示项目产品的市场结构及需求状况，通常是通过市场调查、市场预测和市场趋势综合分析的方法进行市场分析。

（一）市场调查

市场调查又可以称为市场营销调研，是指对那些可用来解决特定营销问题的信息所进行的设计、搜集、分析和报告的过程。美国市场营销协会将其定义为：一种借助信息把消费者、顾客及公共部门和市场联系起来的特定活动——这些信息用以识别和界定市场营销的机会和问题，产生、改进和评价营销活动，监控营销绩效，增进对营销过程的理解。项目首先面临的是现实市场，现实市场是由过去市场发展变化形成的。项目产品的过去市场及目前市场的状况如何，必须通过市场现状调查，才能了解。

（二）市场预测

市场预测是指根据过去的经验或在市场调查的基础上，运用一定的方法对未来一定时期内市场发展趋势进行预计和测算。依据过去经验进行的预测称作推断；根据市场调查数据运用模型进行的预测称作模型预测。

市场预测是市场分析的一部分，或者说是市场调查的延伸。其对市场发展走势的判断可以帮助投资者进行中远期决策。建设一个项目，一般需要几年或十几年，生产经营期也要在十几年以上，因此，项目总的有效寿命一般在20年左右。由此说明项目总是要服务于未来的。那么，项目产品的未来市场如何呢？这就必须通过市场预测来描述项目产品的未来市场状况。

（三）市场趋势的综合分析

项目的过去、现在和未来是一个动态发展过程，又是紧密联系的整体。项目的投资方向、投资规模和投资方式与内容等的正确决策，都必须建立在了解市场动态变化过程的基础上。因此，需要进行市场趋势综合分析，揭示项目产品的市场结构及发展规律，为项目决策服务。

总之，项目的市场分析就是通过市场现状调查来认识项目产品市场的现在和过去，通过市场预测来认识市场的未来，通过市场趋势综合分析揭示整个市场的结构和规律。

三、市场分析的内容

市场分析的基本内容主要包括两大部分，市场宏观层面分析和市场微观层面分析。

（一）市场宏观层面分析

对项目市场宏观环境分析的主要目的是发现市场提供的各种机会，以便进一步利用机会。同时，也是为了发现市场环境对企业可能产生的威胁，以便避免或者减轻不利因素对企业造成的影响。

1.人口环境

人口环境调查是环境调查与预测的一个比较重要的内容。人口环境调查的主要内容有：人口总量和市场容量（市场容量是可能购买该产品的人口总量、购买力和购买欲望的乘积）的调查、人口构成的调查、人口流动和迁移的调查、关于家庭生命周期的调查和家庭结构变化的调查。

2.经济环境

经济环境分析是对项目所在国家和地区的整体经济发展状况，以及项目所处行业（产业）和相关行业（产业）的发展状况的分析。分析内容包括项目所在地的生产总值、人口、人均收入水平、消费结构水平、物价指数和消费信贷政策等，以及上述指标的同比增长情况。通过上述分析，可以判断项目所在国家和地区是否处于经济繁荣期，经济环境是否有利于项目发展，从宏观和微观上考察影响项目产品供给和需求的各种因素。

3.政策和法律环境

政策和法律环境是指项目目标市场所在地目前的政治形势和未来的发展趋势，及正在执行的方针政策、法律体制、各种法规和各种强制性规章制度等能够对项目的建设和经营产生影响的环境因素。由于不同国家（地区）在不同时期的政策和法规方面差别比较大，因此，在进入目标市场前，应对其所在地的政策和法律环境进行详细的市场调查，分析该国家（地区）今后一段时期的主导政策是否有利于项目的发展，分析项目所在行业中哪些项目受到国家支持，哪些受到禁止或限制，以确定是否可进行市场的开拓工作。

4.自然和资源环境

与项目相关的自然和资源环境包括项目所在地的气候、地势、资源等天然环境，以及人力资源、交通、通信、基础设施等人为条件环境。

（二）市场微观层面分析

1.市场供求现状分析

（1）市场需求现状分析

市场需求是指在一定时期、一定条件下，在一定的市场范围内消费者购买某种产品（劳务）的总量。市场需求现状分析就是分析产品现阶段的市场销售总量，销售总量的历史水平和变化趋势，有效需求和潜在需求，消费偏好的改变对产品的影响，影响销售量变化的主要因素，为需求预测提供依据。

进行市场需求现状分析时，一般先分析项目产品国内市场需求情况，再分析国外市场需求情况，最后进行综合平衡分析。具体而言，就是了解国内外市场需求现状，需要获得项目产品国内外市场的消费总量、地区分布，不同消费群体对产品的品种、性能和服务质量的要求等方面的数据。通过广泛调查，可获得过去一定时期内某种产品需求的变化趋势，作为推测未来市场需求的主要依据。同时，通过调查，可判断目前是否有部分市场需求未得到满足，市场潜力有多大。

潜在需求可以转化为有效需求，因此，需要对潜在需求转化为有效需求的主要约束条件予以分析，即分析促使潜在需求转化为有效需求的各种因素，以及这些因素发生变化后，可能给市场新增需求量造成的影响。

（2）市场供给现状分析

市场供给是指在一定时期、一定条件下，在一定市场范围内可提供给消费者的产品和劳务的总量。市场供给现状分析是行业生产能力现状分析，这里所指的生产能力不仅包括原有企业的生产能力，还包括正在兴建企业的潜在生产能力及产品供应的增长。换句话说，就是既要把握目前产品供给企业的最大生产能力和实际产量，又要考察影响潜在供给的主要因素，为预测未来供给提供依据。

企业现状分析的具体内容有：国内外市场的总体供应能力和供给地区的分布状况，主要生产企业生产能力、产量、品种、性能及质量水平，影响供给变化的主要因素等。

一般而言，如果项目产品所在行业内企业的生产能力可以满足市场的全部需求，即市场处于饱和或过饱和状态，而新建项目产品在性能方面没有较大程度的创新，在成本、价格方面也没有绝对优势，那么，该产品就难以在市场竞争中获得预期的市场份额，这类项目的投资决策就更要审慎。

（3）市场综合分析

市场综合分析的主要任务和内容就是把市场需求、市场供给、市场竞争状况有机地联系起来，分析判定产品在项目寿命周期内的市场供求平衡状况以及项目投资者可能实现的产品销售量。市场综合分析通常借助于市场供需调查预测表来进行（见表4-1）。

表 4-1   某产品市场供需调查预测表

年份	需求情况				供给情况			供需缺口
	国内销售量	未满足需求量	出口量	总需求量	国内生产量	进口量	总供给量	
××年实际	（1）	（2）	（3）	（4）=（1）+（2）+（3）	（5）	（6）	（7）=（5）+（6）	（8）=（4）-（7）
××年预测								

国内需求量=国内产量用于国内销售量+国内未满足的销售量

市场总需求量=国内需求量+出口量

国内生产量=国内现有生产能力+在建项目生产能力+拟建项目生产能力

市场总供给量=国内生产量+进口量

市场供需缺口=市场总需求-市场总供给

市场供需缺口即为潜在的产品市场。

2.产品分析

产品分析包含两方面的内容：一是项目产品的功能和特性分析；二是项目产品生命周期分析。在进行市场需求和供给研究后，只有再通过产品研究，才能进行综合分析，判断项目产品是否有市场，明确项目产品所处阶段及特点，为确定项目产品方案和生产规模提供依据。

（1）产品功能与特性分析

产品功能与特性分析的任务是：分析和评价该产品的一般功能和特性，与同类产品相比有什么优势，预计可有多大的市场占有率。随着社会的发展，对产品功能的要求越来越高。对产品功能与特性的分析有助于了解产品能否顺利进入市场及其是否具有竞争力，并可据此判断项目产品是否有市场。

（2）产品生命周期分析

产品生命周期是指该产品从发明研制、投入市场开始，经历投入、成长、成熟、饱和、衰退等不同阶段，最后退出市场所经历的时间。产品生命周期5个阶段的特点如下：

投入期：生产批量小，生产厂家少，成本高，消费者对产品不熟悉，销售渠道不完善，销售量增长缓慢。

成长期：具备大量生产的条件，厂商增多，产品制造工艺基本定型，消费者已基本熟悉产品，销售渠道基本畅通，销售量增长快，利润有了迅速增长，企业间的竞争开始。

成熟期：产品大批量生产，厂家之间竞争加强，消费者完全了解产品，销售增长缓慢，价格有所下降。

饱和期：厂家之间的竞争更加激烈，市场供给超过市场需求，销售量趋于下降，产品价格大幅度下降，企业力求改进产品，以吸引消费者。

衰退期：销售量和价格大幅度下降，企业利润大幅度降低，不少企业退出市场。

对产品生命周期进行分析，目的是明确项目产品投产时所处阶段，判断项目产品进入市场的时机是否为最佳，这对项目的决策有重要作用。项目产品处于投入、成长阶段是比较理想的时期，处于成熟和饱和时期，就要审慎地考察项目建设的必要性和建设规模。

以上对产品生命周期的描述是一种更具经验的理论性定性描述，对于一种典型产品，可以用下列几种方法判断其所处的生命周期阶段：

第一，类比法，即根据类似产品的发展情况作对比分析，进行判断。例如，参照黑白电视机的发展资料来判断彩色电视的发展趋势。类比的产品必须有可比性，在各自投入市场后的情况有相似之处。

第二，根据产品普及率判断生命周期各个阶段。普及率小于5%时，为投入期；普及率为5%~50%时，为成长期；普及率为50%~90%时，为成熟期；普及率为90%以上时，为衰退期。

第三，根据产品销售量与时间序列进行分析，即以销售增长率来划分生命周期的各个阶段。

$$销售增长率 = \frac{计划期实际销售量 - 上期的实际销售量}{上期的实际销售量}$$

根据国外资料，增长率在0.1%~10%之间为投入期和成熟期（成熟期后期的增长率是零或负数），增长率大于10%为成长期，增长率小于零为衰退期。

3.消费者购买行为分析

市场经济条件下，市场就是消费者，消费者就是市场。项目所提供的产品（服务）只有满足了消费者的需求，项目的存在才有意义。消费者的购买行为有其自身的规律，企业要围绕消费者需求这一核心开展活动，要在活动中取得成功，就必须掌握这些规律，因此，消费者购买行为分析是市场分析的重要内容。

（1）消费者购买行为类型

区分不同的消费者购买行为，找出不同购买行为的差异，是分析消费者行为的重要方法。这里仅以两个主要的标准对消费者行为进行分类。

第一，根据消费者购买行为的不同态度划分，可分为习惯型、理智型、经济型、冲动型、从众型、疑虑型和想象型。

第二，根据消费者购买目标的选定程度划分，可分为确定型、半确定型和不确定型。

（2）消费者购买行为过程

消费者购买行为是消费者从产生需要到满足需要的过程，这一过程是因人、因商品而异的。一般来说，它可分为以下四个阶段：

第一，确认需要。消费者在内外因素刺激的影响下就会产生某种需要，需要决定着购买动机和购买目标。需要可能是主动的也可能是被动的，企业应该制定适当的营销策略，激发消费者的需要并诱发他们的购买动机。企业还应根据消费者习性、偏好的变化满足不同消费者不同的需要。

第二，搜集信息。当消费者产生了需要，并确立购买目标后，就开始着手搜集相关信息。此时，消费者存在三个疑虑：一是用什么标准评价所购买的商品？二是选择什么品牌的商品？三是入选品牌的商品在所定标准中的评价如何？消费者最终要搜集多少信息，取决于消费者的购买经验及商品的性质。

第三，分析评价。在搜集到足够的信息后，消费者会根据个人的偏好、目的、收入水平对商品的性能、价格、服务、品牌等进行综合评价，比较商品的优缺点，从而缩小选择范围。

第四，决定购买。对商品进行综合评价后，就进入决定购买阶段。购买决策受到社会、文化、心理等多方面因素的影响。

4.市场细分和目标市场的选择

（1）市场细分的含义

市场细分是指企业在市场调查的基础上，依据消费者的需求、购买行为和购买习惯等方面的明显差异性，把某一产品的市场整体划分为若干个消费者群的市场分类过程。每一消费者群就是一个细分市场，其内部的消费者对同一产品有相似的需求倾向。市场细分依据的基础是同一产品的消费需求具有多样性和差异性。市场细分的实质是把一个异质市场划分为相对来说是同质的细分市场。有效的市场细分应满足以下要求：

第一，可衡量性，即用来划分细分市场的指标和购买力特征指标应该是可以识别和测量的。

第二，足够的规模和需求量。细分市场的容量应能使企业实施一整套营销方案，带来的收入可以抵消支出并有相应的利润。

第三，可进入性。细分后的市场应能够使企业有效地进入并更好地为之服务。

第四，反应差异性，即细分后的市场对不同的营销组合因素和方案有不同的反应程度。

通过市场细分，可以清楚地了解各个市场的供求和竞争状况，以及哪些市场有较大的发展潜力，结合产品自身特点和对消费者行为的分析，发现市场供求缺口或是找到消费者未能被满足的需求，从而为项目的建设选定目标市场。

（2）目标市场选择的内涵及步骤

目标市场选择是在市场细分的基础上，通过对细分市场的评价，确定有效市场，然后在对有效市场进行竞争者分析和风险分析的基础上，确定目标消费者并描述目标消费者的特征。目标市场选择主要步骤如下：

首先，进行市场细分，确定细分市场。其次，评价细分市场，明确有效市场。在此，需要考虑三方面的因素：第一，细分市场的规模和发展潜力。第二，细分市场竞争结构状况。第三，企业目标和能力。再次，对有效市场进行竞争者分析和风险分析。最后，确定目标消费者，描述目标消费者的特征。

　　5.项目竞争环境分析

　　项目的竞争环境分析可以帮助企业明确目前行业和自身的竞争状况，预测未来竞争环境的变化，从而正确估计行业及项目自身的市场地位和面临的市场风险大小。

　　（1）波特五种竞争力模型

　　迈克尔·波特认为，由于外部作用力通常影响着产业内的所有企业，因此，项目竞争力的强弱，关键在于项目对外部影响的应变能力，所以要从产业结构的角度考察项目所处行业的竞争力状况。由此，迈克尔·波特提出了五种竞争力模型（如图4-1所示）。

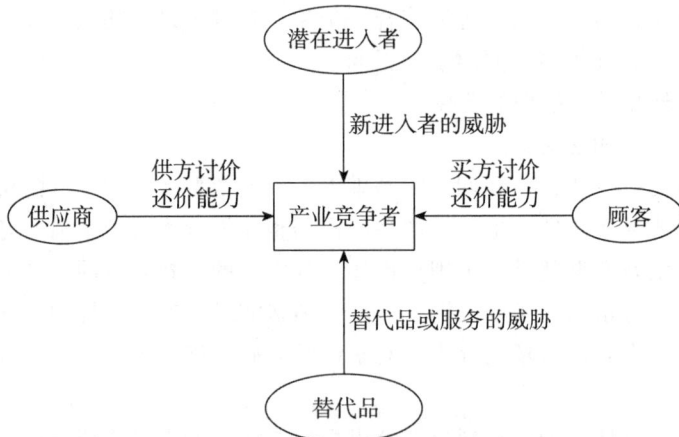

图4-1　五种竞争力模型图

　　该模型认为，一个产业的竞争者大大超越了现有参与者的范围。顾客、供应商、替代品、潜在进入者均为该产业的竞争对手，五种竞争力共同决定了产业的竞争强度及产业利润，其中一种或几种作用力将起到关键性主导作用。因此，考察项目产业竞争情况，可以从更高层次上把握项目的竞争状况和潜在收益能力。

　　（2）SWOT分析

　　企业或项目的内外环境分析称为SWOT分析。SWOT分析更多地从项目自身的内外部环境来考察市场竞争情况。

　　外部环境分析包括机会（opportunity）与威胁（threat）分析，内部环境分析包括优势（strength）和劣势（weakness）分析。外部环境主要分析宏观环境、产业环境、自然和资源环境等给项目带来的机会和威胁；内部环境分析主要考察项目实施具备的劣势和优势。SWOT分析通过建立优势、劣势、机会和威胁分析矩阵，有针对性地提出抓住机会、规避威胁、发挥优势、弥补劣势的策略。

　　（3）项目竞争战略选择

　　波特将企业的竞争战略分为三种基本类型：成本领先战略、差异化战略、目标聚集战略。企业应根据自身情况确定适合的战略，并依照自身行业的不同特点作出相应的调整。

第一，成本领先战略。奉行这种战略的企业致力于成为其产业中的低成本生产厂商，追求产品在成本方面的优势。在原材料方面更倾向于大规模采购，降低采购成本；在企业管理方面，压缩管理费用；在产品价格方面，一般低于或等同于产业的平均价格。

第二，差异化战略。在这种策略指导下的企业，特别注重产品某方面的属性，使其在这些方面比其他产品更具有吸引力。在渠道建设、分销方式上具有特殊之处，较之其他产品，消费者更容易购买该产品，也便于维修和退换。差异化战略力求找到产品或服务的特殊之处，并强调这一点。差异化战略的企业通过产品价格溢价弥补自己追求差异化导致的成本增加，所以，其价格一般高于产业平均价格。

第三，目标聚集战略。目标聚集战略是将企业的所有注意力集中到很狭小的范围。这类企业往往致力于发现产业内不被其他企业重视的某一细分市场，根据这一细分市场的要求，量体裁衣地提供产品和服务。企业或者发现某些消费者特殊的低价格需求，实施低成本聚集，或者瞄准产业内对产品或服务有特殊要求的顾客并为其提供近似于定制的产品和服务，获取高额溢价，实施差异化或定制聚集。后一类企业不会追求整个市场的占有率，所以，在总量上并不占据主要地位，但在其服务的细分市场上，具有特殊的优势。

6.市场风险分析

市场风险分析是在产品供需、价格变动趋势、竞争力等常规分析已达到一定要求的前提下，对未来市场重大不确定因素发生的可能性，以及其对项目造成损失的程度进行分析。产品市场风险分析的一般步骤是识别风险因素、估计风险程度、提出风险对策。

（1）识别风险因素

技术进步加快，市场上新产品和替代品不断出现，导致部分社会用户转向新产品或新的替代品，影响市场对项目产品的需求和预期效益。

新竞争对手的加入使市场趋向饱和，导致项目产品市场占有率下降。

市场竞争加剧，出现产品市场买方垄断，造成产品市场价格下降，或者出现投入物市场卖方垄断，使项目产品所需投入物的价格大幅度上涨，导致项目产品的预期收益减少。

国内外政治经济条件出现突发性变化，引起市场激烈震荡，造成项目产品销售锐减，或者项目主要投入物供应中断。

对上述各种风险因素的影响，应根据项目的具体情况，识别项目可能面临的主要风险因素，作出客观切实的分析研究。

（2）估计风险程度

市场风险因素的识别要与风险估计相结合以确定投资项目的主要风险因素，分析估计其对项目的影响程度。风险程度估计可以定性描述，亦可定量计算。

（3）提出风险对策

提出风险对策是要有针对性地提出规避风险的对策、措施、避免市场风险的发生或者将风险损失降到最低程度。可通过风险识别和估计结果的信息反馈，改进方案的设计，完善营销策略等措施，使项目成功。

第二节　市场调查与预测

一、市场调查与预测原则

现代市场调查的特点是目的性、系统性、决策性、真实性。因此，在市场调查活动中，必须按照市场调查的原则进行。市场调查原则是指在决定、策划、进行市场调查活动时，应该遵守的规范和标准，是市场调查活动取得成效的保证，也是调研机构和调研人员树立信誉的主要途径，主要有以下几条原则：

（一）可信性原则

可信性原则是指在市场调查活动中，应该遵守实事求是的工作原则。市场调查是为项目决策提供依据，如果调查后获取的资料内容虚假，可能会对项目的决策产生误导作用，造成不可估量的损失。因此，搜集和提供真实的信息，是市场调查活动的首要原则。

（二）适用性原则

适用性原则是指调查活动提供的信息资料内容要符合项目决策时使用的原则。项目决策所需要的信息资料，往往是关键的几条。如果调研活动搜集的大量信息缺少关键的信息，那么，项目决策仍然不能很好地进行。市场调查活动的质量不在数量上，而在对项目决策的适用性上。

（三）动态性原则

动态性原则是指市场是不断发展和变化的，在市场调查活动中，必须遵循发展的、变化的、动态的观点。用动态的原则指导调查活动，不仅要注意市场的现状，还要了解市场的过去。不能满足于已经掌握的资料，应该不断地进行资料的更新和完善，保持信息资料与市场变化的动态同步性。

（四）经济性原则

经济性原则是指使用最小的成本和最短的时间提供可信的、有用的信息资料。其意义在于：首先，应该注意调查活动的成本和收益之间的关系；其次，节省调查活动中的费用。

（五）系统性原则

坚持系统性原则，首先，需要深入、全面地对系统内的有关事物及它们之间的关系进行调查。其次，注意调查系统内主要矛盾和矛盾的主要方面。主要矛盾和矛盾的主要方面代表了系统的主要特征，对系统的变化起主要作用，是市场调查的主要对象。

（六）科学性原则

科学性原则对调研人员的要求如下：树立对待调研工作的科学态度，提高对信息工作的认识；重视信息搜集工作在搜集、整理、分析过程中的特点和规律，遵守关于市场调查的程序和要求；注意信息资料的时效性、保密性和使用价值，规范调查人员的行为和调查活动，降低各种功利因素对调研活动的影响，防止伪科学的干扰；坚持定性调查和定量分析相结合的科学分析方法，以便提供可进行决策的依据等。

二、市场调查流程和技术

（一）市场调查的流程

市场调查的流程分三个阶段：调查准备阶段、调查实施阶段和调查分析研究阶段。

1.调查准备阶段

调查准备阶段主要解决调查的必要性和定义问题，确定调查目标，明确调查要求和规模，组织调查力量，设计问卷以及确定抽样方案和样本容量等问题，并在此基础上制订一个切实可行的方案。调查准备阶段大体包括以下几个阶段：

（1）确定市场调查的必要性

市场调查虽然是重要的和必要的，但并不意味着每一个项目的可行性研究或项目评估中的市场分析都需要市场调查。因为如果投资者对项目市场、竞争者、产品和服务有充分了解，或委托方向工程咨询机构提供了足够信息，在此情况下，无须进行市场调查。

（2）定义问题

对问题有一个好的定义，就意味着完成了一半的市场调查工作。在市场分析开展之前，要在明确市场调查必要性的基础上针对项目的具体特征全面定义通过调查要解决的问题。因此，进行探测性调查是必要的，在明确了调查问题的基础上再去进行下一步。

（3）确定调查目标

调查目标的确定可帮助项目分析人员获得解决问题所必需的信息。定义问题和确定调查目标是不同的，调查目标的确定也是选择调查方法的前提。

（4）确定信息的类型和来源

确定信息的类型和来源包括确定搜集信息的范围和方式。搜集信息的范围是指应搜集什么信息、如何搜集、在什么时间和地点搜集。搜集信息的方式包括：是通过调查取得一手资料，还是通过间接手段获取第二手信息；信息是通过一次性调查获得，还是多次调查获得等。

（5）问卷设计

问卷有两种形式，即结构性问卷和非结构性问卷。结构性问卷列出了所需了解的问题，而且每个问题都有可供选择的答案。非结构性问卷采取开放式回答的方法，有可能针对访问对象前一题的回答来进行后续访问。问卷调查能否成功取决于三个层面的工作：一是问卷的精心设计；二是问卷调查中填写内容的真实性；三是问卷回收后系统分析。因此，问卷设计要符合简明、突出主题和便于统计分析的要求。

（6）确定抽样方案和样本容量

在总体容量非常大的情况下，就需要抽取样本进行调查，所以，必须在调查前确定抽样方案，以尽可能减少误差，使得样本足以代表总体。这要求在抽样方案中做好样本元素分析，确定合理的样本结构和样本容量。

（7）确定调查设计方案

在制订调查方案时，要考虑以下问题：明确调查目的、对象和范围；设计调查问题；选择调查方法；调查人力设计；调查人员培训计划；整个调查工作的时间和进度安排；调查费用预算等。

2.调查实施阶段和调查分析研究阶段

该阶段的主要任务是组织调查人员，按照调查方案的要求，系统地搜集信息和数据，听取被调查者的意见。这两个阶段可细分为以下几个步骤：第一，调查人员的培训。为保证调查质量必须对调查人员进行培训。培训内容包括明确调查计划、掌握调查技术、了解同调查目的有关的经济信息和业务技术知识。第二，实地调查。实地调查要求调查人员按计划规定的时间、地点、方法、内容深入到现场进行具体调查，搜集有关信息。实地调查的质量取决于调查人员的素质、责任心和组织管理的科学性。第三，调查分析研究阶段。通过对调查信息的统计和分析，形成调查报告。该环节是评价市场调查能否充分发挥作用的关键一环。该阶段的工作分为信息整理与分析和编写调查报告。

在项目市场分析中，市场调查结果往往直接用于市场分析，而不一定要形成完整的市场调查报告。二手资料的使用往往在市场分析中占据较大的比重。

（二）市场调查的技术

市场调查的方法很多，主要是通过观察法、用户访问和抽样调查等方式，加上收集到的二手资料，经过研究、综合和分析，得出有关结论。

1.典型市场调查法

典型市场调查法也称重点市场调查法，它是通过选取个别有代表性的重点用户或地区进行调查，以达到了解整个市场的总体发展趋势的方法。该方法的优点是调查的单位少、需求情报汇总快、节省人力、适用于对大型产品和专业设备市场的调查。

2.普遍市场调查法

普遍市场调查法是一种一次性对总体市场进行全面调查的方法。该方法的准确程度较高，但调查费用昂贵，所需人力与时间较多。普遍市场调查经常采用邮寄问卷、访问法、电话调查法这三种具体调查法。

3.抽样市场调查法

抽样市场调查法是一种科学的、非全面的调查方法。该法不如普查所获信息全面，但科学的抽样调查，同样具有相当大的可参考性。而且这种方法运用面广，耗用的人、财、物、时间也较为经济，因而是市场调查中普遍使用的调查方法。抽样调查的具体方法有几率抽样法和非几率抽样法。

三、市场预测流程和技术

（一）市场预测流程

为保证市场预测工作的顺利进行，必须按照预测的程序进行，以利于各环节之间的协调，进而取得良好的预测效果。市场预测的程序分以下几个阶段：

1.确定预测目标，拟订计划

进行市场预测，首先要确定预测目标，只有明确目标，才能取得好的预测效果。预测目标的确定包括以下内容：明确预测对象、预测目的、预测范围等。预测目标应详细、明确、具体，否则会降低预测准确度。

2.搜集、分析和整理信息

预测信息包括预测对象本身发展的历史信息、影响预测对象发展变化的各种因素等。将信息加以分析、加工和整理，判别信息的真实程度和可用程度，剔除随机事件造成的信息不真实，对不具备可比性的信息进行整理，以避免信息本身原因对测试结果带来的误差。

3.选择预测方法，建立预测模型进行预测

预测方法的种类繁多，每一种预测方法都有它的特点和适用范围，应根据预测对象的特点、精度要求、信息的拥有情况和市场预测费用等各种因素来选择市场预测的方法，即通过对数据变化趋势的分析，建立起与历史信息相吻合的预测模型。

4.分析预测结果

预测结果通过判断和评价，可能是肯定的，也可能是否定的，更多的是需要修正的。无论哪一种情况，都要以周密的调查、可靠的数据和有说服力的分析作基础，其重点应放在预测误差的分析上，找出误差原因，并相应修正预测结果。此外，在条件许可的情况下，可采用多种预测方法进行市场预测，然后通过比较和综合，确定可信的预测结果。

（二）市场预测技术

市场预测主要是预测未来一定时期某种产品的需求和供给情况。由于市场供给的预测比较简单，一般通过生产该产品的企业的现有生产能力和拟建中的生产能力即可大体算出来。因此，一般讲的市场预测主要指产品的需求量或可销售量的预测。另外，市场预测的方法很多，有定性方法、定量方法和定性与定量相结合的方法，有短期预测方法和中长期预测方法等。在可行性研究和项目评估中，市场需求预测一般是中长期预测，因此，这里只介绍用于中长期预测的方法。

1.德尔菲法

德尔菲法亦称专家调查法或专家征询法，它是指在广泛征求专家意见后进行定性预测的一种方法。这种方法是20世纪60年代首先由美国蓝德公司开始采用的。

（1）选择专家

这里所讲的专家，不仅是指那些有一定学位或职称的专家、教授，也是指那些对所要预测的问题具有一定的专门知识，有丰富的经验，能为解决预测问题提供较为深刻见解的人员。在选择专家时，要注意具有代表性，人数通常为15～50人。

（2）设计调查表

根据预测目标，以专家问答表的形式，将需要预测的问题列于表格上，以便专家填写。调查表没有固定格式，应根据预测的问题灵活设计。

（3）专家作出判断

准备工作做好以后，将调查表及有关问题寄发给各专家，请他们在背靠背的情况下，对所提问题做初步判断，并按规定的期限寄回调查表。然后将各专家回答的意见进行综合、整理后，归纳出几种不同判断，请身份类似的专家写出文字说明的评论，并匿名反馈给各个专家，请他们以与第一次同样的方式，比较自己与别人的意见，修改第一次判断，作出第二次判断，并按期寄回判断意见。如此反复修改多次，直到各专家对自己的判断意见不再修改为止。

（4）提出预测报告

为得出预测结论，需要对专家们的最后意见进行分析和处理。当专家们的最后意见比较一致时，一般将该意见作为预测结果。当专家们的意见有分歧时，需要对其进行综合处理。一般可以采用算术平均数法求其平均数，并以平均数作为预测值。

2.时间序列预测法

时间序列预测法是以历史的时间序列数据为基础，运用一定的数学方法使其向外延伸，来预测市场未来发展变化趋势的一种方法。这是预测市场发展趋势中最常用的方法，其基本根据是假设过去的趋势会延伸到未来，这在项目寿命期内客观因素不发生重大变化的情况下，可能得出比较正确的结果。如果客观因素发生重大变化就可能产生重大误差。

常用的具体方法有移动平均数法、趋势预测法等几种。前一种方法主要是用于短期预测；后一种方法则是用于长期预测。因此，在可行性研究和项目评估中主要使用趋势预测法，必要时，可先用移动平均数法预测1～2年的数值，再在此基础上用趋势预测法预测10年或20年的数值。

（1）移动平均数法

这是时间序列预测法中最简单的一种方法，在短期预测中应用较多。其做法是用上几期（例如，3年或4年）的实际销售数的平均数作为预测的下期销售数。平均时可以用简单的算术平均数，也可以用加权平均数（越近期的数字用的权数越大），后一种方法的准确性较高。在求得某一年份的预测数以后，可将其视同实际销售数，再预测下一年度的数值。

（2）趋势预测法

这是时间序列预测法中最适合中长期预测的方法，也是可行性研究与项目评估中进行市场发展趋势预测时最常用的方法。其基本原理是：根据过去各期的实际数据，分析其发展趋势，并假定今后按该趋势继续发展，从而测定今后各期的数据。如果过去各期数据大体呈现等差级数，则其变化趋势可用直线方程来表示；如果过去各期数据大体呈现等比级数，则可用曲线方程来表示。

3.回归分析法

上述时间序列预测法只考虑了时间因素造成需求量和销售量的变化，但实际上，市场上的各种因素都相互影响。例如，投资规模扩大，建筑材料的需求量就会增加。前者（投资规模扩大）称为自变量，后者（建筑材料的需求量增加）称为因变量。回归分析法就是根据自变量来分析因变量的变化方向和程度，一般以拟预测的产品需求量为因变量，而以有关的市场其他因素为自变量。回归分析法又可以分为简单回归分析法和多元回归分析法两种。

第三节　项目战略选择和销售规划

一、项目战略分析

为一个投资项目编制销售规划，要求事先确定项目投资目标。它表示投资项目的方向，说明投资的缘由和出发点。而项目的战略是规定达到项目目标所需采取的方法和行动。决定项目战略的目的在于合理确定和系统反映项目的销售战略问题。

（一）确定项目的地理区域销售战略

根据项目产品特点、项目投资能力及财务效益，选择项目产品的销售市场，确定当前和未来的销售对象，特别是生产经营的地理区域，制订各种战略方案，以鉴定企业实际竞争地位。

（二）确定市场占有额销售战略

对一个投资项目来说，有必要规定项目在市场上所期望达到的市场占有额或市场地位，通常市场占有额的变化会直接影响到项目的盈利能力。一般情况下，随着市场占有额的增加，企业便有可能从规模经济中获利，因而使盈利率上升。但是某些情况下，随着市场占有额增加，边际销售额的增加可能低于边际销售成本的增加，使盈利率下降。因此，应当分析项目盈利率与市场占有额之间的关系，实施适当的基本战略，在市场占有额和项目盈利率之间进行选择。

（三）确定产品-市场关系销售战略

确定产品-市场关系决定了销售规划的战略范围，也是决定项目战略的基础。针对产品-市场关系采取的销售战略有四种不同类型：第一，进入市场战略。企业主要采用广告和推销的手段在某个特定的市场范围内加强其产品市场实力和市场占有率，达到占领市场的目的。第二，市场开发战略。就现有产品而言，企业着眼于开发新的地理区域、新的顾客阶层，并通过新的分销渠道来增加销售。第三，产品开发战略。企业的目的是通过开发新的产品来满足未来顾客的潜在需求。第四，多种经营战略。企业着眼于不断用新产品来开发新市场，以达到增加销售的目的。

（四）竞争和扩大市场销售战略

为使市场占有额增加，可通过两种途径：一种是采取在现有市场状态下从竞争对手那里赢得市场份额，让竞争对手丧失一部分市场的战略；另一种是扩大销售市场的扩大战略，在一个新市场发展的最初阶段取得领先于竞争对手的地位，也就是扩大现有市场份额或开拓新市场。

战略选择的实质是企业选择恰当的战略，从而扬长避短。企业可选择的战略类型见表4-2。

二、项目销售规划

项目销售规划是在项目战略基本框架的基础上，根据目标市场和消费者需求来制定销售战略，为达到项目目标和协调销售所采取的措施和方法。

（一）销售规划的战略目标

1.确定产品目标群

产品的目标群是指消费者对产品的需求与采购决策的目标，如产品的声誉、美观程度、技术和价格。对于不同品种的产品，除了估算其经营成本和销售费用外，还应注意以下因素：市场结构、潜在需求量、消费者的需要及采购决策的衡量标准、市场竞争与价格水平、现有核心技术或新技术等。

2.确定销售目标

销售目标包括销售产品的目标以及在产品和目标群方面的理想地位。首先应考虑周转率、市场占有额和利润等公司目标，其次应考虑产品在目标群中的地位，这可以通过与竞争者和最终使用者的关系确定。

3.确定销售战略

销售战略包括竞争战略和市场扩张战略。竞争战略可采取的措施有：采用倾销形式的侵略性价格战略；从主要对手的销售成果中获利的仿制战略；树立产品和企业形象的形象战略。市场扩张战略主要是用于开发新的市场或增加需求这两种情况，是在产品寿命早期采用的一种典型战略。

（二）销售规划的实施

1.确定销售组合

销售组合是指产品、价格、推销和分销等销售工具的组合。确定销售组合最重要的是了解现有市场上的消费者、竞争者及贸易商之间的关系，并考虑竞争的性质和消费者与竞争者的反应。最佳的销售组合主要取决于市场特性和销售战略。

表 4-2　　　　　　　　　　　　　企业可选择的战略类型

分类	战略		特征
基本战略	成本领先战略		企业强调以低单位成本价格为客户提供产品
	差异化战略		企业选择客户重视的一种或多种特质，并赋予其独特的地位，满足顾客要求
	目标聚集战略		企业选择产业内一种或一组细分市场，量体裁衣地为该细分市场提供产品或服务
成长战略：核心能力企业内扩张	一体化战略	前向一体化	企业获得分销商或零售商的所有权或加强对他们的控制
		后向一体化	企业获得供应商的所有权或加强对他们的控制
		横向一体化	企业获得生产同类产品的竞争对手的所有权或加强对他们的控制
	多元化战略	同心多元化	企业增加新的但与原有业务相关的产品或服务
		横向多元化	企业向现有顾客提供新的、与原有业务不相关的产品或服务
		混合多元化	企业增加新的、与原有业务不相关的产品或服务
	加强型战略	市场渗透	企业通过加强市场营销，提高现有产品或服务在市场上的份额
		市场开发	企业将现有产品或服务打入新的区域市场
		产品开发	企业通过改进或改变产品或服务而提高销售额
成长战略：核心能力企业外扩张	战略联盟		企业与其他企业在研发、生产运作、市场销售等方面进行合作，相互利用对方资源
	虚拟运作		与其他企业建立稳定的关系，从而将企业价值活动集中于自己的优势方面，而将非专长方面外包出去
	出售核心产品		企业将价值活动集中于自己的少数优势上，产出产品或服务，并将产品或服务通过市场交易出售给其他生产者进行进一步加工
防御战略	收缩战略		通过减少成本和资产对企业进行重组，以加强企业基本的和独特的竞争能力
	剥离战略		企业出售分公司或任一部分，使企业摆脱那些不盈利、需要太多资金或与公司其他活动不相宜的业务
	清算战略		企业为实现其有形资产价值而将公司资产全部或分块出售

（1）产品和产品设计政策

在可行性研究和项目评估中，应确定产品方案是单一的，还是多品种的；是制造同一类产品，还是制造不同规格、质量和颜色的产品。产品组合的设计应满足顾客的需求和爱好。产品设计应遵循国内或国际标准，因为遵循高标准可能会形成推销上的优势，还应重视产品的售后服务。

（2）价格政策

在确定销售价格和销售费用时，必须考虑到消费者对不同价格的反应及竞争者的价格政策，应对不同的消费者采取不同的价格政策。项目投产初期产品定价可能要低于生产成本，这种低价格政策有助于产品进入市场，使其逐步发展。同时，还必须考虑到出售同类产品的竞争者的反应。

（3）推销

这是为达到预期销售量所采取的措施。推销的工具有广告、公共关系、推销员的面对面推销、产品推广会、参加商品交易会、免费赠送样品等。

（4）销售和分销渠道

由批发商到零售商再到消费者的分销是由生产者到最终使用者的主要分销渠道。整个销售过程中，应抓住货物交付、库存控制和运输中的货物保护等环节。选择分销渠道对项目的盈利有很大影响，在决定产品价格时，重要的是确定批发商、零售商把产品列入销售计划所需的毛利。`

2.确定销售措施

编制销售活动计划进度表及预测销售费用是进行销售规划工作的最后一步。在进度表内应归纳所有对项目成功有重要作用的销售措施，它有助于在项目实施后期调整与确定详细的销售计划。

关于销售措施，不得不估测可能遇到的障碍，并分析项目对这种偶然情况的敏感性。另外，不但要估测风险，而且要规定避免风险或把风险减到最小的正确方法。

■ 本章小结

市场分析是指通过市场调查和供求预测，根据项目产品的市场环境、竞争能力和竞争者状况，分析、判断项目投产后所生产的产品在有限的时间内是否有市场，以及采取怎样的营销战略来实现销售目标。

市场分析可以确定合理的生产规模、初步确定投资规模、确定产品生产方案、为财务分析确定合理的数据分析基础和为市场风险分析提供客观的判断依据。

市场分析的方法有很多，主要包括市场调查、市场预测和市场趋势的综合分析。

市场分析的基本内容主要包括两大部分：市场宏观层面分析和市场微观层面分析。市场宏观层面分析主要有人口环境、经济环境、政策和法律环境、自然和资源环境的分析。市场微观层面分析主要有市场供求现状分析、产品分析、消费者购买行为分析、市场细分和目标市场的选择、项目竞争环境分析和市场风险分析等。

市场调查活动必须按照市场调查的原则进行。市场调查的原则包括：可信性原则、适用性原则、动态性原则、经济性原则、系统性原则和科学性原则。

市场调查的流程分三个阶段：调查准备阶段、调查实施阶段和调查分析研究阶段。

市场预测的程序分以下几个阶段：确定预测目标，拟订计划，搜集、分析和整理信息、选择预测方法和分析预测结果。

为一个投资项目编制销售规划，要求事先确定项目投资目标。它表示投资项目的方向，说明投资的缘由和出发点。项目战略包括：确定项目的地理区域销售战略、确定市场占有销售战略、确定产品–市场关系销售战略、竞争和扩大市场销售战略。

项目的销售规划是在项目战略基本框架的基础上，根据目标市场和消费者需求来制定销售战略，为达到项目目标和协调销售所采取的措施和方法。

■ 关键概念

市场分析　市场调查　市场预测　德尔菲法　抽样调查法　项目战略目标销售规划

■ 复习思考题

1.市场分析包括哪些内容？

2.市场分析的方法有哪些？

3.简述分析市场调查的原则。

4.市场调查的流程有哪些？

5.如何进行项目战略分析？

第五章

生产规模的确定

第一节　规模经济理论

一、生产规模的界定

从工业项目的角度看，规模经济中的规模一般是指工业企业的生产规模。工业企业生产规模是指生产要素在企业中的集中程度，其衡量指标主要有产量、生产能力、产值、职工人数和资产价值等，其中，产量和生产能力指标应用较多。产量是指企业在一定条件下和一定时期内实际生产的产品数量。生产能力是指企业在一定生产技术条件下和一定时期内可能生产某种产品的最大能力。产量和生产能力通常按年计算，用实物量或标准实物量表示。有些企业使用的原材料对产量或生产能力有较大影响，其产量和生产能力可以用能加工处理的原材料数量来表示（如豆油加工厂）；有的企业用装机容量（如发电厂）、设备能力（如毛纺厂）来表示其产量和生产能力；有的企业产品种类繁多，差异性较大，一般可换算成标准实物量来表示产量或生产能力。

二、规模经济理论

规模经济是现代产业组织理论中的一个重要概念。规模经济理论是以研究各种类型的工业企业在目前的技术经济条件下，要求达到什么样的规模才最有效率为目的的理论。规模经济是指在一定的规模下或一定的规模区间内，企业生产最接近

"最优效率"的生产规模。换言之，就是企业按照一定的生产规模组织生产可获得经济上的利益。规模经济的分类方法有很多，可将其分为生产上的规模经济和经营上的规模经济；工厂规模经济和企业规模经济；规模的内部经济性和外部经济性。

（一）生产上的规模经济和经营上的规模经济

生产上的规模经济是指由于实行专业化生产或流水作业，增加了生产批量，或者采用大型高效设备，扩大了生产规模，从而使单位产品成本随着生产批量增加或生产规模扩大而降低。

经营上的规模经济是指由于扩大了经营规模，节省了经营费用，生产要素物尽其用，从而使产品和技术开发能力提高，企业抵御经营风险的能力增强。工业生产上的规模经济多与企业的规模有关，但这并不意味着单一企业规模的无限扩大。在深化分工、小而专的企业里，同样能够通过增加生产批量，获取规模效益。经营上的规模经济通常也与工业企业规模有关，亦可以通过企业之间的横向联合来实现。

（二）工厂规模经济和企业规模经济

工厂规模经济是从设备、生产线、工艺过程等角度提出来的。它是指单一产品生产工厂伴随着生产规模的扩大而发生的单位产品的生产费用的降低。若扩大工厂规模，单位产品生产费用也会在生产多种产品的工厂里有一定程度的下降。这应归之为企业规模经济。特别是在联合性工厂里，由于集中、垂直地生产，也会产生共同费用的节约。平均费用曲线图5-1说明了工厂规模经济。

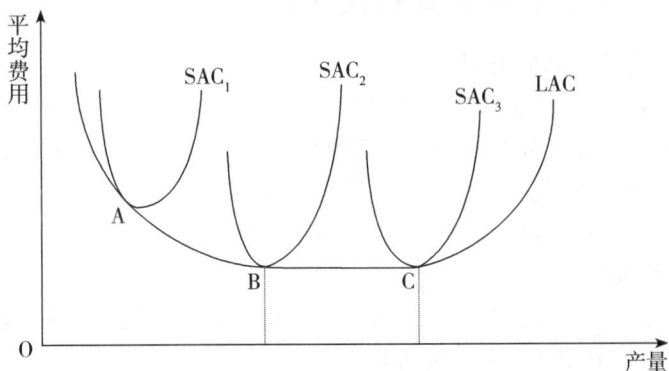

图5-1　平均费用曲线图

在图5-1中，曲线LAC代表长期平均费用；曲线SAC代表短期平均费用。

规模经济表现为长期平均费用曲线LAC向下倾斜。图5-1中，短期平均费用曲线是指当生产能力一定时，单位产品费用随着产量变化而变化的曲线，长期平均费用曲线则是由短期平均费用曲线最低点组成的。从图5-1可以看出，规模经济就是随着生产能力的扩大，单位产品费用呈下降趋势，即长期平均费用呈下降趋势。另外，可以看出，长期平均费用曲线的下降不是无限的。当其达到B点时，不再下降，B、C之间处于水平状态，超过了C点，长期平均费用反而会上升。B、C之间的区间称为最佳规模范围；超过C点后长期平均费用上升的现象称为规模不经济性。B点称为最小有效规模，C点称为最大有效规模。①

（三）规模的内部经济性和外部经济性

内部经济性中的规模是指生产装置系统和企业在生产经营要求最佳组合时的生产能力或产量。产生规模经济的原因不仅与工艺系统的技术经济特点有关，而且还与工艺系统和企业大规模经营的节约效益有关。工艺系统的规模经济是企业规模经济的技术基础，一定规模的企业则是实现技术规模经济的组织保证。规模经济企业不一定是大企业，专业化水平高的规模经济企业也可能是小企业。这取决于行业和国情。从行业来看，冶金、化工、汽车制造等行业适宜建大型企业；食品、工艺品等行业则适宜建中小型企业。

规模的外部经济性是指实现规模内部经济性所需的外部条件，如市场的规模及其分布、资源条件、运输条件、资金筹措条件等。如果市场广阔、资源丰富、运输方便、资金易筹措，则容易实现规模的外部经济性。

（四）规模不经济

规模经济的对立概念是规模不经济。规模不经济是指一定经济实体的规模过小或过大而引起的不经济性。规模不经济意味着资源配置不合理，有限的资源不能得到有效利用。规模不经济可分为生产上的规模不经济和经营上的规模不经济；工厂规模不经济和企业规模不经济；规模的内部不经济性和外部不经济性。

三、规模收益变动与规模经济区间

（一）规模收益变动的类型

从上述可以看出，规模经济与规模收益的变动有关。规模扩大，单位平均费用降低，企业收益增加即为规模经济；规模扩大，单位平均费用增加，企业收益递减，即为规模不经济；规模扩大，单位平均费用不变，单位平均收益也不变，即为规模收益不变。可见，规模收益变动有递减、递增和不变三种情况：

1. 规模收益递减

规模收益递减，即规模扩大后，收益增加的幅度小于规模扩大的幅度，甚至收益减少，即规模扩大使边际收益为负数。

2. 规模收益递增

规模收益递增，即规模扩大后，收益增加的幅度大于规模扩大的幅度。当然，这种规模增加是有限度的，超过限度，会变为规模收益递减。

3. 规模收益不变

规模收益不变，即规模扩大幅度与收益增加的幅度相等。一般来说，这是从规模收益递增转变为规模收益递减的过渡阶段所发生的情形，它不可能持久。

（二）规模经济区间

规模经济所要研究的就是企业的生产规模对成本和收益的影响，这必然和产品

---

① 傅家骥，雷家骕，程源.技术经济学前沿问题［M］.北京：经济科学出版社，2003：177-178.

的销售收入、总成本费用、利润等有关。我们把平面直角坐标系上能够表示规模收益变动以及产量、成本、利润之间的关系的曲线称为规模效果曲线，规模效果曲线图如图 5-2 所示。

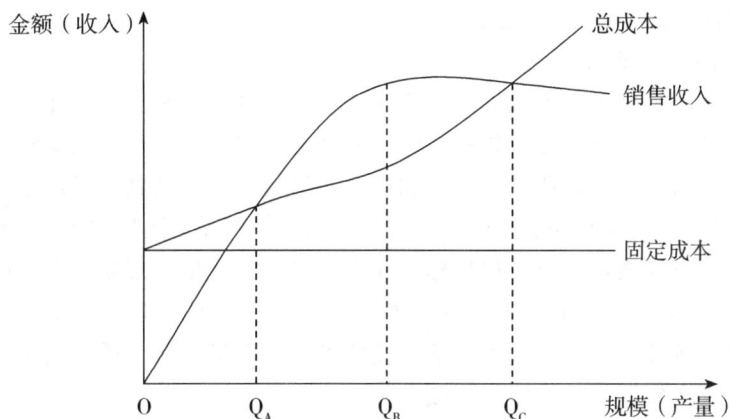

图 5-2　规模效果曲线图

从图 5-2 可以看出，当生产规模达到 Q_A 时，企业不盈不亏；生产规模超过 Q_A，企业开始取得净收益；当生产规模达到 Q_C 时，企业又出现不盈不亏的状态；生产规模超过 Q_C，企业又开始亏损。在 Q_A 至 Q_B 之间，企业的规模收益一直是递增的，即收益的增加幅度大于生产规模的增加幅度；超过了 Q_B，企业的规模收益递减，即收益的增加幅度小于生产规模的增加幅度，甚至生产规模扩大使边际收益为负值。据此可以认为，Q_A 至 Q_B 的区间是规模经济区间。Q_B 是最佳生产规模，因为在这个规模上，项目的边际收益等于边际成本。

第二节　生产规模的制约和决定因素

在可行性研究与项目评估中，确定拟建项目的生产规模，旨在为拟建项目规划合理的规模，使其达到规模经济。一般来讲，制约和决定项目生产规模的因素主要包括政府经济发展规划、产业政策、市场需求量、工艺设备、资金、基本投入物、专业化分工与协作条件、其他建设因素和经济效益等因素。

一、政府经济发展规划和产业政策因素

（一）政府经济发展规划

政府经济规划是指各级政府一定时期的经济发展安排和规定。尽管我国已经确立了市场经济体制，在经济活动中，以市场调节为主，但从宏观上还需要政府的干预。各级政府为了宏观经济的稳定和可持续发展，制定国家或地区的经济规划。而在这些规划中已经包括了许多投资项目，特别是生产有关国计民生产品的大中型项

目。原则上，没有列入经济规划的投资项目，在规划期内不能实施；列入经济规划的投资项目，条件不成熟的，也不能实施。列入经济规划的项目，不但包括项目的名称、实施时间，而且还包括项目的规模，所以，在确定拟建项目的生产规模时，一定要考虑政府制定的经济规划。

（二）国家产业政策

制定产业政策是国家加强和改善宏观调控，有效调整和优化产业结构，提高产业素质，促进国民经济持续、快速、健康发展的重要手段。产业政策包括产业结构政策、产业组织政策、产业技术政策和产业布局政策，以及其他对产业发展有重大影响的政策和法规。确定拟建项目的生产规模要考虑国家产业政策，主要是以产业政策所规定的投资项目的经济规模标准作为项目的最低生产规模。在我国，投资项目小型化、分散化是工业企业达不到规模经济、生产效率低的主要原因之一。为此，国家产业政策规定了部分规模效益比较显著、市场供需矛盾比较突出的热点产品实施固定资产投资项目的经济规模标准。

二、市场需求量因素

市场决定项目的命运，项目产品有市场，才有必要实施该项目。市场潜在的需求量有多大，项目的生产规模就应按这个量来确定。这样，才能保证项目的顺利实施和正常生产，才不至于浪费有限资源。在确定拟建项目的生产规模时，必须对市场分析的结果进行研究，分析项目产品的市场供求关系，项目产品的市场需求量到底有多大，并把其作为制约和决定项目生产规模的重要因素。

从数量上讲，确定的生产规模应小于或等于市场需求量。如果按照这个量确定的生产规模不在规模经济区间，那不外乎有两种情况，即小于 Q_A 或大于 Q_B。若小于 Q_A，这个项目就是不可行的，如果没有通过主观努力增加市场需求量的可能性，即可以否定该项目；若大于 Q_B，不能盲目否定该项目，可采取缩小规模的方法，参考其他制约和决定生产规模的因素，把生产规模控制在规模经济区间内，即 $Q_A<$ 规模 $<Q_B$。同时，建议有关部门或企业再实施同样的项目，以满足市场对该种产品的需求。

三、工艺设备因素

在不同的工业部门中，可供使用的加工工艺和设备通常已按某种生产能力标准化了，如一条装配汽车的生产线或电视机、电冰箱等的生产线，它有额定的生产能力，并且受产业政策和其他有关政策及规定的制约，越来越向标准化的大型工艺和设备发展。确定拟建项目的生产规模要与此相适应。如果标准化的工艺和设备可以适用于较低的生产规模，可能不在规模经济区间，那可以采用各种各样的组合方式来确定拟建项目的生产规模，使其达到规模经济。这种组合方式并不完全取决于标准化的工艺和设备，还受其他的生产规模的制约和决定因素的限制。

四、资金和基本投入物因素

国内外资金的短缺和基本投入物来源的匮乏，都可能限制拟建项目的规模。这些因素往往是限制拟建项目生产规模的重要因素。

（一）资金因素

无论在什么时候，可用于投资的资金总是有限的。资金供给量的大小与确定多大的生产规模密切相关，即使是在工艺和设备的选择上进行充分的比较和遴选。资金的有限性表现在自有资金不足，又难以得到融资的支持。如果项目所需的设备和投入物全部或部分需要从国外进口，又会受到外汇的限制。

（二）基本投入物因素

项目的基本投入物是指用于项目经营的主要原材料、中间产品和主要的燃料及动力等。因为存在着资源的稀缺性，所以项目所需的基本投入物的资源可能受到三个方面的限制：一是总的供应量满足不了项目的需要，二是基本投入物质量满足不了项目的要求，三是使用基本投入物的成本问题。

五、专业化分工与协作条件因素

现代化工业的分工越来越细，专业化水平越来越高。这就是说，一个项目往往不是独立的，需要有许多企业或单位协作配套，其投产后才能正常发挥作用。协作配套有提供原辅材料的配套，有生产零部件的配套，还有动力供应、交通运输等方面的配套。所以，确定项目的拟建规模要充分考虑协作配套条件，即项目的规模要与协作配套的量相符合。

六、其他建设因素

其他建设因素包括土地、交通、通信、环境保护等。这些因素从不同的方面制约着项目的生产规模。一方面，确定的生产规模要尽可能少地占用土地；另一方面，确定生产规模要考虑可能供给的土地面积和土地的质量。交通、通信等都属于基础产业，我国基础产业发展相对滞后，建设现代化的工业项目，确定生产规模时需要考虑这些方面的制约。环境保护问题也越来越受到重视，不同的生产规模对环境的影响也是不同的，对因项目而产生的"三废"，国家规定了排放标准，确定项目的生产规模时必须考虑这个因素。

七、经济效益因素

经济效益是制约和决定项目生产规模的关键因素。在可行性研究与项目评估中，按照经济效益的高低，通常可以把项目生产规模分为以下四种类型：

（一）亏损规模

亏损规模就是销售收入小于总成本的规模。在图5-2的规模效果曲线图中，小于 Q_A 和大于 Q_C 的规模都属于亏损规模。

（二）起始规模

起始规模，即最小经济规模，就是销售收入等于总成本的保本最小规模。在规模效果曲线图中，Q_A 点即为起始规模。

（三）合理经济规模

合理经济规模，即适宜经济规模，就是销售收入大于总成本，并保证一定盈利水平的生产规模。在规模效果曲线图中，该规模位于 Q_A 和 Q_B 之间。

（四）最佳经济规模

最佳经济规模就是能够产生最高经济效益的生产规模。在规模效果曲线图中，Q_B 点即为最佳经济规模。

从以上四种类型的规模看出，最佳经济规模是最理想的规模，拟建项目的生产规模最好能达到这个水平，但受许多因素的限制，这种规模一般很难达到，而亏损规模和起始规模又不能选择，在一般情况下，合理经济规模是应当优先考虑选择的。

第三节　确定生产规模的方法

一、经验方法

经验方法是指根据国内外同类或类似企业的经验数据，考虑生产规模的制约和决定因素，确定拟建项目生产规模的一种方法。在实践中，此法应用最为普遍。

在确定拟建项目生产规模之前，首先应找出与该项目相同或类似的企业，特别是要找出几个规模不同的企业，并计算出各不同规模企业的主要技术经济指标，如财务内部收益率（FIRR）、投资利润率和投资回收期等。然后综合考虑制约和决定该项目拟建生产规模的各种因素，确定一个适当的规模。

例如，拟建一个生产××产品的项目，同类企业的生产规模是年产 40 万台、60 万台、100 万台、200 万台、300 万台和 400 万台。通过调查并计算，已知各种规模企业的投资额和财务内部收益率数据见表 5-1。

表 5-1　　　　　　　　　　　　　　某项目的基础情况表

生产规模（万台/年）	40	60	100	200	300	400
投资额（万元）	10 000	13 000	16 000	22 000	27 000	31 000
FIRR（%）	9.30	10.55	15.45	21.60	27.80	27.20

通过表 5-1 可以看出，年产 300 万台的规模是最佳生产规模，但需要的投资比较大，约需要 27 000 万元人民币。通过对各种制约与决定因素进行研究，除资金供给和市场需求因素以外，其他方面都是适应的。该拟建项目可能筹措到的资金只有 15 600 万元人民币，只适用于年产 100 万台的生产规模。另外，从市场需求情况看，该项目可能的市场份额在 100 万～150 万台之间，也只有选择年产 100 万台的

规模。当然，年产100万台的规模，财务内部收益率达到15.45%，收益水平也是比较高的，可以接受。

二、规模效果曲线法

规模效果曲线法是通过研究随着拟定的生产规模不断扩大，以企业的销售收入与成本曲线的变化情况来确定项目最适宜的生产规模的一种方法。由于销售收入与成本曲线也称规模效果曲线，所以，该种方法称为规模效果曲线法。

从规模效果曲线图（如图5-2所示）可以看出，Q_A到Q_B是规模经济区，在这个区域内，Q_B不但是规模经济临界点，也是最佳规模经济点，因为在这一点上边际收入等于边际成本。从理论上讲，应该以Q_B作为拟建项目的生产规模，但在实践中，往往受其他制约和决定生产规模的因素的影响，不能达到这个规模，生产规模一般小于Q_B。Q_A是第一个盈亏平衡点，不能选择这样的规模。可以看出，在选择拟建项目生产规模时，首先应当确定规模经济区，然后在这个区间内，根据制约和决定生产规模的诸多因素，选择离Q_B点最近的规模。

三、分步法

分步法也称"逼近法"，其特点是先确定起始生产规模作为所选规模的下限，确定最大生产规模作为所选规模的上限，然后在上、下限之间，拟定若干个有价值的方案，通过比较，选出最合理的生产规模。具体步骤如下：

（一）确定起始生产规模

起始生产规模也就是项目盈亏平衡时（即保本）的最小经济规模。根据项目产品的性质，有以下三种确定起始生产规模的方法。

（1）项目产品在国内销售，且无法用进口品替代，项目的起始生产规模主要受技术和设备的制约。在一般情况下，选择较小的生产规模，其生产技术往往比较落后，经济效益差，会带来规模不经济的效果。另一方面，在一些生产部门，可供使用的加工工艺和设备，已按一定的生产能力标准化，将生产能力较大的标准化设备用于较小的生产规模，会造成设备能力的闲置和成本费用的上升。在这种情况下确定起始生产规模时，可利用规模效果曲线，对可供选择的工艺和设备进行分析，选定其中不至于出现亏损的工艺与设备作为起始生产规模，也就是前述的规模效果曲线图（如图5-2所示）中的Q_A点。

（2）如果项目产品可以用进口品替代，则应将生产成本与进口成本进行比较，确定起始生产规模。单位项目产品成本与单位进口产品成本的比较示意图如图5-3所示。

在图5-3中，假定进口产品的口岸价格比较稳定，这样，单位进口产品成本是一条比较稳定的水平线，而单位产品成本则随着该项目生产规模的扩大而有所变化。项目生产规模在M_1到M_2之间时，该项目生产是合算的；当生产规模小于M_1时，其生产成本高于进口成本。M_1是拟建项目的起始生产规模。

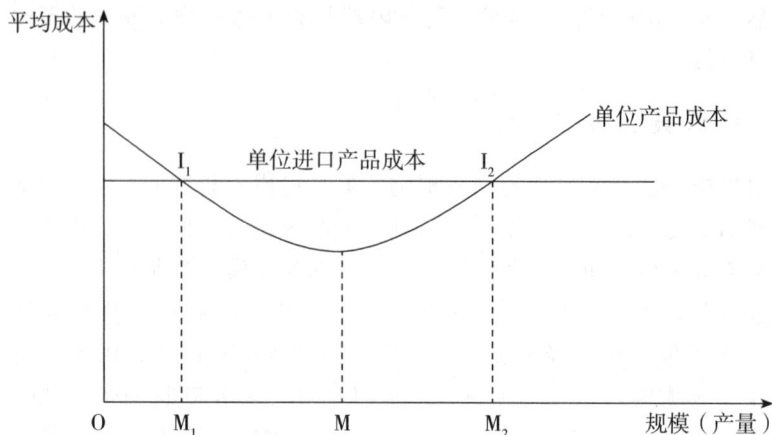

图5-3　进口替代项目经济规模

（3）如果项目产品可以出口，则应将项目生产成本与换汇收入进行比较，确定起始生产规模。单位产品成本与单位产品换汇收入的比较示意图如图5-4所示。

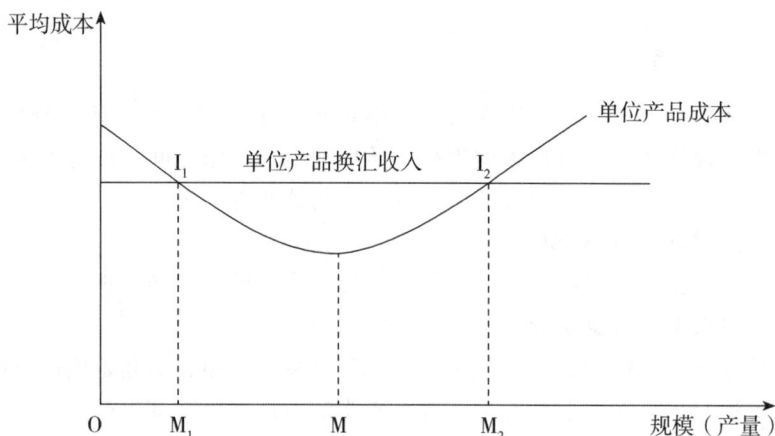

图5-4　出口产品项目经济规模

在图5-4中，假定国际市场比较稳定，这样，单位产品换汇收入是一条比较稳定的水平线，而项目单位产品成本则随着该项目生产规模的扩大而有所变化。项目生产规模在M_1至M_2之间时，该项目生产是合算的；当项目生产规模小于M_1时，单位产品成本大于单位产品换汇收入，出口产品是不合算的。M_1是拟建项目的起始生产规模。在确定起始生产规模以后，以其作为确定拟建项目生产规模的下限，然后再确定最大生产规模。

（二）确定最大生产规模

在现实经济生活中，项目生产规模受到很多因素的制约。这样，就需要综合考虑各项因素对项目生产规模的限制作用，特别是要对制约项目生产规模的"瓶颈"因素进行分析。在一定的投资条件下，某个因素对项目生产规模的大小可能起决定性的作用，即成为项目生产规模的"瓶颈"。通过"瓶颈"因素的分析，可以确定在可行条件下的最大生产规模，作为所选生产规模的上限。

（三）确定合理生产规模

起始生产规模与最大生产规模确定以后，就确定了拟建项目生产规模的上限和下限，可在这之间拟定若干不同规模的比较方案。在拟定比较方案中，起决定作用的是设备能力。可以在最小和最大规模之间，选择具有不同能力的设备或者对设备进行不同的组合，以拟定出不同的生产规模方案，然后计算不同生产规模方案的成本费用和效益。然后对成本费用和效益进行比较。其中，成本费用最低、效益最好的方案应为最终确定的拟建项目的生产规模。

■ 本章小结

工业可行性研究与项目评估中的规模，一般是指工业企业的生产规模。

工业企业生产规模是指生产要素在企业中的集中程度，其衡量指标主要有产量、生产能力、产值、职工人数和资产价值等。其中，产量和生产能力指标应用较多。

规模经济是指在一定的规模下或一定的规模区间内，企业生产最接近"最优效率"的生产规模。换言之，就是企业因按照一定的生产规模组织生产可获得经济上的利益。

规模经济可区分为生产上的规模经济和经营上的规模经济。生产上的规模经济是指由于实行专业化生产或流水作业，增加了生产批量，或者采用大型高效设备，扩大了生产规模，从而使单位产品成本随着生产批量扩大或生产规模扩大而降低。经营上的规模经济是指由于扩大经营规模，节省了经营费用，生产要素物尽其用，从而使产品和技术开发能力提高，抵御经营风险的能力增强。

规模经济可分为工厂规模经济和企业规模经济。工厂规模经济是指单一产品生产工厂伴随着生产规模的扩大而发生的单位产品的生产费用的降低。若扩大工厂规模，单位产品生产费用也会在多种产品的生产工厂里有一定程度的下降。这应归为企业规模经济。

规模经济还可分为规模的内部经济性和外部经济性。内部经济性中的规模是指生产装置系统和企业在生产经营要求最佳组合时的生产能力或产量。规模的外部经济性是指实现规模内部经济性所需的外部条件。如果市场广阔、资源丰富、运输方便、资金易筹措，则容易实现规模的外部经济性。

规模收益变动有递减、递增和不变三种情况。

规模收益递减是指规模扩大后，收益增加的幅度小于规模扩大的幅度，甚至收益减少，即规模扩大使边际收益为负数；规模收益递增是指规模扩大后，收益增加的幅度大于规模扩大的幅度；规模收益不变是指规模扩大幅度与收益增加的幅度相等。

制约和决定项目生产规模的因素主要包括：政府经济发展规划、产业政策、市场需求量、工艺设备、资金、基本投入物、专业化分工与协作条件、其他建设因素和经济效益等因素。

　　确定生产规模的方法有经验法、规模效果曲线法和分步法等。

　　经验法是指根据国内外同类或类似企业的经验数据，考虑生产规模的制约和决定因素，确定拟建项目生产规模的一种方法；规模效果曲线法是研究随着拟定的生产规模不断扩大，以企业的销售收入与成本曲线的变化情况来确定项目的最适宜生产规模的一种方法；分步法包括确定起始生产规模、确定最大生产规模和确定合理生产规模三个步骤。

■ 关键概念

　　生产规模　　规模收益递增　　规模收益递减　　规模收益不变　　规模效果曲线法

■ 复习思考题

　　1.工业企业的产量和生产能力指的是什么？两者有什么区别？

　　2.简述生产上和经营上的规模经济。

　　3.用图说明工厂规模经济和规模经济区间。

　　4.制约和决定生产规模的因素有哪些？

　　5.为什么说经济效益是制约和决定生产规模的关键因素？

　　6.确定生产规模有几种方法？各是什么内容？

第六章

建设条件和生产条件分析

第一节　场（厂）址选择

　　场（厂）址选择是指在相当广阔的区域内选择合适的建厂地区，并在合适地区的范围内从几个可供考虑的场（厂）址方案中选择最优场（厂）址方案的分析评价过程。一般来说，在可行性研究与项目评估阶段，根据可行性研究报告提出场（厂）址推荐意见，然后进行场（厂）址方案的最终选择。它关系到投资的地区分配、区域社会经济发展、经济结构、自然生态环境、城市规划和产品生产要求、未来产品销售市场，甚至职工生活等诸多方面，是带有全局性、长远性的主要问题。因此，合理选择投资项目的场（厂）址，是项目顺利实施并达到预期投资目的的关键环节。

一、影响场（厂）址选择的因素

　　对多数大型项目来说，选址涉及的因素较多，既有政治方面的，也有经济方面的；既有自然方面的，也有社会方面的。

（一）自然因素

自然因素包括自然资源和自然条件两个方面。

1.自然资源

自然资源包括矿产资源、水资源、土地资源、海洋资源、气象资源等。某些投资项目选址主要受某一种或某几种资源赋存状况的影响。有些项目本身并不直接使用矿产资源，但也要了解项目占地的矿产资源状况，因为按国家有关规定，不得覆盖重要矿床。用水量大的项目选址取决于水资源的开发条件、水量、水质，以及其可能对地区生态环境产生的影响。

2.自然条件

自然条件包括地形、地貌及占地面积、工程地质和水文地质等，这些条件对项目选址影响很大。例如，场（厂）址的地形应力求平坦且略有坡度，地耐力要满足拟建项目的要求，应避免设在强烈地震带、断层、泥石流等不良地质地段。用水量大、对水质要求高的项目，如果水源受到污染，项目就将受到影响。

（二）经济技术因素

经济技术因素包括拟选地区的经济实力、协作条件、基础设施、技术水平、市场潜力、人口素质与数量等。这些因素对项目选址会产生很大的影响。在经济实力强的地区建设项目，可以利用已有的基础设施、良好的协作条件，且建在离消费地较近的地区，这样可以产生集聚效应，但也可能有远离原材料供应地的不足。对于要在项目所在地进行融资的项目，选址时就要考虑地区融资能力。

（三）社会、政治因素

在项目选址时，应首先遵循国家法律法规、投资指南、开发战略，以及项目审批权限和程序等，以便考虑可能获得的各种特许及鼓励政策，分析其能否满足建厂要求。

（四）运输和地理位置因素

运费是生产成本的重要组成部分。选址时要综合研究原料、燃料和产品销售地的关系，从而寻求最小运费点。地理位置因素是指项目拟选地点与原材料产地、经济发达地区、水陆交通干线及港口、消费市场等的空间关系，有利的地理位置会取得良好的经济协作条件，能方便地获得原材料、燃料、技术和信息。

二、场（厂）址选择的原则及内容

（一）场（厂）址选择的基本原则

（1）符合国家、地区和城乡规划的要求。

（2）满足对原材料、能源、水和人力的需求，对生产工艺和营销的要求。

（3）节约和效益的原则，尽力做到降低建设投资，节省运费，减少成本，提高利润。

（4）安全的原则，防洪、防震、防地质灾害、防战争危害。

（5）实事求是的原则，对多个场（厂）址调查研究，进行科学分析和比选。

（6）节约项目用地，尽量不占或少占农田。

（7）有利于环境保护，以人为本，减少对生态和环境的影响。

（二）场（厂）址选择分析内容

项目场（厂）址选择分析的主要内容如下：

1.场（厂）址位置

分析拟选场（厂）址的坐落位置是否符合当地发展规划，与周边村镇、工矿企业等关系是否协调，当地政府和群众对项目场（厂）址能否接受，以及场（厂）址能否满足项目建设和生产运营的要求。

2.占地面积

根据项目建设规模，主要建筑物、构筑物的组成，参照同类项目计算拟建项目需要占用的土地面积，分析拟选场（厂）址面积能否满足项目的要求。分期建设的项目，占地面积应考虑留有发展余地。

3.地形、地貌和气象

应分析拟选场（厂）址的地形、地貌、气象条件，如标高、坡度、降水量、日照、风向等，能否满足项目建设规模和建设条件的要求，并计算挖填土石方工程量及所需工程费用。

4.地震情况

分析拟选场（厂）址所在地区及其周围的地震活动情况，包括地震类型、地震活动频度、震级、烈度，以及抗震设防要求。

5.工程地质、水文地质条件

分析工程地质和水文地质条件能否满足项目建设的要求。工程地质主要分析拟选场（厂）址的地质构造、地基承载能力、有无严重不良地质地段（如溶洞、断层、软土、湿陷土等），以及是否处于滑坡区、泥石流区等。水文地质主要分析拟选场（厂）址的水文地质构造、地下水的类型及特征，土壤含水性，地下水水位、流向、流量和涌水量等。

6.原材料供应

分析原材料品质和数量是否能够满足项目的要求，且供应是否可靠。

7.动力供应

分析是否靠近热电厂，供电、供汽是否有可靠的来源。自设热电站或锅炉房时，燃料供应是否可靠，需留有储煤、储灰场地。

8.交通运输

分析交通运输条件（如港口、铁路、公路、机场、通信等）是否满足项目的需要。比如，场（厂）址位置与铁路车站、码头、公路的距离是否适当；铁路、公路、水路的运输能力、接卸能力能否满足大宗物资的运输需要；铁路、公路的承载能力，桥梁隧道的宽度和净空高度能否满足运输超大、超高、超重设备的要求。

9.给水排水

分析是否靠近水源地，能否满足项目对水量、水质的要求，分析供水的可靠性。

10.人力资源

分析是否具备项目生产经营所需要的人力资源及培训条件。

11.施工条件

分析当地建筑材料是否充足，有无良好的施工队伍和施工机械设备条件，能否满足施工期用电、用水的需要。

12.征地拆迁移民安置

分析征地拆迁移民安置方案，包括移民数量、安置途径、补偿标准、移民迁入地情况，以及拆迁安置工作量和所需投资。

13.环境保护条件

分析拟选场（厂）址的位置能否被当地环境容量所接受，是否符合国家环境保护法规的要求。例如，不得在水源保护区、风景名胜区、自然保护区内建设项目；产生严重粉尘、气体污染的项目，场（厂）址应处于城镇的下风向；生产或使用易燃、易爆、辐射产品的项目，场（厂）址应远离城镇和居民密集区等。

14.法律支持条件

分析拟选场（厂）址所在地有关法规对项目建设和运营的支持程度及约束条件。境外投资项目选择场（厂）址时，应特别重视对所在国法律、法规支持条件的研究。

15.生活设施依托条件

分析拟选场（厂）址所在地的生活福利设施（住宅、学校、医院、文化、娱乐、体育等）满足项目需要的程度。

技术改造项目应分析利用企业现有场地、公用设施和辅助设施的可能性，在此基础上再进行拟建项目场（厂）址方案研究。

三、场（厂）址方案比选

通过上述分析，对多个场（厂）址方案进行工程条件和经济性条件的比较。

工程条件比选的内容主要有占用土地种类及面积，地形、地貌、气候条件，地质条件，地震情况，征地拆迁移民安置条件，社会依托条件，环境条件，交通运输条件，施工条件等。

经济性条件比选的内容包括：一是建设投资比较，主要有土地购置费、场地平整费、基础工程费、场外运输投资、场外公用工程投资、防洪工程投资、环境保护投资，以及施工临时设施费用等，应编制场（厂）址方案建设投资费用比较表；二是经营费用比较，包括原材料及燃料运输费、产品运输费、动力费、排污费和其他费用等，应编制场（厂）址方案经营费用比较表。

场（厂）址选择可采用的技术分析方法有很多，在此仅介绍以下几种常用的方法。

（一）方案比较法

这种方法是通过对项目不同选址方案的建设投资费用和经营费用的对比，作出选址决定。其基本步骤是，先在建厂地区内选择几个场（厂）址，列出可比较因素，进行初步分析比较后，从中选出两三个较为合适的场（厂）址方案，再进行详细的调查、勘察，并分别计算出各方案的建设投资费用和经营费用。其中，建设投资费用和经营费用均为最低的方案，为可取方案。如果建设投资费用和经营费用不一致，可用追加投资回收期法来计算，计算公式为：

$$T = \frac{K_2 - K_1}{C_1 - C_2}$$

式中：T——追加投资回收期；

　　　K_1、K_2——甲、乙两方案的建设投资费用；

　　　C_1、C_2——甲、乙两方案的经营费用。

这个公式的实质是计算用节省的经营费用（$C_1 - C_2$）来补偿多花费的建设投资费用（$K_2 - K_1$），需要多少年能够抵消完，即增加的投资要多少年才能通过经营费用的节约收回来。

计算出追加投资回收期后，应与行业的标准投资回收期相比，如果小于标准投资回收期，说明增加投资的方案可取，否则不可取。

建设投资费用与经营费用的比较，可采用列表形式，根据具体情况设计，见表6-1。

表 6-1　　　　　　　　　　　**建设投资费用与经营费用对比表**

序　号	费用　　　　　　方案 项目	甲	乙	丙
1	建设投资费用（K）	K_1	K_2	K_3
2	经营费用（C）	C_1	C_2	C_3

（二）评分优选法

采用这种方法的关键是确定比重因子和评价值。首先，在场（厂）址方案比较表中列出主要判断因素；其次，将各判断因素按其重要程度给予一定的比重因子和评价值；最后，将各方案所有比重因子与对应的评价值相乘，得出指标评价分，其中评价分最高者为最佳方案。

（三）最小运输费用法

如果项目的几个选址方案中的其他因素都基本相同，只有运输费用是不同的，则可用最小运输费用法来确定场（厂）址。最小运输费用法的基本做法是分别计算不同选址方案的运输费用，包括原材料、燃料的运进费用和产品销售的运出费用，选择其中运输费用最小的方案作为实施方案。在计算时，要全面考虑运输距离、运输方式、运输价格等因素。

四、场（厂）址选择案例

[例6-1] 运用评分优选法为某发动机厂选择厂址。具体资料及计算结果见表6-2、表6-3、表6-4。

表 6-2   发动机厂厂址方案比较表

序号	指标（判断因素）	方案甲	方案乙
1	厂址位置	某市半山工业区	某市重型汽车厂附近
2	占地面积	占地面积14.8万平方米	占地面积36万平方米
3	可利用固定资产原值	2 900万元	7 600万元
4	可利用原有生产设施	没有	生产性设施14.7万平方米，现有铸造车间3.4万平方米，其中可利用的有1.9万平方米
5	交通运输条件	无铁路专用线	有铁路专用线
6	土方工程量	新建3万平方米厂房和公用设施，填方6万平方米	无大的土方施工量
7	所需投资额	7 500万元	5 000万元
8	消化引进技术条件	易于掌握引进技术	消化引进需较长时间

表 6-3   指标评价值表

序号	指标（判断因素）	不同方案的指标评价值		指标评价值之和
		方案甲	方案乙	
1	厂址位置	0.350	0.650	1.000
2	占地面积	0.300	0.700	1.000
3	可利用固定资产原值	0.276	0.724	1.000
4	可利用原有生产设施	0.000	1.000	1.000
5	交通运输条件	0.200	0.800	1.000
6	土方工程量	0.100	0.900	1.000
7	所需投资额	0.400	0.600	1.000
8	消化引进技术条件	0.800	0.200	1.000

表 6-4   方案评分计算表

序号	指标（判断因素）	比重因子（WF）	不同方案的指标评分		指标评价分之和
			方案甲	方案乙	
1	厂址位置	15%	0.0525	0.0975	0.1500
2	占地面积	15%	0.0450	0.1050	0.1500
3	可利用固定资产原值	10%	0.0276	0.0724	0.1000
4	可利用原有生产设施	10%	0.0000	0.1000	0.1000
5	交通运输条件	5%	0.0100	0.0400	0.0500
6	土方工程量	10%	0.0100	0.0900	0.1000
7	所需投资额	15%	0.0600	0.0900	0.1500
8	消化引进技术条件	20%	0.1600	0.0400	0.2000
	合计	100%	0.3651	0.6349	1.0000

以上计算表明，乙方案得分高于甲方案，所以，应选定乙方案。

经过工程条件和经济性条件的比选，提出推荐场（厂）址方案，并绘制场（厂）址地理位置图。在地形图上，标明场（厂）址的四周界址、场（厂）址内生产区、办公区、场外工程、取水点、排污点、堆场、运输线等位置，以及与周边建筑物、设施的相互位置。

第二节　环境保护条件分析

投资项目一般会引起项目所在地自然环境、社会环境和生态环境的变化，对环境状况、环境质量产生不同程度的影响。因此，环境保护条件分析是可行性研究和项目评估的重要内容。

一、环境影响的界定

（一）环境保护和环境污染的概念

环境保护是指采取行政的、法律的、经济的、科学技术等多方面措施，合理地利用自然资源，防止环境污染和破坏，以求保持和发展生态平衡，扩大有用自然资源的再生产，保障人类社会的发展。环境污染是指由于人类活动引起环境质量下降而有害于人类及其他生物的正常生存和发展的现象。危害自然环境的主要因素有废水、废气、废渣、粉尘、垃圾、放射性物质以及噪声等，其中，对环境危害最大的是废水、废气和废渣，简称"三废污染"。

（二）工业项目是环境的重要污染源

工业生产所造成的环境污染已经严重地影响人民生活和生产建设的发展。工业项目对自然环境和生态平衡的破坏主要来自以下三个方面：一是生产过程中投入的物料；二是生产过程中产生的污染；三是项目的产出物，有些产出物对周围环境产生有害影响，有些产出物对生态环境产生不良影响。

（三）环境保护评价的内容

在可行性研究和项目评估中，应对项目的环境保护进行单独分析，分析的主要内容应包括：建设地区的环境现状；主要污染源和主要污染物；资源开发可能引起的生态变化；采用的环境保护标准；控制污染和生态变化的初步方案；环境保护投资估算；环境影响评价的结论或环境影响分析以及存在的问题与建议等。

二、环境保护方案设计的原则和要求

（一）环境保护方案设计的原则

为了保护人类赖以生存的环境，实施可持续发展战略，历年来我国相继制定了一系列法律、法规，为环境影响评价制度的制定和环境保护方案的设计提供了政策依据，先后出台了《中华人民共和国环境保护法》、《建设项目环境保护管理条例》

和《中华人民共和国环境影响评价法》等法律和法规。

根据国家相关政策，在可行性研究和项目评估阶段进行环境保护方案设计应遵循的原则如下：

1.预防为主和环境影响最小化原则

大多数投资项目，对自然环境及生态系统都会或多或少地产生负面影响，因此，在方案设计时，就要借鉴成熟的经验和科学知识，防止负面影响的产生，或把对生态环境的影响降到最小。

2.资源消耗减量化原则

项目建设一般要消耗大量的资源和能源，必须采取措施把资源和能源的消耗，特别是不可再生资源的消耗降到最小，尽可能采用节能、节水设备和材料等。

3.优先使用可再生资源原则

资源是有限的，特别是不可再生资源，一旦资源耗竭将威胁到整个人类的发展和生存。因此，要尽可能地利用可再生资源替代石油和煤炭，利用替代材料取代金属材料和木材。

4.资源循环利用原则

建筑工程中大部分废弃物经过分选、加工和处理，都是可以循环使用的。因此，拆除的建筑材料可以整理和重复使用。

5.工程材料无害化原则

在工程材料的选择上，必须选择无毒、无害、易处理、易回收的材料，而不要选择那些对人体和环境有害的材料。特别是装饰材料，要选择对人体健康无害或影响较小的材料。

（二）环境保护方案设计的要求

1.控制污染源，使污染物的产生降到最低限度

（1）新建、改扩建和技术改造项目，以及一切可能对环境造成污染的项目，必须坚持"三同时"原则，即环境治理设施应与项目的主体工程同时设计、同时施工、同时投产使用。

（2）凡是产生环境污染和其他公害的项目，要把消除污染、改善环境和节约资源作为加强经营管理的重要内容，推广清洁生产方式，尽量采用闭路循环工艺，减少"三废"的排放量。

（3）积极研究和采用无污染或低污染的先进工艺、技术和设备，推广使用环境保护新技术。

（4）从国外引进技术和设备的项目，必须遵守我国的环境保护法律、法规和政策，不得损害我国的环境权益，严禁将境外列入危险特性清单中的有毒、有害废物和垃圾转移到我国境内处置，严格防止转移污染。

2.控制污染排放

坚持污染物排放总量控制和达标排放的要求。污染物排放必须坚决执行相应的环境保护标准，达标后才允许排放。

3.综合利用，减少排放

从建设方案设计着手，对废弃物中含有的有害物质或余能进行利用，制成副产品回收或在生产中循环使用等。可采用下列积极措施：

（1）选择合理的燃料结构，改善燃烧方式，加强废渣和废水的综合利用，防止排放污染。

（2）对污水进行净化处理，循环使用，应提出回水处理和再利用方案。

三、环境保护方案设计

（一）环境保护方案设计的内容

环境保护方案设计的内容包括对建设地区环境质量现状进行调查、描述并进行原因分析，一般主要指地表水、环境空气和声学环境质量现状。对于依托原有企业改扩建的项目，还要调查、描述原有污染源及治理达标情况，一般包括废水、废气、噪声和固体废弃物的污染及治理情况。

（二）污染源和污染因素分析

污染源和污染因素分析主要分析项目建设和生产运营过程中，污染环境和破坏环境的污染源和主要污染因素。

1.污染环境因素分析

分析生产过程中产生的各种污染源，计算排放污染物数量及其对环境的污染程度。

（1）废气

分析气体排放点，计算污染物产生量和排放量、有害成分和浓度，分析排放特征及其对环境的危害程度。

（2）废水

分析工业废水（废液）和生活污水的排放点，计算污染物产生量与排放数量、有害成分和浓度，分析排放特征、排放去向及其对环境的危害程度。

（3）固体废弃物

分析计算固体废弃物产生量与排放量、有害成分及其对环境造成的污染程度。

（4）噪声

分析噪声源位置，计算声压等级，分析噪声特征及其对环境造成的危害程度。

（5）粉尘

分析粉尘排放点，计算产生量与排放量，分析粉尘成分、特征、排放方式及其对环境造成的危害程度。

（6）其他污染物

分析生产过程中产生的电磁波、放射性物质等污染物发生的位置、特征，计算其强度值及对周围环境的危害程度。

2.破坏环境因素分析

分析项目建设施工和生产运营对环境可能造成破坏的因素，预测其破坏程度，主要包括以下方面：

（1）对地形、地貌等自然环境的破坏。

（2）对森林草地植被的破坏，如引起的土壤退化、水土流失等。

（3）对社会环境、文物古迹、风景名胜区、水源保护区的破坏。

（三）环境保护治理措施方案设计

1.明确环境保护治理措施方案设计执行的标准

在对污染物和污染源进行详细分析的基础上，有针对性地明确环境保护治理措施方案设计应执行的标准，并将其作为进行环境保护治理措施方案设计的依据。这些标准等同于环境影响评价的标准，主要包括环境质量标准、污染物排放标准和总量控制指标三类。

2.治理措施方案

应根据项目的污染源和排放污染物的性质，采用不同的治理措施。

（1）废气污染治理，可采用冷凝、吸附、燃烧和催化转化等方法。

（2）废水污染治理，可采用物理法（如重力分离、离心分离、过滤、蒸发结晶、高磁分离等）、化学法（如中和、化学凝聚、氧化还原等）、物理化学法（如离子交换、电渗析、反渗透、气泡悬上分离、汽提吹脱、吸附萃取等）、生物法（如自然氧池、生物滤化、活性污泥、厌氧发酵）等方法。

（3）固体废弃物污染治理。有毒废弃物可采用防渗漏池堆存；放射性废弃物可采用封闭固化；无毒废弃物可采用露天堆存；生活垃圾可采用卫生填埋、堆肥、生物降解或者焚烧方式处理；利用无毒害固体废弃物加工制作建筑材料或者作为建材添加物，进行综合利用。

（4）粉尘污染治理，可采用过滤除尘、湿式除尘、电除尘等方法。

（5）噪声污染治理，可采用吸声、隔音、减振、隔振等措施。

（6）建设和生产运营引起环境破坏的治理。对岩体滑坡、植被破坏、地面塌陷、土壤劣化等，应提出相应治理方案。

3.治理方案比选

对环境治理的各局部方案和总体方案进行技术经济比较，并作出综合评价。比较、评价的主要内容有：

（1）技术水平对比，分析对比不同环境保护治理方案采用的技术和设备的先进性、适用性、可靠性和可得性。

（2）治理效果对比，分析对比不同环境保护治理方案在治理前及治理后环境指标的变化情况，以及能否满足环境保护法律法规的要求。

（3）管理及监测方式对比，分析对比各治理方案所采用的管理和监测方式的优缺点。

（4）环境效益对比，将环境治理保护所需投资和环保设施运行费用与所获得的收益相比较。效益费用比值较大的方案为优。

第三节　资源条件分析

资源是可供开发利用，并且为项目需要的自然资源，如矿藏、农林、生物、土地及水资源等，资源条件直接关系到项目开发方案和建设规模的确定。资源开发项目包括金属矿、煤矿、石油天然气矿、建材矿、化学矿、水利水电和森林采伐等项目。在可行性研究与项目评估阶段，应对资源开发利用的可能性、合理性和资源的可靠性进行分析和评价，为确定项目的开发方案和建设规模提供依据。

一、资源分类与特点

（一）资源分类
从不同角度对资源进行分类，可以分为以下几种：

1.可再生资源与不可再生资源

按照能否再生可将资源分为可再生资源和不可再生资源两类。可再生资源是指能够通过大自然的作用不断地繁衍的资源，包括动物、植物等生物资源（有机体）和水；不可再生资源是指在人类可观测的时间限度内不能自生恢复的矿产资源，如金属矿、石油天然气矿、煤矿和其他一些非金属矿。

2.可枯竭资源和不可枯竭资源

按照是否会枯竭可将资源分为可枯竭资源和不可枯竭资源两类。不可枯竭资源包括水、太阳能、风能和土地等；可枯竭资源包括全部不可再生资源。若可再生资源利用不当，也会减少和枯竭，例如生物资源。

3.物质资源与生态资源

按照联合国制定的相应类别，自然资源又可以分为物质资源与生态资源两类。物质资源是指人们直接消费和间接消费的资源，主要指矿产资源和生物资源；生态资源是指能保持生物圈生态平衡，从而确保人类拥有正常的生活环境，能完成一系列基本的生命重要职能的物质体系。一般将能容纳人类活动所产生废弃物的资源，如空气、水和土壤等归为生态资源。

（二）资源特点
资源一般具有有限性和分布不均衡性两方面的特点。

1.资源的有限性

无论如何对自然资源进行分类，在一定范围内资源都是有限的。特别是矿产资源，需要在特定的条件下，经过漫长的地质年代才能形成。开采和使用多少，其储量就减少多少。即使是不可枯竭资源，如土地和水资源，在一定时期和一定范围内也是有限的。随着人口的增加，人均资源占有量逐渐降低。资源的有限性已经在一定程度上成为经济发展的制约条件，如不加重视，这种制约会愈演愈烈。某些资源的短缺甚至有可能影响到国家安全。因此，如何合理开发和利用有限的资源，实现可持续发展的目标，就成为人们普遍关心的问题，同样也成为可行性研究与项目评估的重要内容之一。

2.资源分布的不均衡性

资源分布的不均衡性不仅体现在国内，同时也体现在全球。我国属人均资源相对贫乏的国家。从我国国内看，大部分矿产资源集中在西部和北部。在对资源进行开发利用的过程中，必须正视资源分布不均衡的具体情况，因势利导，扬长避短，制定合理的开发利用资源的政策和方案。

二、资源优化配置的重要性

经济增长是靠消耗大量资源来实现的。投资项目或多或少都要直接或间接地利用资源，有些项目为资源开发项目，例如石油、天然气、金属或非金属矿等矿产资源的开发项目；有些项目要直接利用大量资源，如以石油或其炼制产品、天然气、煤炭等为原料的加工项目。鉴于资源有限性的特点，要想合理利用有限资源，使其发挥最佳效益，就必须考虑资源优化配置的问题。由于资源分布不均衡性，从国家整体考虑，在国家资源利用总体规划的指导下，采用切实可行的方案实现优化配置，体现资源利用的经济性和合理性，也是十分重要的。因此，无论是在可行性研究阶段还是在项目评估过程中，都必须充分考虑资源优化配置的问题，把资源优化与国家的可持续发展目标联系起来。只有在每个资源开发和利用项目的投资决策中都充分考虑这个问题，才能在经济增长的同时，实现可持续发展的目标。

三、资源开发利用的基本要求

（一）符合资源总体开发规划要求

资源开发项目应在总体开发规划的指导下进行合理开发。例如，煤炭开采项目应符合煤田区域开发规划；油气田开采项目应符合油气田区域开发规划；水利水电项目应符合流域综合开发规划和国土整治要求。

（二）符合资源综合利用的要求

对资源的开发利用要达到多层次、多目标的综合利用要求，避免浪费资源。多金属、多用途化学元素共生矿，油气混合矿等资源开发项目，应根据资源特征提出资源综合利用方案，做到物尽其用。

（三）符合节约资源和可持续发展的要求

对资源的开发利用要注意资源供应数量、质量、服务年限、开采方式和利用条件等，尽量做到经济合理地开发。应处理好远期与近期的关系，力求节约资源。对可再生资源的开发利用，要保证资源的连续补偿，达到可持续发展和应用。

（四）资源储量和品质的勘探深度应达到规定要求

资源储量和品质的勘探深度应确保达到资源开发项目设定的生产规模和开采年限。

在进行资源开发项目的可行性研究和项目评估时，矿产开采项目应有国家矿产资源储量委员会批准的储量报告；水利资源开发项目应有相关部门批准的水利资源流域开发规划；森林采伐项目应有相关部门批准的采伐复垦规划。

四、资源条件评价

资源条件评价主要是对拟开发利用资源的合理性、可利用量、自然品质、赋存条件，以及开发价值进行评价。

（一）资源开发的合理性

明确项目所需资源的性质和种类是可再生资源还是不可再生资源，对于不可再生的资源，特别是某些稀缺的矿产资源，在分析拟建项目开发方案时，应根据国家矿产资源开发利用规划，分析研究这些资源近期与远期开发量的关系，资源保护、储备与可持续发展的关系。

（二）资源可利用量

分析资源的供应数量、质量及服务年限，能否多层次开发利用，以及资源的开采供应方式。根据拟建项目性质，研究矿产资源的可采储量，或水利水能资源的蕴藏量，或森林资源的蓄积量，提出合理的开发（开采）规模和开发（开采）年限。矿产开采项目应根据国家矿产资源储量委员会批准的储量报告，在进一步勘探核查的基础上，提出项目的矿产可采储量；水利水能开发项目，应根据流域开发总体规划，分析研究拟建项目河段内的年径流量、水位落差，并提出水利水能资源合理开发利用量；森林采伐项目，应根据森林蓄积量调查资料，以及有关部门批准的采伐与迹地生态恢复规划，研究提出项目的原木可采伐量。

（三）资源的自然品质

根据拟建项目特点分析资源的自然品质，为制订项目技术方案提供依据。金属矿和非金属矿开采项目，应分析研究矿石品位、物理性能和化学组分、洗选难易程度；煤炭开采项目，应分析研究煤炭的热值、灰分、硫分、结焦性能等；石油天然气开采项目，应分析研究油气的化学组分、物理性能（黏度、凝固点等）；水利水能开发项目，应分析研究河床稳定性、泥沙含量、有机物含量、水体形态（水位、水温、流速）等。

（四）资源的赋存条件

资源的赋存条件分析研究资源的地质构造和开采难易程度，以便确定开采方式和设备方案。矿产开采项目，应分析地质构造、岩体性质、矿体结构、矿层厚度、倾斜度、埋藏深度、灾害因素、涌水量等；石油天然气开采项目，应分析研究油气藏压力、含油气地质构造、孔隙率、渗透率等；水利水能开发项目，应分析研究拟建项目河段内地质构造、地震活动和其他危害因素，以及水能梯级分布情况。对于稀缺资源，还需分析开辟新资源的可能前景及开辟替代资源的途径。

（五）资源的开发价值

密切注意科技进步对资源的发现和利用的影响。采用先进的科学技术手段，提高对资源的深加工程度，分析研究资源的开发利用价值，增加资源利用的经济效益。矿产开采项目，应分析计算每吨矿产品的生产能力投资、每吨矿产品的开采成本等指标；森林采伐项目，应分析每立方米原木的生产能力投资；水利水能开发项目，应分析每吨供水的生存能力投资、每千瓦电力装机容量投资，以及防洪、灌溉、航运、养殖等综合利用的效益。

第四节　原材料及燃料动力条件分析

在分析确定项目产品方案、技术方案和设备方案的同时，还应对项目所需的原材料、辅助材料和燃料的品种、规格、成分、数量、价格、来源及供应方式，进行分析论证，以确保项目建成后正常生产运营，并为计算生产运营成本提供依据。

一、主要原材料供应方案分析

主要原材料是项目建成后生产运营所需的主要投入物。在建设规模、产品方案、技术方案确定后，应对所需主要原材料的品种、规格、成分、质量、数量、价格、来源、供应方式和运输方式进行分析。

（一）分析确定原材料品种、质量和数量

1.确定项目所需各种物料的品种、规格

在分析评价时，应根据项目的设计生产能力、选用的工艺技术和使用的设备来估算所需原材料的数量，并分析预测其供应的稳定性和保证程度。为了保证正常生产，根据生产周期、生产批量、采购运输条件等计算物料的经常储备量，同时还要考虑保险储备量和季节储备量。保险储备量是指为预防物料延滞到货风险增加的储备量；季节储备量是指为预防由于季节变化可能导致的物料供应量、供应价格变化增加的储备量。经常储备量、保险储备量和季节储备量三者之和为物料储备总量（即最高储备量），是生产物流方案（包括运输、仓库等设施）分析的依据。

2.确定所需原材料的质量性能（包括物理性能和化学成分）

一般来说，投入物的质量性能、特定项目的生产工艺、产品质量和资源利用程度影响极大，因此，还必须分析其是否符合特定项目对这些投入物在质量和性能上的要求。为确保采购的原材料、辅助材料的质量符合生产工艺要求，应提出建立必要的检验、化验和试验设施。

（二）分析确定供应来源与方式

1.供应企业和地区研究

对可以从市场采购的原材料和辅助材料，应确定采购的地区。有特殊要求的原材料，应提出拟选择的供货企业及供货方案。

2.供应方式

一般有市场采购、投资建立原料基地、投资供货企业扩大生产能力等方式。

3.进口原材料的供应

应调查研究国际贸易情况，分析拟选择的制造企业和供应企业的资信情况，确保原材料供应的可靠性。

4.大宗原材料的供应

应调查研究主要供应企业的生产经营情况，据此决定是否与拟选择的供应企业签订供货意向协议。

（三）分析确定运输方式

根据项目所需物料的形态（固态、液态、气态）、运输距离、包装方式、仓储要求、运输费用等因素研究确定物料运输方式。物料运输所需的设备和设施，应充分依靠社会运输解决。特殊物料运输，如易燃、易爆、易腐蚀、剧毒、有辐射性等物料，应按照政府部门发布的安全规范要求，提出相应的运输方案。调查大宗原材料的运输要求，据此决定是否与拟选择的运输企业签订运输意向协议。项目所需主要原材料运输费用的高低，对项目生产的连续性和产品成本都有很大的影响。运输费用的高低与运输距离的长短及采用的运输方式是密切相关的，所以就地取材、缩短距离、采用合理的运输方式，将有助于降低运输费用，从而也会减少产品成本。为此，在分析评价时，应分析计算其运输能力和运输费用，以作出正确的评价。

（四）分析选取原材料价格

在市场预测的基础上，对主要原材料的出厂价、到厂价，以及进口物料的到岸价和有关税费等做进一步分析计算，并进行比选。一般来说，项目主要投入物的价格是影响项目经济效益的关键因素，所以不但要观察主要投入物价格目前的变化动向，还要预测其未来的变化趋势。要充分估计原材料供应的弹性和互补性，以保证原材料的合理替换和选择。这实际上体现了资源优势利用和加工工艺的经济合理性。

二、燃料动力供应方案分析

项目所需燃料动力包括生产工艺用燃料动力、公用和辅助设施用燃料动力、其他设施用燃料动力。建设和生产中所需的燃料通常有煤炭、石油和天然气等，所需动力主要有电力、蒸汽和水等。

燃料及动力供应条件分析评价包括以下主要内容：

（一）分析和评价项目所需燃料的需求量能否得到满足

要依据产品生产过程、成本、质量、区域环境对所用燃料的要求选择燃料种类，同时还要分析燃料供应政策、供应数量、质量、来源及供应方式。如果是消耗大宗燃料的项目，还要落实燃料的运输及储存设施。

（二）分析和评价供水条件

工业用水范围极为广泛，在分析评价时，要根据项目对水源、水质的要求，计算项目的用水量，再结合当地的供水价格，分析耗水费用对产品成本的影响。同时，要考察是否具备工业用水的循环设施和生产中污水净化设施，供水泵站及管网等设施是否完善。

（三）分析和评价供电条件

电力是工业生产的主要动力。对耗电量大而又要求连续生产的工业项目（如轧钢项目），需要分析估算项目最大用电量、高峰负荷、备用量、供电来源，还要按生产工艺要求计算日耗电量、年耗电量以及对产品成本的影响，要尽可能保证动力供应的稳定性。

（四）分析和评价其他动力供应条件

在分析评价时，还要对产品生产中所需的其他动力（如各种汽、气等）的总需要量进行测算，并分析其对产品成本的影响。

三、主要原材料、燃料供应方案比选

对项目所需的主要原材料、燃料供应方案应进行方案比选。比选的主要内容为：

1.满足生产要求的程度

该条主要考察原材料、燃料动力在品种、质量、性能、数量上能否满足项目建设规模、生产工艺的要求。

2.采购来源的可靠程度

采购来源的可靠程度包括原材料、燃料供应的稳定程度（包括数量、质量）和大宗原材料、燃料运输的保证程度。

3.价格和运输费用是否经济合理

价格比选一般采用定性分析和定量分析相结合的方法。运输费用主要比选运输方式和单位运量的费用。经过比选提出最合理方案。

第五节　节能措施分析

在分析技术方案、设备方案和工程方案时，对能源消耗量大的项目，应提出节约能源措施，并对能耗指标进行分析。

一、项目建设节能的原则与要求

能源一般分为一次能源和二次能源。煤、石油、天然气等，是没有经过加工或转换的，称为一次能源；煤气、电力、汽油、煤油、焦炭等，是在一次能源基础上经过加工转换而来的，称为二次能源。所谓节约能源，是指通过技术进步、合理利用、科学管理和经济结构合理化等方式，以最小的能源消耗取得最大的经济效益。节能的环节和表现尽管各不相同，但都以一次能源节约为最终目的。

节能工作是一种特定形式的"能源开发"，是解决我国能源供应紧张、保护能源资源、保护环境的有效途径。

（一）项目的建设方案设计要体现合理利用和节约能源的方针

节能是我国发展经济的一项长远战略方针，为了推动全社会节约能源，提高能源利用效率，保护和改善环境，促进经济社会全面协调可持续发展，1997 年我国通过了《中华人民共和国节约能源法》，该法是我国节约能源的基本大法。中华人民共和国全国人民代表大会常务委员会于 2007 年 10 月 28 日、2016 年 7 月 2 日、2018 年 10 月 26 日都对该法进行了修订。

在进行可行性研究与项目评估时，应分析项目可行性研究报告中是否包括合理用能的专题论证。项目的建设方案(包括工艺、设备、公用辅助设施)应按照上述法规的要求，依据国家和行业有关节能的标准和规范合理设计，起到提高能源利用效率、促进国民经济向节能型发展的作用。

（二）考察可行性研究报告中是否单列"节能篇（章）"

1992 年，国家计委、国务院经贸办、建设部规定基本建设和技术改造工程项目可行性研究报告要增列"节能篇（章）"。早在 1997 年，国家计委、国家经贸委、建设部就重新发布了《关于固定资产投资工程项目可行性研究报告"节能篇（章）"编制及评估的规定》，规定固定资产投资工程项目可行性研究报告必须包括"节能篇（章）"。"节能篇（章）"应经有资格的咨询机构评估。凡无"节能篇（章）"的可行性研究报告或未经评估的，建设项目的主管部门不予受理。在可行性研究与项目评估时，应分析项目可行性研究报告中是否单列"节能篇（章）"。

（三）"节能篇（章）"的内容应符合有关规定

《关于固定资产投资工程项目可行性研究报告"节能篇（章）"编制及评估的规定》对"节能篇（章）"的内容和深度作出了明确的规定。规定"节能篇（章）"在对节能措施进行综述的同时，应分析建设项目的建筑、设备、工艺的能耗水平和其生产的用能产品的效率或能耗指标。在可行性研究与项目评估时，应严格考察项目可行性研究报告的"节能篇（章）"的内容是否符合有关规定。

（四）节能方案的技术要求

分析节能方案是否符合相关建设标准、技术标准和《中国节能技术政策大纲》中的节能要求。单位建筑面积能耗指标、工艺和设备的合理用能、主要产品能源单耗指标要以国内先进能耗水平或国际先进水平作为设计依据。

二、分析评价节能方案

（一）节能措施

（1）应采用先进的技术和设备，提高能源利用效率，降低能源消耗。

（2）回收利用生产过程中产生的余热、余压及可燃气体。

（3）对炉窑、工艺装置及热力管网系统分别采取有效的保温措施。

（4）合理利用热能，尽可能避免生产工艺中能量的不合理转换。例如，单台容量20t/h及以上、热负荷年利用大于4 000h的工业锅炉应采用热电联产。关于热电联产应遵循相关部门发布的《关于发展热电联产的规定》。

（二）能耗指标分析

采取节能措施后，对拟建项目的能耗指标进行分析，计算单位产品消耗各种能源的实物量，将其折算成标煤消耗量，进行分析对比。能耗指标一般应达到国内外同行业先进水平。

对于技术改造项目，应详细说明企业能源利用现状，以及改造后合理利用能源、降低能耗的效果。

第六节　节水措施分析

在分析技术方案、设备方案、工程方案时，水资源消耗量大的项目，应提出节水措施，并对水耗指标进行分析。

一、项目建设节水的原则与要求

（一）项目建设节水的原则

全面节水是缓解水资源短缺的重要途径，是关系到我国实现资源永续利用、经济和社会可持续发展的一项战略任务。1988年颁布的《中华人民共和国水法》中规定国家实行计划用水、厉行节约用水。1993年，国家实行取水许可证制度，从此结束无序取水的历史，标志我国水资源管理进入了法治化阶段。2002年5月，国家计委和水利部颁布了《建设项目水资源论证管理办法》，实行更加严格的水资源政策，要求项目建设必须充分评估水资源的承受能力并合理使用水资源。2019年发布的《关于印发钢铁等十八项工业用水定额的通知》规定了不同行业、不同规模的用水定额，对建设项目在合理利用水资源、减少水消耗、降低生产成本等方面发挥了积极作用。国家将逐步完善节水法规和节水管理办法，修订重点行业用水定额，强化节水的基础工作，为水资源的高效利用和优化配置提供依据。

（二）对项目建设节水的具体要求

（1）《建设项目水资源论证管理办法》规定，从2002年5月1日起，凡是直接从江河、湖泊或地下取水的新建、改建、扩建的建设项目，如需申请取水许可证，必须委托有相应资质的单位，对其进行水资源论证，如取水水源有无保证、用水是否高效合理、是否符合节水要求、对其他用水户权益是否产生影响等，并作为水行政主管部门审批取水许可证的依据。

（2）可行性研究与项目评估报告必须依据国家和地方政府制定的主要行业用水定额标准，合理确定建设项目的用水量。

（3）可行性研究与项目评估报告应按照政府提出的工业用水重复利用率的要求，采取有效的技术措施，提高水的重复利用率，降低水的消耗量。

二、节水措施

对于水资源消耗量大的项目，应进行重点研究。

（一）采取有效措施提高水资源利用率

项目建设应选用节水型生产工艺技术和设备，降低水的耗用量，用有限的水资源生产出更多更好的产品。必须强制淘汰落后的卫生器具、设备和管道材料。采用高效节水型新工艺、新技术、新设备、新材料，这对节约水资源影响重大。同时供水系统应采取防渗、防漏措施，降低水资源无效消耗。

（二）提高工业用水回收率和重复利用率

推广一水多用、循环利用、逆流回用等节约用水措施。尽管各行各业的情况和条件差别很大，要求各不一样，但节约用水的潜力是很大的。

（三）提高再生水回收率

积极稳妥地推行污水再生利用也是节水的措施之一，是缓解水资源短缺的有效途径，特别对资源型缺水地区尤为重要。工业和市政污水经过适当处理后，根据回用水的用途和水质要求，有针对性地再次进行补充处理，作为再生水资源（中水）用于农业灌溉用水、工业冷却水或工艺生产用水以及其他杂用水。

三、水耗指标分析

采用节水措施后，要对拟建项目的水资源消耗量进行分析，计算单位产品的耗水量，对水耗指标和水的重复利用率进行分析对比。水耗指标一般应达到国内外同行业先进水平，水的重复利用率应达到当地政府规定的指标。技术改造项目，应详细说明企业水资源利用现状，以及改造后提高水资源利用率的效果。

我国将强化在工程项目中的水资源使用的分析和评价，即我国将在新建、改建和扩建项目中全面推行水资源论证。按照这方面的有关规定，对于直接从江河、湖泊或地下取水并需申请取水许可证的新建、改建和扩建的工程项目，其业主单位必须按规定进行工程项目水资源论证，编制工程项目水资源论证报告书。

■ 本章小结

项目建设条件和生产条件分析主要是指对项目建设有关的场（厂）址选择和项目环境保护条件所进行的评价。项目生产条件分析主要是指对项目建成或交付使用后的生产经营条件所进行的评价，其内容包括：资源条件评价，原材料、燃料供应条件评价，节能措施分析和节水措施分析。

可行性研究与项目评估阶段的场（厂）址选择是根据可行性研究报告提出的场（厂）址推荐意见，进行场（厂）址方案的最终选择。

项目选择场（厂）址需要分析的主要内容：场（厂）址位置，占地面积，地形、地貌、气象条件，地震情况，原材料供应，动力供应，交通运输条件，给水排水，工程地质、水文地质条件，征地拆迁移民安置条件，人力资源，环境保护条件，法律支持条件，生活设施依托条件，施工条件。通过上述分析，对多个场（厂）址方案进行工程条件和经济性条件的比较。

环境保护条件是在分析确定场（厂）址方案和技术方案过程中，调查分析环境条件，识别和分析拟建项目影响环境的因素，提出治理和保护环境的措施，比选和优化环境保护方案。在可行性研究与项目评估报告中，应对项目的环境保护作专题论述。论述的主要内容应包括：建设地区的环境现状；主要污染源和主要污染物；资源开发可能引起的生态变化；采用的环境保护标准；控制污染和生态变化的初步方案；环境保护投资估算；环境影响评价的结论或环境影响分析；存在的问题与建议。

根据国家相关政策，在可行性研究与项目评估阶段进行环境保护方案设计应遵循的原则如下：预防为主和环境影响最小化原则；资源消耗减量化原则；优先使用可再生资源原则；资源循环利用原则；工程材料无害化原则。

环境保护方案设计的要求包括：控制污染源，使污染物的产生降到最低限度；控制污染排放；综合利用，减少排放。环境保护方案设计的内容包括：对建设地区环境质量现状进行调查、描述并进行原因分析，一般主要指地表水、环境空气和声学环境质量现状分析。

环境保护治理措施方案设计的步骤如下：首先，明确环境保护治理措施方案设计执行的标准；其次，根据项目的污染源和排放污染物的性质，采用不同的治理措施；最后，对环境治理的各局部方案和总体方案进行技术经济比较，并作出综合评价。

资源开发利用的基本要求如下：符合资源总体开发规划要求；符合资源综合利用的要求；符合节约资源和可持续发展的要求；资源储量和品质的勘探深度应达到规定要求。资源条件评价主要是对拟开发利用资源的合理性、可利用量、自然品质、赋存条件、开发价值进行评价。

主要原材料供应方案分析的内容包括：分析确定原材料品种、质量和数量；分析确定供应来源与方式；分析确定运输方式；分析选取原材料价格。

燃料及动力供应条件分析评价包括以下主要内容：分析和评价项目所需燃料的需求量能否得到满足；分析和评价供水条件；分析和评价供电条件；分析和评价其他动力供应条件。

节约能源是指通过技术进步、合理利用、科学管理和经济结构合理化等手段，以最小的能源消耗取得最大的经济效益。节能措施主要包括：应采用先进的技术和设备，提高能源利用效率，降低能源消耗；回收利用生产过程中产生的余热、余压及可燃气体；对炉窑、工艺装置及热力管网系统分别采取有效的保温措施；合理利用热能，尽可能避免生产工艺中能量的不合理转换。

对项目建设节水的具体要求为：凡是直接从江河、湖泊或地下取水的新建、改建、扩建的建设项目，如需申请取水许可证，必须委托有相应资质的单位，对其进行水资源论证，作为水行政主管部门审批取水许可证的依据；必须依据国家和地方政府制定的主要行业用水定额标准，合理确定建设项目的用水量；应按照政府提出的工业用水重复利用率要求，采取有效的技术措施，提高水的重复利用率，降低水的消耗量。

节水措施包括：采取有效措施提高水资源利用率；提高工业用水回收率和重复利用率；提高再生水回收率；有条件的项目应采用海水替代技术和设备。

■ 关键概念

场（厂）址选择　原材料供应条件　环境保护　环境污染　可再生资源　不可再生资源　一次能源　二次能源

■ 复习思考题

1.项目场（厂）址选择的基本原则是什么？

2.进行场（厂）址选择时，应分析哪些内容？

3.进行场（厂）址方案比选时应考虑哪些内容？

4.环境保护的评价内容是什么？

5.环境保护方案设计应遵循的原则是什么？

6.环境保护方案设计的要求和内容是什么？

7.资源条件评价应包括哪些内容？

8.原材料、燃料及动力供应方案分析包括哪些内容？

9.从不同角度对资源进行分类可分为哪几种？

10.项目节能和节水措施包括哪些内容？

第七章

技术条件分析

□ **学习目标**

　　要求通过本章的学习，学生能掌握工艺选择应考虑的主要因素，工程设计方案及设备选择方案的评价方法和影响设备选择的因素，熟悉技术、工艺方案分析的内容、工程设计方案分析的内容，了解技术的分类设备、技术方案选择的一般程序和方法、选择的分析评估内容。

第一节　技术条件分析概述

　　技术条件分析是可行性研究与项目评估不可或缺的一个环节，其主要是针对项目在技术、工艺、设备方案的先进性、经济性和可行性等方面作出全面的评价。在可行性研究和项目评估中，技术条件分析可包括影响项目实施的一切技术因素，如工艺流程方案、设备方案、工程设计方案、建设条件、建设规模、节能节水，以及环保方案等。

一、技术的分类

　　从资源（人力、物力、财力）的占用、科技和信息含量的高低角度，可以把技术分为以下几种：

（一）资金密集型技术

　　资金密集型技术具有两个特点：一是占用资金较多，资金周转速度较慢，投资回收期较长；二是这类技术往往具有一定的先进性，吸收的劳动力较少，单位劳动力效率较高。同时它也具有规模经济性的优势，即资源消耗低、成本低、市场竞争能力强的优点。

（二）劳动密集型技术

纺织业、餐饮娱乐等行业属于垄断竞争行业，对劳动力需求大，这样的项目对应的技术称为劳动密集型技术。劳动密集型技术的特点是：一般对劳动力素质要求不高，单位劳动力成本低，且对资金的占用较少，对生产设备的性能要求一般也不高，行业介入门槛低。由于劳动力需求大且成本低是其最明显的优势，因此，特别适合在人口众多、经济发展水平较低的地区发展此类项目。

（三）技术密集型技术

这类技术的机械化、自动化程度较高，一般占用劳动力比较少，如精密的数控组合机床、合成材料技术、集成电路芯片等高科技产品生产线等。这种技术的突出特点表现在以下方面：一是对劳动力技术水平和熟练程度要求较高，可以完成传统和常规技术无法完成的技术生产活动；二是可以提供新的技术、材料、能源和工艺，并把劳动生产率提高到一个崭新的水平。在有些情况下，由于某种技术的研发或引进，可能改善一个行业产品工艺水平落后、产品质量低的现状，有利于产业结构的调整。

（四）知识密集型技术

这类技术高度凝结了先进的现代化技术成果，如软件产业、航天技术和核能技术等，一般属于高新技术领域。其核心竞争力是人才优势，具体体现在开发的产品或使用的技术具有较高的科技含量，较市场同类竞争者有较大的技术和人才优势。这种技术的特点在于：一是从事这种技术活动的多是中高级科学、技术人员和经济管理人员；二是技术设备精密、复杂，设备投资和单位人力成本费用高。但由于具备占有劳动力少、单位劳动力创造的价值远大于其他行业，消耗材料少且一般不会造成环境污染等优势，使得此类技术的应用市场竞争优势大，前景较好。

二、技术方案分析的内容

技术方案选择一般应从项目拟采用的技术方案中，通过对其技术的先进性、成熟性、适用性和经济性等多个方面的考察和选择，确定满足项目要求的最适合的方案。

（一）先进性

技术的先进性是衡量项目产品市场竞争力的重要度量，是项目的核心竞争力。采用新工艺、新方法或生产出全新的产品，技术领先优势越大，其各项性能指标越好，市场竞争优势就越大。技术的先进性主要表现在相同条件下能否生产质量更好、原材料消耗更少、产量更高、功能更全和环保性能更佳的产品，即"性能费用比"更好的产品。

（二）适用性

1.资源条件的适用性

所采用技术应与当地的资源条件和经济发展水平适应。采用的技术与可能得到的原材料、燃料、主要辅助材料或半成品相适应，应尽量选择当地可利用的优势资源。

　　2.设备的适用性

　　对项目技术采用的各种主要和辅助设备进行如下分析：一是国内能否生产，如果设备专用性很强，又必须从国外引进，那么该项成本将会很高，而且相关配套零配件或原辅材料也可能不易获得；二是设备投入的性能成本比是否合理，其相应的生产能力是否能够被充分利用等也是应考虑的重要因素。

　　3.人力资源的适用性

　　分析拟采用的技术方案是否有合格的劳动力和足够高的管理水平。如果项目生产所需劳动力的素质和技能要求很高，而当地又缺乏足够的专业技术人员和操作工人，即使设备供应方可以提供技术和技能培训，也不一定能够确保项目生产正常进行。某些大型项目需要严谨、科学和先进的管理理念来指导项目的实施。若项目运营管理过程非常复杂，企业又缺乏能够承担项目管理职能的团队和制度，这样的技术方案也是不可行的。

　　（三）成熟性

　　技术方案的成熟性应该考察如下几个方面：第一，产品的各项技术指标是否达标和满足相关行业标准，性能是否稳定可靠；第二，生产对生产作业人员的人身安全是否构成威胁；第三，生产产生的废弃物或伴随的粉尘、烟雾和噪声等的处理是否对人员和环境产生危害；第四，对原材料的消耗及设备的损耗是否正常；第五，是否已具备大规模生产的条件等。只有能够同时通过上述考察指标的技术方案才是成熟的技术方案。

　　（四）经济性

　　技术方案的经济性是考察和选择在相同投入条件下获得最大经济效益，或是在获取同等经济效益的前提下投入最小的技术方案。技术和设备并非是越先进、越精密越好。从经济学的角度看，边际效用最大的或是"费用效果比"较好的技术方案往往能成为较优方案，而并非是总效用最大的方案。因为，我们在获得效用的同时必须兼顾为此付出的成本是否合理。

　　此外，技术方案选择还要有一定的前瞻性，也就是说，对技术发展的可持续性、时效性和经济性有一个综合衡量。如果该项技术在现阶段具备先进性、成熟性、适用性和经济性等优势，但由于理论、工艺或其他瓶颈，可以预见该技术的发展空间受限，那么，就应该重新审视项目的投资规模，并对财务经济效益做更为保守的估算。

三、技术方案选择的一般程序

　　尽管项目千差万别且有不同的专业背景，复杂程度也不尽相同，但技术方案选择遵循的一般规律还是有章可循的。

　　（一）初步认识阶段

　　初步考察所应用的技术方案的可行性。首先，对该技术的应用进行广泛的信息搜集，确认该技术是否属于新创技术，是否有其他项目应用该技术的案例，在实际应用过程中有何优势，存在什么风险，同类项目能够达到什么水平，其投资回报情况如何等。在搜集信息时，要确认其来源的可靠性并加以筛选。

（二）分析和整理阶段

分析和整理阶段包括对此项技术的发展前景进行预测，对技术产品的生命周期、替代产品及技术的发展状况进行研究。同时，对项目相关产品的关联性、实施该项技术的资源条件是否具备、条件是否成熟进行深入研究。

（三）项目备选技术方案的分析和选择

此部分是技术分析的核心。要从企业自身条件出发，从拟建项目的实际情况着手，依据项目技术方案选择的基本原则进行初选，然后通过对技术方案的先进性、成熟性、适用性和经济性等方面进行全面考察，结合财务分析方法和结论，从中选出相对满意的技术方案。

方案初选的目的就是尽快将不符合条件或是差别细微的方案进行筛选或是合并。对于通常情况下的工业项目，工艺技术、工艺流程、主要生产设备和关键性的零配件等是技术评估的主要对象。

（四）结论、问题和建议等

此部分应该明确给出技术方案评估的结论。同时，对拟建项目使用该技术方案时可能发生的问题要及时指出，对于解决问题的方法应该提供合理的建议，以求防患于未然，确保项目的顺利实施。

四、技术方案选择的方法

技术方案比选的方法有很多，一般而言，只要是用于方案评估的指标具有可比性和一致性，通过该项指标得出的评估结果就有意义。常用的方法主要有评分法和投资效益评价法。

（一）评分法

1.总分法

将技术方案应该具备的主要性能或是应该（便于）考察的重要指标列出，根据指标值的高低确定一个分值范围。然后根据每个方案中技术表现打分，将方案的各项性能得分相加，其总分就是方案的综合得分，分数越高则该方案越应优选。这个方法简单易行，但由于没考虑各项性能指标的重要程度的差异，因此，当考察的各项技术性能指标对最终方案贡献的差异很大时，容易产生决策失误。

2.加权平均法

由于在方案比较过程中，不同技术指标一般情况下对方案的影响程度是不同的，即重要程度不同，考察时应加以区分，这就是加权平均法的基本思想。加权平均法根据各项指标的重要程度不同，分别赋予其一个权重。权重系数大说明该指标的重要程度高，权重系数小说明该指标的重要程度相对较小。

与总分法相比，加权平均法考虑了各项指标对方案的影响程度，因而对技术方案的评估也更客观、更合理。

其计算公式为：

$$M = \sum W_i m_i$$

式中：M——该备选方案的评价总分；

m_i——第 i 项评价指标的评分值；

W_i——加权系数。

其中，第二种形式的约束条件为：

$$\sum W_i = 1$$

［例7-1］某项目拥有4种技术备选方案，每一种方案可以通过4个不同的技术指标进行考察。具体评价详见表7-1。

表 7-1　　　　　　　　　　　　各技术方案的基本评价参数

	方案一	方案二	方案三	方案四
指标 A 评分	9	9	9	8
权重 W_{A1}	15	16	16	16
权重 W_{A2}	0.5	0.5	0.4	0.4
指标 B 评分	8	8	9	8
权重 W_{B1}	10	6	4	8
权重 W_{B2}	0.3	0.2	0.1	0.2
指标 C 评分	8	8	9	9
权重 W_{C1}	3	7	8	4
权重 W_{C2}	0.1	0.2	0.2	0.1
指标 D 评分	8	7	7	10
权重 W_{D1}	9	6	8	8
权重 W_{D2}	0.1	0.1	0.2	0.2

根据表7-1中各方案的评分和权重，可以得到表7-2中的结论。

表 7-2　　　　　　　　　　　　技术方案评价结果

	方案一	方案二	方案三	方案四
总分法	33	32	34	35
排　名	3	4	2	1
加权平均法一	311	290	308	308
排　名	1	4	2	2
加权平均法二	8.5	8.4	7.7	7.7
排　名	1	2	3	3

根据表7-2可知，若按总分法进行评价和决策，则方案四为最佳；若按加权平均法进行评价，则方案一为最佳。值得注意的是，方案三与方案四分别用两种加权平均法评价时，其得分均相同，而用总分法分析则方案四占优。具体决策时，可能考虑总分因素而选择方案四为次优；也有可能认为指标A的权重最大，因此对项目实施的影响程度最大，由此认为方案三为次优。这样的选择在实际评价中应视具体情况而定。

另外，在评分法当中，还有乘法评分法、加乘混合评分法等方式，各方法在实际应用中各有利弊，评估时可根据具体情况自行选择或进行组合方案的综合评价。

（二）投资效益评价法

投资效益评价法是通过经济学的常用评价方法，以其相应的择优标准进行选择的方法。常用的评价方法有如下三种：

1. 效用成本法

投资效益评价时，除非已经选定了效用最大或成本最低原则来进行决策，否则，任何方案必须同时兼顾效用和成本费用两方面，将单位成本带来的效用作为判别标准，该数值越大越好。具体用公式表述如下：

$$经济效果指数（I）= \frac{效益}{耗费}$$

$$经济效果指数（II）=效益-耗费$$

前者是相对指标，后者为绝对指标。当指数（I）大于1或指数（II）大于零时，方案可取，并取数值最大者为优；反之，则不可取。

2. 现值法

现值法是将预测的各技术方案带来的计算期内各年的现金流，按一定的折现率（如行业的基本收益率或银行利率）折成现值，数值较大的方案为优选方案。

3. 内部收益率法

内部收益率就是在备选方案的计算期内，使效益的现值和费用的现值相等的贴现率。将此贴现率与实际利率（或行业利率）相比较，如小于实际利率，则舍弃；如大于实际利率，再比较各方案的内部收益率，内部收益率大者为优。

第二节　工艺技术方案分析

工艺技术方案分析是整个技术条件分析的核心和基础。工艺技术方案是设备选择方案的依据，同时，在生产规模等因素确定的前提下，工程设计方案也要依据工艺技术方案的要求进行厂区的总图运输及公用辅助工程的设计和布局。

一、工艺技术方案的研究内容

工艺技术方案的考察是以技术方案决策依据为基本方法，即通过对备选工艺技术方案在可靠性、合理性、适用性、经济性、安全性，以及环保性能等多方面的考察，选择符合项目实际资金、市场、技术及人力情况的、具有较好经济效益的工艺技术方案。工艺技术方案的选择除遵循技术条件分析的一般原则外，还应重点考察如下方面：

（一）工艺技术方案的可靠性和成熟性

成熟可靠是项目工艺技术方案选择的首要条件。可靠、成熟的工艺意味着该技术方案已经过实验室研究和中间试验阶段，并获得有关专家或权威部门的检验认证，同时必须生产一定数量的产品并通过一段时间的检验。只有符合这样条件的工艺技术方案才是真正意义上的成熟可靠的方案。

成熟可靠的技术方案是产品质量的保证。这里的质量具有两方面含义：一是指生产的单个产品的技术参数指标合格；二是指该方案连续生产时产品质量稳定，即正品率的高低。

（二）工艺流程的合理性

工艺流程亦称工艺线路，是指劳动者使用生产工具改变劳动对象的形状和性能，使其具有特定使用价值的过程。在可行性研究与项目评估中，对工艺流程合理性的分析可以通过对不同工艺的流程图和技术经济指标的对比来进行。合理的工艺流程应符合下列要求：

第一，产品能满足技术方案的要求。技术方案确定了对产品的基本要求，如各项产品性能指标应该达到的标准，单位时间生产的产量和原材料消耗比例等。

第二，原材料从其投入到形成成品的过程流畅、便捷、具有连续性，以便提高劳动生产率、设备利用率。研究工艺流程的合理安排，应既能保证主要工序生产的稳定性，又能根据市场需要的变化，使生产的产品在品种规格上保持一定的灵活性。

第三，应能达到经济合理性要求。研究选择先进合理的物料消耗定额，提高收益率。但如果为了降低消耗定额，而增加了很多设备，提高了操作难度，降低了产品生产效率，使其投资增加，效益率降低，则是一条不可取的路径。所以，选择先进适用的物料消耗定额，是选择工艺流程必不可少的条件。

二、工艺技术方案的获得

项目工艺生产技术并不一定必须通过企业自身研发获得，可以通过购买、许可证交易和合作开发等多种方式取得，实际应用中需要根据企业自身战略规划、资金实力和项目实际情况等加以选择。

（一）取得工艺技术的途径

1.自身研制开发

实力雄厚的大企业或是技术领先的中小企业，往往在其主营业务上有一定的研发能力。加强自身工艺技术的研究，可以获得或巩固技术领先优势，形成企业自身独特的核心竞争力。需要注意的是，自身研发不但要消耗大量的人力物力，对企业的资金实力也是较大的考验。是否采取该方式，需视企业自身条件和环境而定。

2.工艺技术的购买

在某些情况下，最好是通过整套采购来取得工艺。由于一次性获得整套生产工艺，有利于企业快速投产和抢占市场。在项目投资被许可，"一次性"工艺权或非专利技术可以采购到，工艺的升级和技术支持对出让方的依赖程度较小时，企业采取整套采购的方式是合理的。

3.许可证交易

在工艺贸易中，许可证交易已经发展成为一种普遍而有效的方法。根据协议条款，一份许可证可能给予使用专利工艺的权利。这类似于商业连锁经营中的特许经营权交易。这种方式在获得工艺生产方法和出让方的技术支持的同时，可以节省由于购买整套工艺带来的资金压力和市场风险。其不足之处在于，由于工艺技术拥有者同样可以将工艺许可证出让给其他企业，因此，企业获得的工艺技术不具备垄断或区域性垄断的优势。

4.合资经营

合资经营指工艺供应者提供工艺技术参与企业项目的经营，即工艺技术作价入股，与技术引进企业共同开发经营。其好处在于：企业可以获得长期持续的工艺技术支持；共享原工艺技术拥有者的市场供需渠道；共同分担新产品的市场风险；项目投资资金紧张时，或是购买工艺技术所需资金较多，且市场存在一定不确定因素时，可有效节省前期投资和分散市场风险，迅速启动项目。其不足之处在于企业运营管理存在协调问题。若合作双方在企业文化、经营理念等方面存在冲突，运营项目将会面临一定风险。同时，由于没有获得工艺技术的核心，技术支持和技术升级均会不同程度地受制于人。因此，一旦协调不好，项目运营将面临危机。

（二）工艺技术获得方式的选择

对于项目拟采用的工艺技术的获得，企业应该从如下几方面综合权衡：

1.企业战略

工艺技术的取得方式取决于企业战略。如果企业想通过该项目的实施，获得行业领先的优势，或是快速扩张、尽可能多地抢占市场份额，实现企业利润最大化，而对于前期投入考虑较少，企业可以考虑购买成套技术。如果企业在该行业具有一定经济、技术实力，也可以考虑加大研发投入，尽快研发新的工艺技术。

2.企业资金实力和项目总投资控制

企业目前的现金流状况也是一个重要的制约因素。如果企业拥有充足的现金流，项目总投资较为宽松，则可以考虑自主研发或购买；若资金链紧张，又严格控制了项目的总投资，则应该考虑许可证交易或合资开发的方式。

3.经济性

无论在何种情况下，均应该对企业获取工艺技术的各种途径进行可靠的经济性分析，期望通过相对小的成本及风险获得更多的收益。具体分析时可首先分析各种可能的风险因素及其发生概率，同时确认每一种方式产生的现金流，然后计算其净现值和期望净现值，比较期望净现值并加以选择，期望净现值大的方式为优先考虑方式。

综合考虑上述影响因素，从而选择符合企业战略发展、经济效用最大、风险相对较小的工艺技术获得方式。

第三节　设备的比较和选择

一、设备比选内容及要求

在生产工艺方案确定以后，就应着手考虑与工艺生产方案相适应的设备方案选择。设备和工艺是相互依存的，设备的选择要以工艺的要求为主导。设备的比选要完成对主要设备的型号、规格、数量、技术性能指标和价格等因素的考察，即主要比选各设备方案对建设规模的满足程度、对产品质量和生产工艺要求的保证程度、设备使用寿命、物料消耗指标、操作要求、备品备件保证程度、安装试车技术服务，以及所需的设备投资等，并据此选择可以达到既定的生产能力所需要的、最佳的和高效能的设备类型。

在对主要设备方案进行选择时，应该满足以下基本要求：首先，选用设备时，应符合国家和有关部门颁布的相关技术标准要求；其次，主要设备方案应与拟选的建设规模和生产工艺相适应，主要设备之间、主要与辅助设备之间相互配套，以满足投产后生产（或使用）的要求；再次，设备质量可靠、性能成熟，以保证生产产品质量的稳定；最后，设备选择应在保证性能质量的前提下，力求经济合理。

二、影响主要设备选择的因素

选择主要设备的基本原则是技术上先进，经济上合理。

（一）满足工艺需求，能可靠实现功能

符合工艺技术方案的要求是设备选择的最基本原则。可靠性是指系统、设备在规定的时间和条件下完成规定功能的能力。选择设备可靠性时，要求设备平均无故障时间越长越好。具体地说，是从设备设计选择的安全系数、贮备设计（也称冗余设计，即为完成规定功能而设计额外附加的系统或手段，使其中一部分出现故障时整台设备仍能正常工作）、耐环境（日晒、温度、湿度、砂尘、腐蚀、振动等）设计、元器件稳定性、故障保护措施、人机因素（不易造成操作差错，发生操作失误时防止设备发生故障）等方面进行分析。

（二）经济性

对设备经济性的要求是：初始投资少、生产效率高、耐久性长、能耗及原材料消耗少、维修和管理费用少、节省劳动力等。

初始投资包括设备购置及安装费、运输费和辅助设施费等。在工艺及生产规模能够满足的前提下，初始投资较少、能够快速启动项目的设备投资方案是优选方案。

设备生产效率应与企业的战略方针及规划、生产计划、运输能力、技术力量、劳动力、动力和原材料供应等相适应。一般地说，生产效率高的设备，往往自动化程度高、投资多、能耗大、维护复杂，如果选择设备的生产率和上述条件不适应，生产就会出现

不平衡，服务供应工作不配套，无法达到设计产量，平均单位产品的成本增高。

耐久性是指零部件使用过程中物质磨损允许的自然寿命。一般来说，设备寿命越长，创造价值越多，综合经济效益越高，但也不能一概而论，不同行业对设备有不同的要求。

考察设备的能耗及原材料消耗是指选择消耗相同资源生产出更多的产品，或是生产相同的产品，消耗资源低的设备方案。能耗是单位产品能源的消耗量，不仅要看消耗量的大小，还要看耗能品种是否为常用的能源。耗能低的设备能有效地节约能源、降低成本，这也是今后技术发展的主要方向之一。

维修性是指系统、设备等在进行修理时，能以最小的资源消耗或最低的成本，在正常条件下顺利完成维修的可能性。可靠性可以确保设备在正常时间内的生产，而维修性则决定在设备故障时期为恢复正常状态所需要支付的成本。维修性好，则综合维修及运营成本小。

（三）安全性

设备安全性是指设备使用时有必要的、可靠的安全防护设施，对使用者和整个生产是安全的。如在设备操作运转过程中应该避免高空坠物，对操作者有害物质的释放，设备的防火、防漏电、防高温等性能均应该符合行业安全生产标准，不能满足上述要求的设备不宜使用。

（四）环境保护

设备的噪声和三废（废水、废气、废料）的排放、放射性污染等可能对人和周围环境造成的影响要符合有关环境保护规范的要求。

（五）适应性和灵活性

科学技术的发展使产品的更新换代日趋加快，产品生命周期越来越短，市场竞争压力日益增大，对于与工艺匹配的设备方案的适应性和灵活性的要求随之大大提高。专用设备的专业性很强，往往有些专用设备是为某一特定工艺技术要求设计、制造的，一旦工艺改变或产品更新，其寿命也就告终。对专业设备进行比选时，应该考虑其生产更多规格的同类产品的可能性。设备适应性的提高一般需要以增加投资作为代价，是不是要采用灵活性较大的设备，要对产品市场现状及发展进行经济性分析后方可决定。

三、设备方案选择

（一）设备方案选择内容

根据设备选择考察的五个方面，即设备方案对产品质量和生产工艺要求的可靠和满足程度，设备的经济性、安全性、环保性能、适应性及灵活性，结合定性和定量分析方法进行评价，给出推荐设备方案。

（二）设备方案比选方法

1.投资回收期法

设备的投资费主要包括设备的价格、运输、安装等费用。在新设备投入使用之后，会由于提高劳动生产率、改进质量、降低能源消耗而带来节约额。将投资额与年节约额相比，即可求得投资回收期。其公式如下：

$$投资回收期(T) = \frac{投资额(I)}{年节约额(C)}$$

上式中，投资回收期越短，投资效果越好。在其他条件相同的情况下，投资回收期最短的设备可作为优选方案。

2.差额投资分析法

差额投资分析法分为差额投资回收期法和差额投资内部收益率法。差额投资回收期法是将两个设备方案的运营成本的差额与设备投资的差额相比，计算差额投资回收年限。若估算年限少于预期投资回收期，则投资额大的方案为优选方案。差额投资内部收益率法是计算两个备选方案的净现金流差额的内部收益率，如果该内部收益率大于基准折现率，则现金流大的方案为优选方案。

3.投资收益率法

设备的投资收益率法考虑了设备的折旧，其计算公式为：

$$投资收益率(R) = \frac{投资总收益(C)}{设备投资额(I)}$$

式中，在其他条件相同的情况下，投资收益率高的设备是优选设备，应优先选用。

4.费用效率分析法

费用效率分析法的基本原理是：在比选设备方案时，主要考虑设备系统效率和寿命周期总费用两个因素，以此计算出费用效率，用于各方案比较。其计算公式为：

$$费用效率 = \frac{系统效率}{寿命周期总费用}$$

式中，系统效率是指设备的营运效益，它既可用容易计量的产量、销售收入等指标来表示，也可用难以计量的各种功能（如启动性、舒适性、灵活性等）来表示；寿命周期总费用由设备购置费和营运费两部分构成。

第四节　工程设计方案分析

工程方案构成项目的实体。工程方案是在建设规模、工艺技术方案和设备方案确定的基础上，研究论证主要建筑物、构筑物的建造方案和辅助设施的布置方案。

一、工程设计方案选择的基本要求

工程设计方案选择应该满足如下几点基本要求：一是项目工程规模、建筑面积和建筑结构应与生产和使用的要求相适应，对分期建设的项目，应留有适当的发展空间和余地；二是适应已选定场（厂）址、线路走向的要求，在已选定的场（厂）

址、线路走向的范围内，合理布置建筑物、构筑物及地下管线的位置；三是建、构筑物的基础、结构和所采用的建筑材料应符合国家和有关部门颁布的工程标准规范要求；四是工程设计方案在满足使用功能、确保质量的前提下，力求降低造价，节约建设投资资金，在既定投资规模下，选择更利于项目实施的工程设计方案。

二、总图布置方案分析

项目总图布置是根据拟建项目的生产工艺流程或使用功能的需要及其相互关系，结合场地自然条件和外部环境条件，经多方案比较后，对项目各个组成部分的位置进行统一布局，合理地规划和安排建设场地内、功能区之间，各建、构筑物之间和各种通道之间的平面位置关系，以便使整个项目形成布置紧凑、流程顺畅、经济合理、使用方便的格局。

在分析评估时，应注意总图布置的合理性，主要从以下几方面分析：是否能够满足生产工艺的要求，工艺流程是否流畅，生产系统是否完整；是否符合国土规划、土地管理和城市规划的要求；布置是否紧凑，各功能区的边界和面积是否合理；场内外运输、供水供电等线路的布置及走向是否合理；主要货流和主要人流能否有效避免交叉；是否符合卫生和安全生产的要求；能否节约用地、节约投资；是否经济合理等。

总图布置方案的比较可以通过土地利用系数、建筑系数、绿化系数、占地面积分析及土石方挖填工程量等一系列技术指标，以及由此估算的各项工程发生的费用来综合评价，择优选择。具体参见表7-3和7-4。

表 7-3　　　　　　　　　　　　　　**总图布置方案技术指标比较**

序　号	指　标	总图布置方案		
		方案 A	方案 B	方案 C
1	场（厂）区占地面积（m²）			
2	建、构筑物占地面积（m²）			
3	道路、铁路占地面积（m²）			
4	绿化面积（m²）			
5	绿化系数			
6	建筑系数			
7	土地利用系数			
8	土石方挖填量（m³）			
9	地上地下管线工程量（m³）			
10	防洪措施工程量（m³）			
11	不良地质处理工程量（m³）			
12	……			

表 7-4   总图布置方案费用比较

序　号	指　　标	总图布置方案		
		方案 A	方案 B	方案 C
1	土石方费用			
2	地基处理费用			
3	地下管线费用			
4	防洪抗震费用			
5	……			
	合　计			

三、主要工程设计方案分析

主要工程设计方案是指土建工程设计方案。土建工程包括地基工程、一般土建工程、工业管道工程、电气及照明工程、给排水工程、采暖工程及通风工程等。土建工程的内容非常广泛，在项目的投资费用中所占的比重较大，在评估时应认真分析其主要工程内容，并估算其主要工程量。

（一）建筑工程方案分析

建筑工程方案分析主要包括：建筑物的平面布置和楼层高度要适应工艺和设备的需要，正确选择厂房建筑的层数和层高，按工艺要求合理布置设备，按车间设备的平面布置安排柱网和工作空间等。

按照适用、经济的原则，选用建筑结构方案。实践中，应根据生产工艺和设备的需要、厂房的大小和项目所在地等具体条件合理选用。在评估与分析时，应判别项目适应的建筑标准。若项目采用的标准过高，将造成不必要的浪费；若项目采用的标准过低，既不安全又会降低质量。非主要建筑物、构筑物工程可不作详细研究。估算投资时，可参考已建成的同类项目的相似工程估算工程量。

（二）施工组织设计分析

1.施工方案分析

施工方案分析是指对主要单项工程、公用设施、配套工程的施工方法和工程量的估算。要重点分析影响施工进度和工程质量的关键工程部位的施工方法。在明确全部单项工程施工方法的基础上，制订整个项目的施工方案。

2.施工进度分析

项目工程实施进度常用甘特图和网络图两种方法表示。

（1）甘特图

甘特图又称为横道图，在工程项目可行性研究和项目评估中常用于表示工程进度安排，具有简单明了、实用有效等优点，它可以表示各工序之间的交叉搭接和延续时间以确定项目的合理工期。其缺点是反映的信息较为有限，并难以体现并行任务之间的内在联系。常见的以甘特图表示的工程进度安排见表7-5。

表 7-5　　　　　　　　　　　　　　工程进度安排

序号	项目名称	2018年		2019年												2020年				
		11	12	1	2	3	4	5	6	7	8	9	10	11	12	1	2	3	4	5
1	项目可研	▬	▬																	
2	项目设计		▬	▬	▬															
3	拆迁安置				▬	▬														
4	土石方工程						▬													
5	地下室工程							▬												
6	主体工程							▬	▬	▬	▬	▬	▬	▬						
7	设备安装工程													▬	▬	▬				
8	室内装修工程									▬	▬	▬	▬	▬	▬	▬				
9	室外装修工程													▬	▬	▬	▬			
10	室外工程											▬	▬	▬	▬	▬	▬			
11	竣工验收																			▬

（2）网络图

网络图技术有多种，如关键路线规划、关键路线分析与计划评审等。网络图技术的最基本思想是用图来表示执行项目的各种活动之间的顺序关系，其目的是在一开始尚不清楚将完成的活动的具体时间时，就能画出一张工序安排图（与甘特图相比，网络图只有在活动日期或者至少是活动顺序确定以后才能够画出）。网络图的绘制最终需要找出或是计算出关键路线。所谓关键路线就是工期最长的路线，这一路线上任何任务的工期变化都将影响总工期。

（三）工程投资估算

工程方案经比选后，应编制推荐方案的建筑物、构筑物工程一览表，并估算建筑安装工程量和建筑材料用量以作为投资估算的依据，由此估算固定资产投资额并汇总。固定资产投资汇总表参见表7-6。

表 7-6 固定资产投资汇总表 单位：元或万元

序号	工程费用名称	估算价值			
		建筑工程	设备购置及安装工程	其他费用	合　计
1	土建工程				
2	装修工程				
3	设备购置及安装工程				
4	工程建设的其他费用				
4.1	工程监理费				
4.2	招投标管理费				
4.3	勘察、设计费				
4.4	建设单位管理费				
4.5	管网配套费				
4.6	供热集资费				
4.7	水电增容费				
4.8	……				
	合　计				

■ 本章小结

项目技术评估是指针对项目的技术条件是否合理和是否满足一定标准而进行的综合分析评价。技术评估与分析应遵循先进性、适用性、成熟性、经济性和局限性等原则。

技术评估与分析的主要内容是对生产工艺方案、设备选型方案和工程设计方案进行分析评价。

工艺是指为生产某种产品所采用的工艺流程和制造方法。它是技术评估与分析内容的核心。工艺流程亦称工艺线路，是指劳动者使用生产工具改变劳动对象的形状和性能，使其具有特定使用价值的过程。进行工艺选择应考虑其可靠性、流程的合理性、对产品质量的保证程度、对原材料的适应性和经济性等因素。可以通过自主研制开发、许可证交易、工艺购买、合资经营等方法取得工艺。

设备和工艺的选择是相互依存的。在分析时，应当根据工厂的生产能力和选择的生产工艺确定对设备的要求。工业项目的设备一般包括生产设备、辅助设备和服务设备三大类。在可行性研究与项目评估中，主要是对生产设备和辅助设备进行分析评价。设备选择评估应从以下几个方面进行：工艺需求、经济性、安全性、环境保护、适应性和灵活性等。

分析评价设备的经济合理性可采用投资回收期法、差额投资分析法、投资收益率法和费用效率分析法等方法。

由于项目总图布置方案是由项目总平面图反映的，因此，开展总平面布置方案分析必须依据项目总平面图提供的数据。主要工程设计方案是指土建工程设计方案，具体包括：地基工程、一般土建工程、工业管道工程、电气及照明工程、给排水工程、采暖工程及通风工程等。应熟悉工程设计方案的内容，了解总图布置方案的概念和内容，掌握甘特图和网络图的概念和区别，熟悉甘特图的绘制方法，并能运用其解决简单的实际问题。

■ 关键概念

技术条件　工艺流程　资金密集型技术　劳动密集型技术　技术密集型技术知识密集型技术　项目总图布置

■ 复习思考题

1. 如何理解技术条件分析作为可行性研究与项目评估的中间环节所起的作用？
2. 技术方案分析考察哪些方面的内容？
3. 工艺技术的获取应该考虑哪些方面的问题？
4. 设备选择应该考察哪些方面的因素？
5. 总图布置方案应该考察哪些方面的问题？

第八章

投资估算及案例分析

□ 学习目标

　　通过本章的学习，学生应该掌握投资的构成，建设投资估算、建设期利息估算和流动资金估算的具体方法，熟悉投资估算的深度要求，了解投资估算的依据和作用。

　　投资估算是在对项目的建设规模、技术方案、设备方案、工程方案及项目进度计划等进行研究并初步确定的基础上，估算项目投入总资金（包括建设投资、流动资金和建设期利息）的过程。

第一节　投资估算概述

一、投资的范围及构成

（一）项目总投资的含义及构成

　　项目总投资是指投资项目从筹建期间开始到项目全部建成报废为止所发生的全部投资费用。新建项目的总投资由建设期和筹建期投入的建设投资和项目建成投产后所需的流动资金两大部分组成。一般情况下，项目的资金来源中包括外部借款，按照我国现行的资金管理体制和项目的概预算编制办法，应将建设期利息计入总投资中，因此项目总投资包括建设投资、建设期利息和流动资金。

　　项目计算期分为建设期和生产期两个阶段。其中，项目建设期是指从项目开始建设年份起到竣工投产为止所经历的时间。建设期长短一般根据同类项目经验数据结合拟建设项目的具体情况加以确定；项目生产期是指从项目建成投产年份起至项目报废为止所经历的时间。在分析项目财务效益时，一般以项目主要固定资产的经济寿命期作为确定项目生产期的主要依据。

（二）项目总投资估算的内容

如上所述，项目的总投资包括建设投资、建设期利息和流动资金。根据资金保全原则和企业资产划分的有关规定，投资项目在建成交付使用时，项目投入的全部资金分别形成固定资产、无形资产、其他资产和流动资产。

根据现行会计制度的规定，固定资产是指同时具有下列特征的有形资产：为生产商品、提供劳务、出租或经营管理而持有的；使用寿命超过一个会计年度。

一般包括房屋及建筑物、机器设备、运输设备以及其他与生产经营活动有关的工具、器具等。在投资项目可行性研究和项目评估中构成固定资产原值的费用包括工程费用（建筑工程费、设备购置费和安装工程费）、工程建设其他费用（扣除计入无形资产和其他资产的费用）、预备费（包括基本预备费和涨价预备费）和建设期利息。建设期利息估算表见本章末附表8-3。

无形资产是指企业拥有或者控制的没有实物形态的可辨认非货币性资产，包括专利权、商标权、土地使用权、非专利技术、商誉和著作权等。无形资产是有偿取得的资产，对外购及其他依法取得的无形资产的支出，一般都予以资本化，并在其受益期内分期摊销。在投资项目可行性研究和项目评估中，构成无形资产原值的费用主要包括技术转让费或技术使用费（含专利技术和非专利技术）、商标权和商誉等。

其他资产，原称递延资产，是指流动资产、长期投资、固定资产、无形资产以外的其他资产，如长期待摊费用。按照有关规定，除购置和建造固定资产以外，所有筹建期间发生的费用，先在长期待摊费用中归集，待企业开始生产经营时计入当期损益。在投资项目可行性研究和项目评估中构成其他资产原值的费用主要包括生产准备费、开办费、出国人员费、来华人员费、图纸资料翻译复制费、样品样机购置费和农业开荒费等。

流动资金，是指运营期内占用并周转使用的运营资金，不包括运营中需要的临时性营运资金。流动资金等于流动资产减去流动负债。流动资产是指可以在一年内或超过一年的一个营业周期内变现或运用的资产，总投资的流动资金与流动负债共同构成流动资产。流动资产的构成要素一般包括存货、库存现金、应收账款和预付账款；流动负债的构成要素一般只考虑应付账款和预收账款。

项目总投资的构成与资产形成如图8-1所示。

二、投资估算的深度与要求

如前所述，投资项目前期工作可以概括为机会研究、初步可行性研究（项目建议书）、可行性研究和项目评估四个阶段。由于不同阶段工作深度和掌握的资料不同，因此投资估算的深度和准确度不同。随着工作的深入，项目条件的逐步明确和具体化，投资估算会不断地细化，准确度会逐步提高，从而对项目投资起到有效的控制作用。投资项目前期各阶段对投资估算的允许误差率见表8-1。

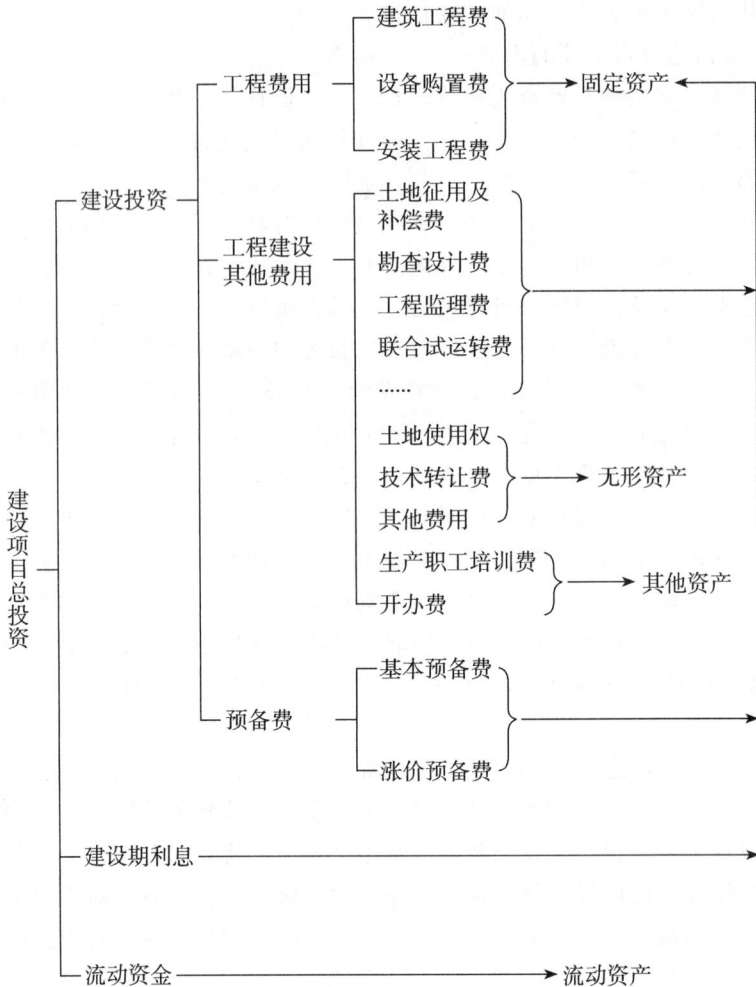

图 8-1　项目总投资构成与资产形成图

表 8-1　　　　　　　　投资项目前期各阶段对投资估算误差的要求

	投资项目前期阶段	投资估算的误差率
1	机会研究阶段	±30% 以内
2	初步可行性研究（项目建议书）阶段	±20% 以内
3	可行性研究阶段	±10% 以内
4	项目评估阶段	±10% 以内

　　尽管允许有一定的误差，但是投资估算必须满足三个要求：第一，工程内容和费用构成齐全，计算合理，无重复计算，不提高或者降低估算标准，不高估冒算或漏项少算。第二，选用指标与具体工程之间存在标准或者条件差异时，应进行必要的换算或者调整。第三，投资估算精度应能满足投资项目前期不同阶段的要求。

三、投资估算的依据和作用

（一）投资估算的依据

建设投资估算应做到方法科学，依据充分。第一，专门机构发布的建设工程造价费用构成、估算指标、计算方法以及其他有关计算工程造价的文件。第二，专门机构发布的工程建设其他费用计算方法和费用标准以及政府部门发布的物价指数。第三，拟建项目各单项工程的建设内容及工程量。

（二）投资估算的作用

1.投资估算是投资项目建设前期的重要环节

投资估算是投资建设前期工作中制订融资方案、进行财务效益分析的基础，以及之后编制初步设计概算的依据。因此，按照项目建设前期不同阶段所要求的内容和深度，完整、准确地进行投资估算是项目投资决策分析阶段必不可少的重要工作。尤其是在项目评估阶段，投资估算准确与否，是否符合工程的实际情况，不仅决定着能否正确评价项目的可行性，同时也决定着融资方案设计的基础是否可靠。

2.满足工程设计招投标及城市建设方案设计竞选的需要

在工程设计的投标书中，除了包括方案设计的图文说明以外，还应包括工程的投资估算。在城市建设方案设计竞选过程中，编制的竞选文件也应包括投资估算。因此，合理的投资估算也是满足工程招投标及城市建设方案设计竞选的需要。

第二节　投资估算方法

一、建设投资的构成

建设投资是项目费用的重要组成部分，是项目财务分析的基础数据，可根据项目前期研究的不同阶段、对投资估算精度的要求及相关规定选用估算方法。

建设投资的构成可按概算法分类或按形成资产法分类。

1.按概算法分类

按概算法分类，建设投资由工程费用、工程建设其他费用和预备费三部分构成。其中工程费用又由建筑工程费、设备（含工器具，下同）购置费和安装工程费构成；工程建设其他费用内容较多，且随行业和项目的不同而有所区别。预备费是指在投资估算时用以处理实际费用与计划耗费不相符而追加的费用，包括基本预备费和涨价预备费两部分。基本预备费是为自然灾害可能造成的损失，或是施工阶段必须增加的工程和费用而设计；涨价预备费是因在建设期间物价上涨而引起的投资费用的增加。

2.按形成资产法分类

按形成资产法分类，建设投资由形成固定资产的费用、形成无形资产的费用、形成其他资产的费用和预备费四部分构成。（1）形成固定资产的费用，系指项目投产时将直接形成固定资产的建设投资，包括工程费用、工程建设其他费用和预备费中按规定将形成固定资产的费用。固定资产其他费用主要包括建设单位建设费、可行性研究费、研究试验费、勘察设计费、环境影响评价费、场地准备及临时设施费、引进技术和引进设备其他费用、工程保险费、联合试运装费、特殊设备安全监督检验费和市政公用设施建设及绿化费等。（2）形成无形资产的费用，系指将直接形成无形资产的建设投资，主要是专利权、非专利技术、商标权、土地使用权和商誉等。（3）形成其他资产的费用，系指建设投资中除形成固定资产和无形资产以外的部分，如生产职工培训费及开办费等。

3.对土地使用权的处理

对于土地使用权的特殊处理：按照有关规定，在尚未开发或建设自用项目前，土地使用权作为无形资产核算，房地产开发企业开发商品房时，将其账面价值转入开发成本；企业建造自用项目时将其账面价值转入在建工程成本。因此，为了与以后的折旧和摊销计算相协调，在建设投资估算表（见章末附表 8-1、附表 8-2）中通常可将土地使用权直接列入固定资产其他费用中。

二、建设投资的估算

建设投资估算方法很多，包括单位生产能力估算法、生产能力指数法、比例估算法、系数估算法、估算指标法、概算指标法等。

单位生产能力估算法最为粗略，一般仅用于投资机会研究阶段。生产能力指数法相比单位生产能力估算法准确度提高，在不同阶段都有一定应用，但范围有限。初步可行性研究主要采用估算指标法，也可以根据具体条件选择其他估算方法。项目可行性研究阶段，要求的投资估算精度较高，需通过工程量的计算，采用相对准确的详细估算方法进行投资估算。

（一）扩大指标估算法

1.单位生产能力估算法

单位生产能力估算法是根据已建成的、性质类似的建设项目的单位生产能力投资，结合拟建项目的生产能力，估算拟建项目的投资额的一种方法。

$$Y_2 = \frac{Y_1}{X_1} \times X_2 \times CF$$

式中：Y_2——拟建项目的投资额；

Y_1——已建类似项目的投资额；

X_1——已建类似项目的生产能力；

X_2——拟建项目的生产能力；

CF——不同时期的综合调整系数。

单位生产能力估算法估算建设投资简便迅速，但精确度较差。使用这种方法要求拟建项目与所选取的已建项目相类似，仅存在规模和时间上的差异。单位生产能力投资估算法一般仅用于机会研究阶段。

[例8-1] 2014年建设一座处理能力为10万立方米/日的污水处理厂的建设投资为20 000万元，2020年拟建一座处理能力为16万立方米/日的污水处理厂，项目建设条件与2014年已建项目类似，调整系数为1.25。试用单位生产能力估算法估算该拟建污水处理厂的建设投资额。

根据公式，该项目的建设投资额为：

$$Y_2 = \frac{Y_1}{X_1} \times X_2 \times CF = \frac{20\,000}{10} \times 16 \times 1.25 = 40\,000（万元）$$

2. 生产能力指数法

生产能力指数法是根据已建成、性质类似的建设项目的生产能力和投资额与拟建项目的生产能力来估算拟建项目投资额，其计算公式为：

$$Y_2 = Y_1 \times \left(\frac{X_2}{X_1}\right)^n \times CF$$

式中：n——生产能力指数；

其他符号含义同前。

运用生产能力指数法估算项目投资的重要条件，是要有合理的生产能力指数，不同性质的建设项目，n的取值是不同的。在正常情况下，$0 \leqslant n \leqslant 1$，一般取值约为0.6~0.7。

生产能力指数法计算简单，但要求类型项目的资料可靠，条件基础相同，否则误差较大。

[例8-2] 已知年产20万吨的化纤产品项目的生产线投资额为40 000万元，现拟建年产50万吨的同样产品项目，项目建设条件与已建项目相类似，生产能力指数（n）为0.6，调整系数（CF）为1.1，试估算该拟建生产线的投资额。

根据计算公式，该项目的生产线投资额为：

$$Y_2 = Y_1 \times \left(\frac{X_2}{X_1}\right)^n \times CF = 40\,000 \times \left(\frac{50}{20}\right)^{0.6} \times 1.1 = 76\,245.93（万元）$$

3. 比例估算法

比例估算法可分为两类：

（1）以拟建项目的设备购置费为基数进行估算

该方法是以拟建项目的设备购置费为基数，根据已建成的同类项目的建筑工程费和安装工程费占设备购置费的百分比，求出相应的建筑工程费和安装工程费，再加上拟建项目其他费用（包括工程建设其他费用和预备费等），其总和即为拟建项目的建设投资额。计算公式为：

$$C = E\,(1 + f_1 P_1 + f_2 P_2) + I$$

式中：C——拟建项目的建设投资额；

E——拟建项目根据当时当地价格计算的设备购置费；

P_1、P_2——已建项目中建筑工程费和安装工程费占设备购置费的百分比；

　　　　f_1、f_2——由于时间、地点等因素引起的定额、价格、费用标准等综合调整
　　　　　　　系数；

　　　　I——拟建项目的其他费用。

[例8-3] 某拟建项目设备购置费为15 000万元，根据已建成同类项目统计资料，建筑工程费占设备购置费的23%，安装工程费占设备购置费的9%，该拟建项目的其他有关费用估计为2 600万元，调整系数 f_1、f_2 均为1.1，试估算该项目的建设投资额。

　　根据公式，该项目的建设投资额为：

$$C=E（1+f_1P_1+f_2P_2）+I=15\,000×[1+（23\%+9\%）×1.1]+2\,600=22\,880（万元）$$

　　（2）以拟建项目的工艺设备投资额为基数进行估算

　　该方法以拟建项目的工艺设备投资额为基数，根据同类型的已建项目的有关统计资料，各专业工程（总图、土建、暖通、给排水、管道、电气、电信及自控等）占工艺设备投资额（包括运杂费和安装费）的百分比，求出拟建项目各专业工程的投资额，然后把各部分投资额（包括工艺设备投资额）相加求和，再加上拟建项目的其他有关费用，即为拟建项目的建设投资额。计算公式为：

$$C = E(1 + f_1P'_1 + f_2P'_2 + f_3P'_3 + \cdots) + I$$

式中：E——拟建项目根据当时当地价格计算的工艺设备投资额；

　　　　P'_1、P'_2、P'_3——已建项目各专业工程费用占工艺设备投资额的百分比；

　　　　其他符号含义同前。

　4.系数估算法

　（1）朗格系数法

　　该方法以设备购置费为基础，乘以适当系数来推算项目的建设投资额。计算公式为：

$$C = E(1 + \sum K_i)K_C$$

式中：C——建设投资额；

　　　　E——设备购置费；

　　　　K_i——管线、仪表、建筑物等项费用的估算系数；

　　　　K_C——包括管理费、合同费、应急费等间接费在内的总估算系数。

　　建设投资额与设备购置费之比为朗格系数（K_L）。即：

$$K_L = (1 + \sum K_i)K_C$$

　　运用朗格系数法估算投资，方法比较简单，但由于没有考虑项目（或装置）的规模大小、设备材质的影响及不同地区自然、地理条件差异的影响，所以估算准确度不高。

　（2）设备及厂房系数法

　　该方法具体做法是，在拟建项目工艺设备投资和厂房土建投资估算的基础上，其他专业工程参照类似项目的统计资料，与设备关系较大的按设备投资系数计算，与厂房土建关系较大的则按厂房土建投资系数计算，两类投资加起来，再加上拟建

项目的其他有关费用，即为拟建项目的建设投资额。

[例 8-4] 某项目工艺设备及其安装费用估计为 2 600 万元，厂房土建费用估计为 4 200 万元，参照类似项目的估计统计，其他各专业工程投资系数见表 8-2，其他有关费用为 2 400 万元，试估算该项目的建设投资额。

表 8-2　　　　　　　　　　　　　**工程投资系数表**

工艺设备	1.00	厂房土建（含设备基础）	1.00
起重设备	0.09	给排水工程	0.04
加热炉及烟道	0.12	采暖通风	0.03
气化冷却	0.01	工业管道	0.01
余热锅炉	0.04	电气照明	0.01
供电及转动	0.18		
自动化设备	0.02		
系数合计	1.46	系数合计	1.09

根据上述方法，则该项目的建设投资额为：

2 600×1.46+4 200×1.09+2 400=10 774（万元）

5.估算指标法

估算指标法俗称扩大指标法。估算指标是一种比概算指标更为扩大的单项工程指标或单位工程指标，以单项工程或单位工程为对象，综合了项目建设中的各类成本和费用，具有较强的综合性和概括性。

单项工程指标一般以单项工程单位投资表示，如工业窑炉砌筑以"元/立方米"表示，变配电站以"元/千伏安"表示，锅炉房以"元/吨蒸汽"表示。

单位工程指标一般以如下方式表示：房屋区别不同结构形式多以"元/平方米"表示，道路区别不同结构层、面层以"元/平方米"表示，管道区别不同材质、管径以"元/米"表示。

估算指标在使用过程中应根据不同地区、不同时期的实际情况进行适当调整，因为地区、时期不同，设备、材料及人工的价格均有差异。

估算指标法的精确度相比概算指标法要低，主要适用于初步可行性研究阶段。项目可行性研究阶段也可采用，主要是针对建筑安装工程费以及公共和辅助工程等配套工程。实质上单位生产能力估算法也可算作一种最为粗略的扩大指标法，一般只适用于机会研究阶段。

6.概算指标法

该法是采用概算指标估算建筑安装工程费用的方法。概算指标法是以成套设备装备的台（组）或以整个建筑物和构筑物的建筑面积、体积为计量单位而规定的人工、材料、机械台班的消耗量标准和造价指标。采用这种方法需要具备较为详细的工程量资料、材料价格和工程费用指标，工作量较大，相对准确度也较高。

（二）分项详细估算法

1.估算步骤

首先，分别估算各单项工程所需的建筑工程费、设备及工器具购置费、安装工程费。其次，在汇总各单项工程费用的基础上，估算工程建设其他费用。再次，估算基本预备费和涨价预备费。最后，加总求得建设投资总额。

2.建筑工程费估算

建筑工程费是指建设工程涉及范围内的建筑物、构筑物、场地平整，道路、室外管道铺设，大型土石方工程费用等。

建筑工程费估算一般采用以下方法：

（1）单位建筑工程投资估算法

单位建筑工程投资估算法以单位建筑工程所用投资乘以建筑工程总量计算。一般工业与民用建筑以单位建筑面积（平方米）的投资，工业窑炉砌筑以单位容积（立方米）的投资，水库以水坝单位长度（米）的投资，铁路路基以单位长度（公里）的投资，矿山掘进以单位长度（米）的投资，乘以相应的建筑工程总量计算建筑工程费。

（2）单位实物工程量投资估算法

单位实物工程量投资估算法以单位实物工程量的投资乘以实物工程总量计算。土石方工程以每立方米投资，矿井巷道衬砌工程以每平方米投资，路面铺设工程以每平方米投资，乘以相应的实物工程量计算建筑工程费。

（3）概算指标投资估算法

对于没有上述估算指标且建筑工程费占总投资比例较大的项目，可采用概算指标投资估算法。采用这种估算法，应拥有较为详细的工程资料，了解详细的建筑材料价格情况和工程费用指标，所需投入的时间和工作量较大。具体估算方法见有关专门机构发布的概算编制办法。

3.设备购置费估算

设备购置费包括设备的购置费、工器具及办公家具购置费。在生产性项目中，设备及工器具购置费占建设投资比重增大，意味着生产技术的进步和资本有机构成的提高。

（1）设备购置费

设备购置费是指为投资项目购置或自制的达到固定资产标准的各种国产或进口设备、工具、器具所支出的费用。它由设备原价和设备运杂费构成。设备原价指国产设备或进口设备的原价；设备运杂费指除设备原价之外的设备采购、运输、途中包装及仓库保管等方面支出费用的总和。国产设备和进口设备购置费应分别估算。

①国产设备原价的构成及计算

国产设备原价一般指的是设备制造厂的交货价，即出厂价，或订货合同价。国产设备原价分为国产标准设备原价和国产非标准设备原价。

A.国产标准设备原价是指按照主管部门颁布的标准图纸和技术要求，由我国设备生产厂批量生产的，符合国家质量检测标准的设备交货价。国产标准设备原价可通过查询相关价格目录或向设备生产厂家询价得到。

B.国产非标准设备原价是指国家尚无定型标准，各设备生产厂不可能在工艺过程中采用批量生产，只能按一次订货，并根据具体的设计图纸制造的设备原价。非标准设备原价有多种不同的计算方法，如成本计算估价法、系列设备插入估价法、分步组合估价法、定额估价法等。按成本计算估价法，非标准设备的原价由以下各项组成：材料费、加工费、辅助材料费、专用工具费、废品损失费、外购配套件费、包装费、利润、税金（主要指增值税）、非标准设备设计费。

②进口设备购置费的构成与估算

进口设备购置费由进口设备货价、进口从属费用及国内运杂费组成。

A.进口设备货价

进口设备货价按交货地点和方式的不同，分为离岸价（FOB）与到岸价（CIF）两种价格。

进口设备离岸价是货物的成本价，指出口货物运抵出口国口岸（船上）交货价；进口设备到岸价是指成本、国外运费和国外运输保险费之和的价格，是进口货物抵达进口国口岸的价格。进口设备按离岸价计价时，应先计算设备运抵我国口岸的国外运费和国外运输保险费，再得出到岸价。计算公式为：

进口设备到岸价=离岸价+国外运费+国外运输保险费

B.进口设备从属费用

进口设备从属费用包括国外运费、国外运输保险费、进口关税、进口环节消费税、进口环节增值税、外贸手续费和银行财务费等。

国外运费=离岸价×运费率

或　国外运费=单位运价×运量

国外运输保险费=（离岸价+国外运费）×国外保险费率

进口设备的其他从属费用通常按以下公式估算：

进口关税=进口设备到岸价×人民币外汇牌价×进口关税税率

$$进口环节消费税 = \frac{进口设备到岸价×人民币外汇牌价 + 进口关税}{1 - 消费税税率} × 消费税税率$$

进口环节增值税=（进口设备到岸价×人民币外汇牌价+进口关税+消费税）×增值税税率

外贸手续费=进口设备到岸价×人民币外汇牌价×外贸手续费率

银行财务费=进口设备货价×人民币外汇牌价×银行财务费率

C.国内运杂费

国内运杂费包括运输费、装卸费、运输保险费等。

国内运杂费按运输方式，根据运量或者设备费金额估算。

（2）工具、器具及生产家具购置费的构成及计算

工具、器具及生产家具购置费，是指按照有关规定，为保证新建或扩建项目初期正常生产必须购置的没有达到固定资产标准的设备、仪器、工卡模具、器具、生

产家具等的购置费用。一般以设备购置费为计算基数，按照部门或行业规定的工具、器具及生产家具购置费率计算。

4.安装工程费估算

安装工程费是指主要生产、辅助生产、公用工程等单项工程中需要安装的机械设备、电气设备、专用设备、仪器仪表等的安装及配件工程费，以及工艺、供热、供水等管道、配件、闸门和供电外线安装工程费用等。

安装工程费通常按行业或专门机构发布的安装工程定额、取费标准和指标估算投资。具体计算可按安装费率、每吨设备安装费或者每单位安装实物工程量的费用估算，即：

安装工程费=设备原价×安装费率

安装工程费=设备吨位×每吨设备安装费

安装工程费=安装实物工程量×安装费用指标

5.工程建设其他费用估算

工程建设其他费用指未纳入建筑工程费、设备购置费和安装工程费的，根据设计文件要求和国家有关规定应由项目投资支付的为保证工程建设顺利完成和交付使用后能够正常发挥效用而发生的一些费用。按其内容大体可分为三类：第一类是土地使用费；第二类指与工程建设有关的其他费用；第三类指与未来企业生产经营有关的其他费用。

（1）土地使用费

土地使用费是指依据《中华人民共和国土地管理法》等规定，建设项目征用土地或租用土地应支付的费用。包括：

①农用土地征用费

农用土地征用费由土地补偿费、安置补助费、土地投资补偿费、土地管理费、耕地占用税等组成，并按被征用土地的原用途给予补偿。

征用耕地的补偿费包括土地补偿费、安置补助费以及地上附着物和青苗补偿费。

②取得国有土地使用费

取得国有土地使用费，包括土地使用权出让金、城市建设配套费、房屋征收与补偿费等。

土地使用权出让金是指建设项目通过土地使用权出让的方式，取得有限制的土地使用权，依照《中华人民共和国城镇国有土地使用权出让和转让暂行条例》支付的费用。

房屋征收与补偿费是指根据《国有土地上房屋征收与补偿条例》的规定，征收房屋对被征收人给予的补偿。

（2）与项目建设有关的其他费用

①建设单位管理费

建设单位管理费是指建设项目从筹建开始至竣工验收合格或交付使用的建设全

过程管理所需费用，内容包括建设单位经费和建设单位开办费。

A.建设单位经费指建设单位发生的管理性质的开支，包括工作人员的工资、工资性补贴、施工现场津贴、职工福利费、住房公积金、基本养老保险费、基本医疗保险费、失业保险费、工伤保险费、办公费、差旅交通费、劳动保护费、工具用具使用费、固定资产使用费、必要的办公及生活家具购置费、必要的通信设备及交通工具购置费、零星固定资产购置费、招募生产工人费、技术图书资料费、业务招待费、设计审查费、工程招标费、合同契约公证费、法律顾问费、工程咨询费、完工清理费、竣工验收费、印花税和其他管理性质开支。

建设单位管理费按照单项工程费用之和（包括设备购置费和安装工程费）乘以建设单位管理费率计算。建设单位管理费率按照建设项目的不同性质、不同规模确定。计算公式为：

建设单位管理费=工程费用×建设单位管理费率

工程费用是指建筑工程费用、设备购置费和安装工程费之和。

B.工程监理费是指建设单位委托工程监理单位实施工程监理的费用。由于工程监理是受建设单位委托的工程建设技术任务，属建设管理范畴。如采用监理，建设单位部分管理工作量转移至监理单位。监理单位应根据委托的监理工作范围和监理深度，在监理合同中商定或按当地或所属行业部门规定计算工程监理费。

C.工程质量监督费是指工程质量监督检验部门检验工程质量而收取的费用。

②可行性研究费

可行性研究费是指在建设项目前期工作中编制和评估项目建议书、可行性研究报告所需的费用。

③研究试验费

研究试验费是指为本建设项目提供或验证设计参数、数据、资料等进行必要的研究试验以及设计规定在施工中必须进行试验、验证和支付国内专利、技术成果一次性使用费所需费用。

④勘察设计费

勘察设计费是指委托勘察设计单位进行工程水文地质勘查、工程设计所发生的各项费用。其包括：工程勘察费、初步设计费、施工图设计费、设计模型制作费等。

⑤环境影响评价费

环境影响评价费是按照《中华人民共和国环境保护法》《中华人民共和国环境影响评价法》等规定，为全面、详细评价建设项目对环境可能产生的污染或造成的重要影响所需的费用。其包括：编制环境影响报告书、环境影响报告表和评价环境影响报告书、环境影响报告表所需的费用。

⑥劳动安全卫生评价费

劳动安全卫生评价费是指按照《建设项目（工程）劳动安全卫生监察规定》和《建设工程项目劳动安全卫生预评价管理办法》的规定，为预测和分析建设工程项目存在的职业危险、危害因素的种类和危险危害程度，并提出先进、科学、合理、可行的安全卫生技术和管理对策所需的费用。其包括：编制建设工程项目劳动安全卫生预评价大纲和劳动安全卫生预评价报告书以及为编制这些文件所进行的工程分析和环境现状调查所需的费用。

⑦建设单位场地准备费及临时设施费

场地准备费是指建设工程项目为达到工程开工条件所发生的场地平整和对建设场地遗留的有碍于施工建设的设施进行拆除清理的费用。

临时设施费是指为满足施工建设需要而提供到场地界区的，未列入工程费用的临时水、电、路、信、气等其他工程费用和建设单位的现场临时设施建（构）筑物的搭设、维修、拆除、摊销或建设期间的租赁费，以及施工期间专用公路或桥梁的加固、养护、维修等费用。

场地准备费和临时设施费=工程费用×费率+拆除清理费

⑧引进技术和进口设备其他费用

引进技术和进口设备其他费用包括出国人员费用、国外工程技术人员来华费用、技术引进费、分期或延期付款利息、担保费以及进口设备检验鉴定费。

⑨工程保险费

工程保险费是指建设工程项目在建设期间根据需要对建筑工程、安装工程、机器设备和人身安全进行投保而发生的费用。其包括：建筑安装工程一切险、进口设备财产保险和人身意外伤害险等。

⑩特殊设备安全监督检验费

特殊设备安全监督检验费是指施工现场组装的锅炉及压力容器、压力管道、消防设备、燃气设备、电梯等特殊设备和设施，由安全监察部门按照有关安全监察条例和实施细则以及设计技术要求，进行安全检验，应由建设工程支付的，向安全监察部门缴纳的费用。

⑪市政公用设施建设及绿化补偿费

市政公用设施建设及绿化补偿费是指使用市政公用设施的建设工程项目，按照项目所在地省级人民政府有关规定建设或缴纳的市政公用设施建设配套费用，以及绿化工程补偿费用。

（3）与未来企业生产经营有关的其他费用

①联合试运转费

联合试运转费是指新建企业或新增生产能力的项目，在交付使用前按照批准的设计文件所规定的工程质量标准和技术要求，进行整个生产线或装置的负荷联合试运转或局部联动试车发生的费用的净支出（试运转支出大于试运转收入的差额部分）。试运转支出包括试运转所需的原料、燃料、油料和动力的费用，低值易耗品、其他物料消耗，工具用具使用费、机械使用费，保险金，施工单位参加联合试运转人员的工资以及专家指导费等。试运转收入包括试运转产品销售和其他收入。

联合试运转费不包括应由设备安装工程费项下开支的调试费和试车费，以及在试运转中暴露出来的因施工原因或设备缺陷等发生的处理费用。

联合试运转费用=联合试运转费用支出−联合试运转收入

②生产准备费

生产准备费是指新建项目或新增生产能力的企业，为保证竣工交付使用进行必要的生产准备所发生的费用。生产准备费包括生产职工培训费、生产单位提前进厂参加施工、设备安装、调试等，以及熟悉工艺流程及设备性能等人员的工资、工资性补贴、职工福利费、差旅交通费和劳动保护费等费用。

生产准备费=设计定员数×生产准备费指标

③办公和生活家具购置费

办公和生活家具购置费是指为保证新建、改建、扩建项目初期正常生产、使用和管理所必须购置的办公和生活家具、用具的费用。其主要包括：办公室、会议室、资料档案室、阅览室、文娱室、食堂、浴室、理发室和单身宿舍等的家具、用具购置费。

6.基本预备费估算

基本预备费是指在项目实施中可能发生难以预料的支出，需要事先预留的费用，又称工程建设不可预见费，主要指设计变更及施工过程中可能增加工程量的费用。

基本预备费以建筑工程费、设备购置费、安装工程费及工程建设其他费用之和为计算基数，按行业主管部门规定的基本预备费率计算。计算公式为：

$$\text{基本预备费} = \left(\begin{array}{c} \text{建筑} \\ \text{工程费} \end{array} + \begin{array}{c} \text{设备工器具} \\ \text{购置费} \end{array} + \begin{array}{c} \text{安装} \\ \text{工程费} \end{array} + \begin{array}{c} \text{工程建设} \\ \text{其他费用} \end{array} \right) \times \text{基本预备费率}$$

7.涨价预备费估算

涨价预备费是对建设工期较长的项目，由于在建设期内可能发生材料、设备、人工等价格上涨引起投资增加，需要事先预留的费用，亦称价格变动不可预见费。涨价预备费以建筑工程费、设备购置费、安装工程费之和为计算基数。计算公式为：

$$PC = \sum_{t=1}^{n} I_t \left[(1+f)^t - 1 \right]$$

式中：PC——涨价预备费；

　　　　I_t——第 t 年的建筑工程费、设备工器具购置费、安装工程费之和；

　　　　f——建设期价格上涨指数；

　　　　n——建设期。

建设期价格上涨指数，政府部门有规定的按规定执行，没有规定的由可行性研究或项目评估人员预测。

三、建设期利息的构成与估算

（一）建设期利息的构成

在建设投资分年计划的基础上可设定初步融资方案，对采用债务融资的项目应估算建设期利息。建设期利息系指筹措债务资金时在建设期内发生并按规定允许在投产后计入固定资产原值的利息，即资本化利息。

建设期利息包括银行借款和其他债务资金的利息，以及其他融资费用。其他融资费用是指某些债务融资中发生的手续费、承诺费、管理费、信贷保险费等融资费用，一般情况下应将其单独计算并计入建设期利息；在项目前期研究的初期阶段，也可作粗略估算并计入建设投资；对于不涉及国外贷款的项目，在可行性研究阶段，也可作粗略估算并计入建设投资。

估算建设期利息，应根据不同情况选择名义年利率和有效年利率。

（二）建设期利息的估算

估算建设期利息，需要根据项目进度计划，提出建设投资分年计划，列出各年投资额，并明确其中的外汇和人民币。

估算建设期利息，应注意名义年利率和有效年利率的换算。将名义年利率折算为有效年利率的计算公式为：

$$R = \left(1 + \frac{r}{m}\right)^m - 1$$

式中：R——有效年利率；

　　　r——名义年利率；

　　　m——每年计息次数。

当建设期用自有资金按期支付利息时，可不必进行换算，直接采用名义年利率计算建设期利息。

计算建设期利息时，为了简化计算，通常假定借款均在每年的年中支付，借款当年按半年计算，其余各年份按全年计算，计算公式如下：

采用自有资金付息时，按单利计算：

各年应计利息=（年初借款本息累计+本年借款额÷2）×名义年利率

采用复利方式计算时：

各年应计利息=（年初借款本息累计+本年借款额÷2）×有效年利率

对有多种借款资金来源，每笔借款的年利率各不相同的项目，既可分别计算每笔借款的利息，也可先计算出各笔借款加权平均的年利率，并以加权平均利率计算全部借款的利息。

四、流动资金的构成与估算

（一）流动资金的构成

流动资金系指运营期内长期占用并周转使用的营运资金，不包括运营中需要的临时性营运资金。项目建成后，为保证企业正常生产经营的需要，必须有一定的流动资金维持其周转，如以购置企业日常生产经营所需的原材料、燃料、动力，支付职工工资，以及作为生产中的周转资金而被占用于制品、半成品、产成品上的，在项目投产前必须先垫支的资金。流动资金在周转过程中不断地改变自身的实物形态，其价值也随着实物形态的变化而转移到新产品中，并随着产品销售的实现而收回。流动资金属于企业在生产经营中用于周转的长期占用资金。

在投资项目可行性研究和项目评估中所考虑的流动资金，是伴随固定资产投资而发生的永久性流动资产投资，其数额等于项目投产后所需全部流动资产扣除流动负债后的金额。

项目运营需要流动资产投资，但可行性研究与项目评估中需要估算并预先筹措的是从流动资产中扣除流动负债，即企业短期信用融资（应付账款）后的流动资金。可行性研究与项目评估中流动资金的估算应考虑应付账款对需要预先筹措的流动资金的抵减作用。对有预收账款的某些项目，还可同时考虑预收账款对流动资金的抵减作用。

（二）流动资金的估算

流动资金估算法可采用扩大指标估算法或分项详细估算法。

1.扩大指标估算法

扩大指标估算法是参照同类企业流动资金占营业收入或经营成本的比例，或者单位产量占用营运资金的数额估算流动资金。在项目建议书阶段一般可采用扩大指标估算法，某些行业在可行性研究阶段也可采用此方法。究竟采用何种基数，依行业习惯而定。所采用的比例可以根据经验确定，也可以根据现有同类企业的实际资料确定，或依据行业、部门给定的参考值确定。扩大指标估算法简便易行，但是准确度不高。

具体又有以下几种算法：

（1）营业收入资金率法

营业收入资金率是指项目流动资金需要量与一定时期（通常为一年）内营业收入的比率。使用营业收入资金率法估算流动资金需要量的计算公式如下：

流动资金需要量=项目年营业收入×营业收入资金率

式中，项目年营业收入取正常生产年份的数值，营业收入资金率根据同类项目的经验数据加以确定。

（2）经营成本资金率法

经营成本资金率是指一定时期（通常为一年）内项目流动资金需要量与经营成本的比率。使用经营成本资金率法估算流动资金需要量的计算公式如下：

流动资金需要量=项目年经营成本×经营成本资金率

式中，项目年经营成本取正常生产年份的数值，经营成本资金率根据同类项目的经验数据加以确定。

（3）单位产量资金率法

单位产量资金是指项目单位产量所需的流动资金额。用单位产量资金率法估算流动资金需要量的计算公式如下：

流动资金需要量=达产期年产量×单位产量资金率

式中，单位产量资金率根据同类项目经验数据加以确定。

某些特定的项目（如煤矿项目）可采用单位产量资金率进行流动资金估算。

2.分项详细估算法

分项详细估算法是对流动资产和流动负债主要构成要素（存货、现金、应收账款、预付账款以及应付账款和预收账款等几项内容）进行分项估算，然后加总获得企业总流动资金的需要量。它是国际上通行的流动资金估算方法。运用此法计算的流动资金数额大小，主要取决于企业每日平均生产消耗量和定额、最低周转天数或周转次数，为此，必须事先计算出产品的生产成本和各项成本费用年消耗量，然后分别估算出流动资产和流动负债的各项费用构成，据以求得项目所需年流动资金额。一般可以根据"流动资金估算表"（见章末附表8-4）对各项流动资金进行估算。计算公式如下：

流动资金=流动资产−流动负债

流动资产=应收账款+预付账款+存货+现金

流动负债=应付账款+预收账款

流动资金本年增加额=本年流动资金−上年流动资金

流动资金估算的具体步骤是：首先确定各分项最低周转天数，计算出周转次数，然后进行分项估算。

（1）周转次数的计算

周转次数=360天/最低周转天数

各类流动资产和流动负债的最低周转天数参照同类企业的平均周转天数并结合项目特点确定，或按部门（行业）规定，在确定最低周转天数时应考虑储存天数、在途天数，并考虑适当的保险系数。

（2）流动资产估算

①存货的估算

存货是指企业在日常生产经营过程中持有以备出售，或者仍然处在生产过程，或者在生产或提供劳务过程中将消耗的材料或物料等，包括各类材料、在产品、半产品和产成品等。为简化计算，项目评价中仅考虑可外购原材料、燃料，其他材料，在产品和产成品，并分项进行计算。计算公式为：

存货=外购原材料、燃料+其他材料+在产品+产成品

外购原材料、燃料=年外购原材料、燃料动力费用÷分项周转次数[①]

其他材料=年其他材料费用÷其他材料周转次数

$$在产品=\left(\begin{matrix}年外购原材料、\\燃料动力费用\end{matrix}+\begin{matrix}年工资\\及福利费\end{matrix}+\begin{matrix}年修\\理费\end{matrix}+\begin{matrix}年其他\\制造费用\end{matrix}\right)\div\begin{matrix}在产品\\周转次数\end{matrix}$$

产成品=（年经营成本−年营业费用）÷产成品周转次数

②应收账款估算

应收账款是指企业对外销售商品、提供劳务尚未收回的资金，计算公式为：

应收账款=年经营成本÷应收账款周转次数

③预付账款估算

预付账款是指企业为购买各类材料、半成品或服务所预先支付的账款，计算公

---

① 注意对外购原材料、燃料应按种类分类确定最低周转天数。

式为：

　　预付账款=外购商品或服务年费用金额÷预付账款周转次数

　　④现金需要量估算

　　项目流动资金中的现金是指为维持正常生产运营必须预留的货币资金，计算公式为：

　　现金=（年工资及福利费+年其他费用）÷现金周转次数

$$\frac{\text{年其他}}{\text{费用}} = \frac{\text{制造}}{\text{费用}} + \frac{\text{管理}}{\text{费用}} + \frac{\text{营业}}{\text{费用}} - \frac{\text{以上三项费用中所含的工资及福利费、}}{\text{折旧费、摊销费、修理费}}$$

　　（3）流动负债估算

　　流动负债是指将在一年（含一年）或者超过一年的一个营业周期内偿还的债务，包括短期借款、应付票据、应付账款、预收账款、应付工资、应付福利费、应付股利、应交税金、其他暂收应付款项和一年内到期的长期借款等。在项目评价中，流动负债的估算可以只考虑应付账款和预收账款两项。

　　计算公式为：

　　应付账款=外购原材料、燃料动力及其他材料年费用÷应付账款周转次数

　　预收账款=预收的营业收入年金额÷预收账款周转次数

　　根据我国各家商业银行的有关规定，新建、扩建项目要有30%的自有铺底流动资金，其余部分为银行贷款。对于自有铺底流动资金不足30%的项目，如补充计划能落实，并能在一两年内补足，经济效益好的，可由银行发放特种贷款（利率上浮）。项目借入的流动资金长期占用，全年计息，流动资金利息应计入总成本费用的财务费用中，在项目计算期末收回全部流动资金时，再偿还流动资金借款。

　　为简化计算，流动资金一般根据生产负荷投入，或在投产期按高于生产负荷10个百分点来考虑投入量。

　　3.流动资金估算需要注意的问题

　　（1）在项目评价中，最低周转天数取值对流动资金估算的准确程度有较大影响。在确定最低周转天数时，应根据项目的特点、投入和产出性质、供应来源以及各分项的属性，并考虑保险系数分项确定。

　　（2）当投入物和产出物采用不含税价格时，估算中应注意将销项税额和进项税额分别包括在相应的年费用金额中。

　　（3）流动资金一般应在项目投产前开始筹措。为了简化计算，流动资金可在投产第一年开始安排，并随生产运营计划的不同而有所不同，因此流动资金的估算应根据不同的生产运营计划分年进行。

　　（4）用详细估算法计算流动资金，需以经营成本及其中的某些科目为基数，因此实际上流动资金估算应在经营成本估算之后进行。

第三节　案例分析

背景：

某公司拟投资建设一个化工厂。该投资项目的基础数据如下：

1.项目实施计划

该项目建设期为3年，实施计划进度为：第1年完成项目全部投资的20%，第2年完成项目全部投资的55%，第3年完成项目全部投资的25%，第4年投产。投产当年项目的生产负荷达到设计生产能力的70%，第5年项目的生产负荷达到设计生产能力的90%，第6年达到设计生产能力100%。项目的运营期总计为15年。为方便计算，建设投资中自有资金和贷款均按投资比例投入。

2.建设投资估算

该项目工程费与工程建设其他费用的估算额为52 180万元，预备费为5 000万元。

3.建设资金来源

本项目的资金来源为自有资金和贷款。贷款总额为40 000万元，贷款的年利率为6.84%。

4.生产经营费用估计

投资项目达到设计生产能力以后，全厂定员为1 100人，工资和福利费按照每人每年7 200元估算。每年的其他费用为860万元（其中：其他制造费用为660万元）。年外购原材料、燃料动力费估算为19 200万元。年经营成本为21 000万元，年修理费占年经营成本10%，年营业费用占年经营成本15%。各项流动资金的最低周转天数分别为：应收账款30天，现金40天，应付账款30天，存货40天。为计算简单起见，不考虑预付账款和预收账款。

问题：

1.估算建设期利息。

2.用分项详细估算法估算项目的流动资金。

3.估算项目的总投资。

分析要点：

本案例所考核的内容涉及了新建项目投资估算类问题的主要内容和基本知识点。对于这类案例分析题的解答，首先要注意充分阅读所给的各项基本条件和数据，分析这些条件和数据之间的内在联系。

1.在建设投资估算中，应按各年投资比例，计算建设期利息。

2.在流动资金估算时，要掌握分项详细估算流动资金的方法。

3.要求根据投资项目总投资的构成内容，计算投资项目总投资。

答案：

问题1：估算建设期利息。

（1）每年投资的借款本金数额计算：

第1年为：40 000×20%=8 000（万元）

第2年为：40 000×55%=22 000（万元）

第3年为：40 000×25%=10 000（万元）

（2）建设期每年应计利息计算：

建设期每年应计利息=（年初借款本利累计额+本年借款额÷2）×年实际利率

第1年贷款利息=（0+8 000÷2）×6.84%=273.60（万元）

第2年贷款利息=（8 000+273.6+22 000÷2）×6.84%=1 318.31（万元）

第3年贷款利息=（8 000+273.6+22 000+1 318.31+10 000÷2）×6.84%=2 502.89（万元）

建设期贷款利息合计=273.60+1 318.31+2 502.89=4 094.8（万元）

问题2：用分项详细估算法估算项目流动资金。

（1）应收账款=年经营成本÷年周转次数

　　　　　　=21 000÷（360÷30）=1 750（万元）

（2）现金=（年工资及福利费+年其他费用）÷年周转次数

　　　　　=（1 100×0.72+860）÷（360÷40）=183.56（万元）

（3）存货

存货=外购原材料、燃料+在产品+产成品

外购原材料、燃料=年外购原材料、燃料动力费用÷年周转次数

　　　　　　　　=19 200÷（360÷40）=2 133.33（万元）

$$在产品 = \left(\begin{array}{c} 年工资 \\ 及福利费 \end{array} + \begin{array}{c} 年其他 \\ 制造费用 \end{array} + \begin{array}{c} 年外购原材料、 \\ 燃料动力费用 \end{array} + \begin{array}{c} 年修 \\ 理费 \end{array} \right) \div \begin{array}{c} 年周转 \\ 次数 \end{array}$$

　　　　=（1 100×0.72+660+19 200+21 000×10%）÷（360÷40）=2 528（万元）

产成品=（年经营成本–年营业费用）÷年周转次数

　　　　=（21 000–21 000×15%）÷（360÷40）=1983.33（万元）

存货=2 133.33+2 528+1 983.33=6 644.66（万元）

（4）流动资产=应收账款+现金+存货=1 750+183.56+6 644.66=8 578.22（万元）

（5）应付账款=年外购原材料、燃料动力费用÷年周转次数

　　　　　　=19 200÷（360÷30）=1 600（万元）

（6）流动负债=应付账款=1 600万元

流动资金=流动资产–流动负债=8 578.22–1 600=6 978.22（万元）

问题3：根据投资项目总投资的构成内容，计算拟建项目的总投资。

项目总投资估算额=建设投资总额+流动资金+建设期利息

　　　　　　　　=（工程费用+工程建设其他费用+预备费+建设期利息）+流动资金

　　　　　　　　=（52 180+5 000+4 094.80）+6 978.22

　　　　　　　　=61 274.80+6 978.22

　　　　　　　　=68 253.02（万元）

■ **本章小结**

项目总投资是指项目建设和投入运营所需要的全部投资，为建设投资、建设期

利息和全部流动资金之和。

建设投资是指建设单位在项目建设期与筹建期间所花费的全部费用，根据我国现行项目投资管理规定，建设投资由建筑工程费、设备及工器具购置费、安装工程费、工程建设其他费用、基本预备费、涨价预备费构成。其中，建筑工程费、设备及工器具购置费、安装工程费形成固定资产；工程建设其他费用可分别形成固定资产、无形资产、其他资产；基本预备费、涨价预备费，在可行性研究与项目评估阶段为简化计算方法，可一并计入固定资产原值中。

建设投资的估算一般分为扩大指标估算法和分类详细估算法。

扩大指标估算法主要包括单位生产能力估算法、单位生产能力指数法、比例估算法、系数估算法、估算指标法和概算指标法。

分类详细估算法是按照其构成分别估算，然后再加以汇总。其中建筑工程费用估算主要是采取概算指标估算法分项进行估算；设备及工器具购置费应根据项目主要设备表及价格、费用资料估算；安装工程费通常按安装工程定额、取费标准和指标估算投资；工程建设其他费用按各项费用科目的费率或者取费标准估算；预备费可按基本预备费和涨价预备费分别估算。

建设期利息是指项目建设投资借款在建设期内发生并计入固定资产原值的利息。在可行性研究与项目评估中，建设期利息采用复利法按年计息，假定各种外部借款均在年中支用，即当年借款支用额按半年计息，上年借款按全年计息。

流动资金是指项目建成后企业在生产过程中处于生产和流通领域、供周转使用的资金，它是流动资产与流动负债的差额。流动资金属于长期性资金，被企业长期占用，在项目计算期末全部收回。流动资金可采用扩大指标估算法和分项详细估算法估算。流动资金一般按生产负荷投入。

■ 关键概念

固定资产　无形资产　总投资　建设投资　流动资金　建设期利息　概算指标法
资产形成法　流动资金估算

■ 复习思考题

1. 建设投资由哪些内容构成？
2. 概算指标法的基本思路是什么？
3. 设备交货价主要有哪几种形式？
4. 进口设备购置费一般包括哪些内容？
5. 建设期利息由哪些内容构成？
6. 投资项目前期各阶段对投资估算误差有什么要求？
7. 建设投资估算的方法有几种？
8. 流动资金分项详细估算法的计算思路是什么？
9. 固定资产原值是由哪几部分投资费用构成的？

附表 8-1　　　　　　　　**建设投资估算表（概算法）**　　　　单位：万元、万美元

		建筑 工程费	设备 购置费	安装 工程费	其他 费用	合计	其中： 外币	比例 （％）
1	工程费用							
1.1	主体工程							
1.1.1	×××							
	⋮							
1.2	辅助工程							
1.2.1	×××							
	⋮							
1.3	公用工程							
1.3.1	×××							
	⋮							
1.4	服务性工程							
1.4.1	×××							
	⋮							
1.5	厂外工程							
1.5.1	×××							
	⋮							
1.6	×××							
2	工程建设其他费用							
2.1	×××							
	⋮							
3	预备费							
3.1	基本预备费							
3.2	涨价预备费							
4	建设投资合计							
	比例（％）							100%

附表 8-2   **建设投资估算表（资产形成法）**   单位：万元、万美元

		建筑工程费	设备购置费	安装工程费	其他费用	合计	其中：外币	比例（%）
1	固定资产费用							
1.1	工程费用							
1.1.1	×××							
1.1.2	×××							
1.1.3	×××							
	⋮							
1.2	固定资产其他费用							
	×××							
	⋮							
2	无形资产费用							
2.1	×××							
	⋮							
3	其他资产费用							
3.1	×××							
	⋮							
4	预备费							
4.1	基本预备费							
4.2	涨价预备费							
5	建设投资合计							
	比例（%）							100%

附表 8-3   建设期利息估算表   单位：万元

		合计	建设期					
			1	2	3	4	…	n
1	借款							
1.1	建设期利息							
1.1.1	期初借款余额							
1.1.2	当期借款							
1.1.3	当期应计利息							
1.1.4	期末借款余额							
1.2	其他融资费用							
1.3	小计（1.1+1.2）							
2	债券							
2.1	建设期利息							
2.1.1	期初债务余额							
2.1.2	当期债务金额							
2.1.3	当期应计利息							
2.1.4	期末债务余额							
2.2	其他融资费用							
2.3	小计（2.1+2.2）							
3	合计（1.3+2.3）							
3.1	建设期利息合计（1.1+2.1）							
3.2	其他融资费用合计（1.2+2.2）							

附表 8-4   **流动资金估算表**   单位：万元

序号	年份 项 目	最低周转天数	周转次数	计算期					
				3	4	5	6	…	n
1	流动资产								
1.1	应收账款								
1.2	存货								
1.2.1	原材料								
1.2.2	×××								
	⋮								
1.2.3	燃料								
	×××								
	⋮								
1.2.4	在产品								
1.2.5	产成品								
1.3	现金								
1.4	预付账款								
2	流动负债								
2.1	应付账款								
2.2	预收账款								
3	流动资金（1+2）								
4	流动资金当期增加额								

注：原材料、燃料栏目应分别列出具体名称，分别计算。

投资估算

第九章

项目融资方案与资金使用计划分析

□ 学习目标

　　通过本章的学习，学生应该掌握项目资金来源渠道、资金成本的计算，以及项目总投资使用计划与资金筹措表的编制；熟悉融资主体的划分和融资方案的分析；了解准资本金的构成。

第一节　融资主体

一、融资主体的划分

　　分析和研究项目的融资渠道和方式，提出项目的融资方案，应首先确定项目的融资主体。项目的融资主体是指进行融资活动并承担融资责任和风险的项目法人单位。正确确定项目的融资主体，有助于顺利筹措资金和降低债务偿还风险。

　　按照融资主体不同，项目的融资可分为既有法人融资和新设法人融资两种融资方式。

（一）既有法人融资主体

　　既有法人融资是指依托现有法人进行的融资活动。既有法人融资方式的基本特点是：由既有法人发起项目、组织融资活动并承担融资责任和风险；建设项目所需的资金来源于既有法人内部融资、新增资本金和新增债务资金；新增债务资金依靠既有法人整体（包括拟建项目）的盈利能力来偿还，并以既有法人整体的资产和信用承担债务担保。

　　在下列情况下，一般应以既有法人为融资主体：第一，既有法人具有为项目进行融资和承担全部融资责任的经济实力；第二，项目与既有法人的资产以及经营活动联系密切；第三，项目的盈利能力较差，但项目对整个企业的持续发展具有重要作用，需要利用既有法人的整体资信获得债务资金。

（二）新设法人融资主体

新设法人融资方式的基本特点是：由项目发起人（企业或政府）发起组建新的具有独立法人资格的项目公司，由新组建的项目公司承担融资责任和风险；建设项目所需资金的来源可包括项目公司股东投入的资本金和项目承担的债务资金；依靠项目自身的盈利能力来偿还债务；一般以项目投资形成的资产、未来收益或权益作为融资担保的基础。

在下列情况下，一般应以新设法人为融资主体：第一，拟建项目的投资规模较大，既有法人不具有为项目进行融资和承担全部融资责任的经济实力；第二，既有法人财务状况较差，难以获得债务资金，而且项目与既有法人的经营活动联系不密切；第三，项目自身具有较强的盈利能力，依靠项目自身未来的现金流量可以按期偿还债务。

确定项目的融资主体应考虑项目投资的规模和行业特点，项目与既有法人资产、经营活动的联系，既有法人财务状况以及项目自身的盈利能力等因素。

二、既有法人融资与新设法人融资

1.既有法人融资方式是以既有法人为融资主体的融资方式

采用既有法人融资方式的建设项目，既可以是改扩建项目，也可以是非独立法人的新建项目。以既有法人融资方式筹集的债务资金虽然用于项目投资，但债务人是既有法人。债权人可对既有法人的全部资产（包括拟建项目的资产）进行债务追索，因而债权人的风险较低。在这种融资方式下，不论项目未来的盈利能力如何，只要既有法人能够保证按期还本付息，银行就愿意提供信贷资金。因此，采用这种融资方式，必须充分考虑既有法人整体的盈利能力和信用状况，分析可用于偿还债务的既有法人整体（包括拟建项目）的未来净现金流量。

2.新设法人融资方式是以新组建的具有独立法人资格的项目公司为融资主体的融资方式

采用新设法人融资方式的建设项目，项目法人大多是企业法人。社会公益性项目和某些基础设施项目也可能组建新的事业法人实施。采用新设法人融资方式的建设项目，一般是新建项目，但也可以是将既有法人的一部分子资产剥离出去重新组建新的项目法人的改扩建项目。

采用新设法人融资方式，项目发起人与新组建的项目公司分属不同的实体，项目的债务风险由新组建的项目公司承担。项目能否还贷取决于项目自身的盈利能力，因此必须认真分析项目自身的现金流量和盈利能力。

项目公司股东对项目公司借款提供多大程度的担保，也是融资方案研究的内容之一。实力雄厚的股东，为项目公司借款提供完全的担保，可以使项目公司取得低成本资金，降低项目的融资风险；但担保额过高会使资信下降，同时股东担保也可能需要支付担保费，从而增加项目公司的费用支出。在项目本身的财务效益好、投资风险可以有效控制的条件下，可以减少项目公司股东的担保额度。

第二节　资金来源

制订融资方案必须要有明确的资金来源，并围绕可能的资金来源，选择合适的融资方式，制订可行的融资方案。资金来源按融资主体分为内部资金来源和外部资金来源，融资也可以分为内源融资和外源融资两个方面。在估算项目所需要的资金量后，应根据资金的可获得性、供应的充足性和融资成本的高低来确定具体的融资渠道。

一、内源融资和外源融资

（一）内源融资

内源融资也称为内部融资，即将作为融资主体的既有法人内部的资金转化为项目投资的过程。既有法人内源融资的渠道和方式主要有：货币资金、资产变现、企业产权转让、直接使用非现金资产等。

（二）外源融资

外源融资，即吸收融资主体外部的资金来源。外部的资金来源渠道很多，应该根据外部资金来源供应的可靠性、充足性以及融资成本、融资风险等选择合适的外部资金来源渠道。目前我国投资项目外部资金来源渠道主要有：中央和地方政府可用于项目建设的财政性资金、商业银行和政策性银行的信贷资金、证券市场的资金、非银行金融机构的资金、国际金融机构的信贷资金、外国政府提供的信贷资金和赠款、企业团体和个人用于项目建设的投资资金、外国公司或个人直接投资的资金。

二、融资方式

融资方式是指为了筹集资金所采取的方式方法以及具体的手段和措施。同一资金来源渠道可以采取不同的融资方式，同一融资方式也可以运用不同的资金来源渠道。制订融资方案时，不仅要有明确的资金来源渠道，还必须有针对该资金来源渠道切实可行的融资方式、合理优化的手段和措施。

外源融资又可分为直接融资和间接融资。

（一）直接融资

直接融资是指融资主体不通过银行等金融中介机构而从资金提供者手中直接融资，例如发行股票和企业债券融资。在市场经济条件下，直接融资已经成为一种重要的融资方式。

（二）间接融资

间接融资是指融资主体通过银行等金融中介机构向资金提供者间接融资，如向商业银行申请贷款、委托信托公司进行证券化融资等。

三、项目资本金的来源渠道与筹措方式

(一)项目资本金

项目资本金是指由项目权益投资人以获得项目财产权和控制权的方式投入的资金，是指在建设项目总投资（外商投资项目为投资总额）中，由投资者认缴的出资额，对建设项目来说是非债务性资金，项目法人不承担这部分资金的任何利息和债务；投资者可按其出资的比例依法享有所有者权益，也可转让其出资，但一般不得以任何方式抽回。

项目资本金是确定项目产权关系的依据，也是项目获得债务资金的信用基础。项目资本金没有固定的按期还本付息压力。股利是否支付和支付多少，视项目投产运营后的实际经营效果而定，因此，项目法人的财务负担较小。

(二)项目资本金的出资方式

投资者可以用货币出资，也可以用实物、工业产权、非专利技术、土地使用权和资源开采权等作价出资。作价出资的实物、工业产权、非专利技术、土地使用权和资源开采权，必须经过有资格的资产评估机构评估作价；其中以工业产权和非专利技术作价出资的比例一般不得超过项目资本金总额的20%（经特别批准，部分高新技术企业可以达到35%以上）。

为了使建设项目保持合理的资产结构，应根据投资各方及建设项目的具体情况选择项目资本金的出资方式，以保证项目能顺利建设并在建成后正常运营。

(三)项目资本金的来源渠道和筹措方式

1.股东直接投资

股东直接投资包括政府授权投资机构入股资金、国内外企业入股资金、社会团体和个人入股资金以及基金投资公司入股资金，分别构成国家资本金、法人资本金、个人资本金和外商资本金。

既有法人融资项目，股东直接投资表现为扩充既有企业的资本金，包括原有股东增资扩股和吸收新股东投资。

新设法人融资项目，股东直接投资表现为项目投资者为项目提供资本金。合资经营公司的资本金由企业的股东按比例认缴，合作经营公司的资本金由合作投资方按预先约定的金额投入。

2.股票融资

无论是既有法人融资项目还是新设法人融资项目，凡符合规定条件的，均可以通过发行股票在资本市场募集资金。股票融资可以采取公募与私募两种形式。公募又称公开发行，是在证券市场上向不特定的社会公众公开发行股票。为了保障广大投资者的利益，国家对公开发行股票有严格的要求，发行股票的企业要有较高的信用，符合证券监管部门规定的各项发行条件，并获得证券监管部门批准后方可发行。私募又称不公开发行或内部发行，是指将股票直接出售给少数特定

的投资者。

3.政府投资

政府投资资金包括各级政府的财政预算内资金、国家批准的各种专项建设资金、统借国外借款、土地批租收入、地方政府按规定收取的各种费用及其他预算外资金等。政府投资主要用于关系国家安全和市场不能有效配置资源的经济和社会领域，包括加强公益性和公共基础设施建设，保护和改善生态环境，促进欠发达地区的经济和社会发展，推进科技进步和高新技术产业化。中央政府投资除本级政权建设外，主要安排跨地区、跨流域以及对经济和社会发展全局有重大影响的项目（如三峡工程和青藏公路等）。

对政府投资资金，国家根据资金来源、项目性质和调控需要，分别采取直接投资、资本金注入、投资补助、转贷和贷款贴息等方式，按项目安排使用。

在项目评价中，对政府投资资金，应根据资金投入的不同情况进行不同的处理：第一，全部使用政府直接投资的项目，一般为非经营性项目，不需要进行融资方案分析；第二，以资本金注入方式投入的政府投资资金，在项目评价中应视为权益资金；第三，以投资补贴、贷款贴息等方式投入的政府投资资金，对具体项目来说，既不属于权益资金，也不属于债务资金，在项目评价中应视为一般现金流入（补贴收入）；第四，以转贷方式投入的政府投资资金（统借国外借款），在项目评价中应视为债务资金。

四、项目债务资金的来源渠道与筹措方式

（一）项目债务资金

项目债务资金是指投资中以负债方式从金融机构、证券市场等资本市场取得的资金。

项目债务资金具有以下特点：第一，资金在使用上具有时间性限制，到期必须偿还；第二，无论项目的融资主体今后经营效果好坏，均需按期还本付息，从而形成企业的财务负担；第三，资金成本一般比权益资金低，且不会分散投资者对企业的控制权。

（二）项目债务资金的来源渠道与筹措方式

1.商业银行贷款

按照贷款期限，商业银行贷款分为短期贷款、中期贷款和长期贷款。贷款期限在一年以内的为短期贷款，超过1年至3年的为中期贷款，3年以上为长期贷款。商业银行贷款期限一般不超过10年。商业银行贷款是我国建设项目获得短期、中长期贷款的重要渠道。国内商业银行贷款手续简单、成本较低，适用于有偿债能力的建设项目。

2.政策性银行及开发性金融机构贷款

所谓政策性银行，主要是指由政府创立或担保、以贯彻国家产业政策和区域发展政策为目的、具有特殊的融资原则、不以盈利为目标的金融机构。我国政策性银

行的金融业务受中国人民银行的指导和监督，即政策性银行不以盈利为目的，专门为贯彻、配合政府社会经济政策或意图，在特定的业务领域内，直接或间接地从事政策性融资活动，充当政府发展经济、促进社会进步、进行宏观经济管理工具，因此为了支持一些特殊的生产、贸易以及基础设施建设项目，国家政策性银行可以提供政策性银行贷款。1994年我国政府设立的政策性银行有中国进出口银行、中国农业发展银行和国家开发银行。2015年3月，国务院明确国家开发银行定位为开发性金融机构，从政策性银行序列中剥离。

政策性银行及开发性金融机构的贷款利率通常比商业银行贷款利率低，贷款期限较长，是为配合国家产业政策等的实施，对有关的政策性项目提供的贷款。

3.外国政府贷款

外国政府贷款是一国政府向另一国政府提供的具有一定的援助或部分赠予性质的低息优惠贷款。外国政府贷款有以下特点：第一，在经济上带有援助性质，期限长，利率低，有的甚至无息。一般年利率为2%~4%，还款平均期限为20~30年，最长可达50年。第二，贷款一般以混合贷款方式提供，即在贷款总额中，政府贷款一般占1/3，其余2/3为出口信贷。第三，贷款一般都限定用途，如用于支付从贷款国进口设备，或用于某类项目建设。

目前我国可利用的外国政府贷款主要有：日本国际协力银行贷款、日本能源贷款、美国国际开发署贷款、加拿大国际开发署贷款，以及德国、法国等国的政府贷款。

我国各级财政可以为外国政府贷款提供担保，按照财政担保方式分为三类：国家财政担保、地方财政厅（局）担保以及无财政担保。

4.国际金融组织贷款

国际金融组织贷款是国际金融组织按照章程向其成员提供的各种贷款。国际金融组织一般都有自己的贷款政策，只有这些组织认为应当支持的项目才能得到贷款。使用国际金融组织的贷款需要按照这些组织的要求提供资料，并且需要按照规定的程序和方法来实施项目。目前与我国关系最为密切的国际金融组织是国际货币基金组织、世界银行和亚洲开发银行。

（1）国际货币基金组织贷款

国际货币基金组织贷款只限于成员方财政和金融当局，不与任何企业发生业务，贷款用途限于弥补国际收支逆差或用于经常项目的国际支付，期限为1~5年。

（2）世界银行贷款

世界银行贷款具有以下特点：

①贷款期限较长。一般为20年左右，最长可达30年，宽限期为5年。

②贷款利率实行浮动利率，随金融市场利率的变化定期调整，但一般低于市场利率。对已订立贷款契约而未使用的部分，要按年征收0.75%的承诺费。

③世界银行通常对其资助的项目只提供货物和服务所需的外汇部分，约占项

目总额的30%~40%，个别项目可达50%。但是在某些特殊情况下，世界银行也提供建设项目所需要的部分国内费用。

④贷款程序严密，审批时间较长。借款国从提出项目到最终同世界银行签订贷款协议获得资金，一般要一年半到两年时间。

（3）亚洲开发银行贷款

亚洲开发银行贷款分为硬贷款、软贷款和赠款。硬贷款是由亚洲开发银行普通资金提供的贷款，贷款的期限为10~30年，含2~7年的宽限期，贷款的利率为浮动利率，每年调整一次。软贷款又称优惠利率贷款，是由亚洲开发银行开发基金提供的贷款，贷款的期限为40年，含10年的宽限期，不收利息，仅收1%的手续费，此种贷款只提供给还款能力有限的发展中国家。赠款资金由技术援助特别基金提供。

5.出口信贷

出口信贷是设备出口国政府为促进本国设备出口，鼓励本国银行向本国出口商或外国进口商（或进口方银行）提供的贷款。贷给本国出口商的称"卖方信贷"，贷给外国进口商（或进口方银行）的称"买方信贷"。贷款的使用条件是购买贷款国的设备。出口信贷利率通常要低于国际上商业银行的贷款利率，但需要支付一定的附加费用（管理费、承诺费、信贷保险费等）。

6.银团贷款

银团贷款是指多家银行组成一个集团，由一家或几家银行牵头，采用统一贷款协议，按照共同约定的贷款计划，向借款人提供贷款的贷款方式。银团贷款除具有一般银行贷款的特点和要求外，由于参加银行较多，需要多方协商，贷款过程周期长。使用银团贷款，除支付利息之外，按照国际惯例，通常还要支付承诺费、管理费、代理费等。

银团贷款主要适用于资金需求量大、偿债能力较强的大型建设项目。

7.股东借款

股东借款是指公司的股东对公司提供贷款，对于借款公司来说，在法律上是一种负债。如果没有预先约定的偿还顺序，股东贷款与其他债务处于同等受偿顺序；若预先约定后于项目贷款受偿条件，相对于项目的贷款人，股东借款可视为项目的准资本金。

8.企业债券

企业债券融资是一种直接融资，是从资金市场上直接获得的资金，是企业以自身的财务状况和信用条件为基础，依照《中华人民共和国证券法》《中华人民共和国公司法》等法律法规规定的条件和程序发行的、约定在一定期限内还本付息的债券，如三峡债券、铁路债券等。企业债券代表着债券投资者和发债企业之间的一种债权债务关系。债务投资者是企业的债权人，不是所有者，无权参与或干涉企业经营管理，但有权按期收回本息。

企业债券融资的特点是：筹资对象广、市场大，但发债条件严格、手续复杂；

其利率虽低于银行贷款利率但发行费用较高，需要支付承销费、发行手续费、兑付手续费及担保费等费用。适用于资金需求大、偿债能力较强的建设项目。

9.可转换债券

可转换债券是企业发行的一种特殊形式的债券。在预先约定的期限内，可转换债券的债券持有人有权选择按照预先规定的条件，将债权转换为发行人公司的股权。在公司经营业绩变好时，股票价值上升，可转换债券的持有人倾向于将债权转化为股权；而当公司业绩下降或者没有达到预期收益时，股票价值下降，可转换债券的持有人则倾向于兑付本息。

可转换债券的发行条件与一般企业债券类似，但由于附加有可转换为股权的权利，通常可转换债券的利率较低。

在项目评价中，可转换债券应视为项目债务资金。

10.国际债券

国际债券是一国政府、金融机构、工商企业或国际组织为筹措和融通资金，在国际金融市场上发行的、以外国货币为面值的债券。国际债券的重要特征是：债券发行者和债券投资者属于不同的国家，筹集的资金来源于国际金融市场。

按照发行债券所用货币与发行地点的不同，国际债券主要有外国债券和欧洲债券两种。

发行国际债券的优点是资金规模巨大、稳定、借款时间较长，可以获得外汇资金；缺点是发债条件严格、信用要求高、筹资成本高、手续复杂；适用于资金需求大、能吸引外资的建设项目。

五、融资租赁

租赁主要分为经营租赁和融资租赁两种。将租赁作为融资方式，主要是针对融资租赁而言。典型的融资租赁是指长期的、完全补偿的、不可撤销的、由承租人负责维护的租赁。

(一) 融资租赁的特点

融资租赁是资产拥有者在一定期限内将资产租给承租人使用，由承租人分期付给一定的租赁费的融资方式。融资租赁是一种以租赁物品的所有权与使用权相分离为特征的信贷方式。融资租赁一般由出租人按承租人选定的设备，购置后出租给承租人长期使用。在租赁期内，出租人以收取租金的形式收回投资，并取得收益；承租人支付租金租用设备进行生产经营活动。租赁期满后，出租人一般将设备作价转让给承租人。

(二) 融资租赁的优点

融资租赁的优点是企业可不必预先筹集一笔相当于资产买价的资金就可以获得需要资产的使用权。这种融资方式适用于以购买设备为主的建设项目。

(三) 融资租赁的租金

租金是承租者占用出租人的资产而向出租人付出的成本，是租赁决策的重要因素。融资租赁的租金包括：

1.租赁资产的成本

租赁资产的成本主要是由设备的购置价、运杂费、运输途中的保险费等内容构成。

2.租赁资产的利息

承租者实际承担的购买租赁设备的贷款利息。

3.租赁手续费

租赁手续费包括：出租者承办租赁业务的费用以及出租者向承租者提供租赁服务所获得的利润。

六、项目融资

近年来国家加大了基础设施投融资领域的改革，探索了新的投融资机制，借鉴了国外的一些融资经验和模式，其中包括以特许经营的方式引入非国有的其他投资人投资。基础设施特许经营，就是由国家或者地方政府将基础设施的投资和经营权通过法定的程序，有偿或者无偿地交给选定的投资人投资经营。特许经营既是一种项目运作（包括建设、运营、移交等）方式，也是一种融资方式。典型的基础设施特许经营项目的融资本质上都属于项目融资的范畴，具体方式如BOT、TOT、PPP、PFI、ABS方式等。

（一）BOT融资模式

1.BOT融资模式的概念

BOT，即Build-Operate-Transfer（建造-经营-移交），是一种相对比较简单或典型的特许经营项目融资模式。BOT融资模式是指政府通过特许权协议，授权外商或私营商进行项目（主要是基础设施和自然资源开发项目）的融资、设计、建造、经营和维护，在规定的特许期内（通常为10~30年）向该项目的使用者收取费用，由此回收项目的投资、经营和维护等成本，并获得合理的回报，特许期满后项目一般免费移交给政府。

在我国，BOT融资模式是政府通过与外商或者私营商签订特许权协议吸引外资或者民间资本加入国内基础设施建设的一种方式，故也常被称为"特许权招标""特许经营招标"。

2.BOT融资模式的形式

BOT融资模式共有3种最基本的形式：

（1）BOT（Build-Operate-Transfer，建造-经营-移交）：这是最经典的BOT形式，项目公司没有项目的所有权，只有建设和经营权。

（2）BOOT（Build-Own-Operate-Transfer，建造-拥有-经营-移交）：其与BOT的主要不同在于，项目公司既有经营权又有所有权，政府允许项目公司在一定范围、一定时间内等条件下将项目资产抵押给银行，以便获得更优惠的贷款条件，从而使项目产品或服务价格降低，但特许期一般比BOT稍长。

（3）BOO（Build-Own-Operate，建造-拥有-经营）：其主要特点在于项目公司不必将项目移交给政府（即永久私有化），目的主要是鼓励项目公司从项目全寿命期的角度合理建设和经营设施，提高项目产品或服务的质量，追求全寿命期的总成本降低和效率的提高，使项目产品或服务价格更低。

除了上述三种基本形式之外，在各国应用BOT的过程中，出现了很多演变形式，如BT（Build-Transfer，建造-移交）、BOOST（Build-Own-Operate-Subsidy-Transfer，建造-拥有-经营-补贴-移交）、TOT（Transfer-Operate-Transfer，移交-经营-移交）、DBOT（Design-Build-Operate-Transfer，设计-建造-经营-移交）等。

其中，BT方式是指政府在项目建成后从民营机构购回项目（可一次性支付、也可分期支付）。与政府投资建造项目不同的是，政府用于购回项目的资金往往是事后支付（可通过财政拨款，但更多的是通过运营项目来支付）；民营机构是投资人或者项目法人，必须支付一定的资本金，建设项目的其他资金可使用自有资金或银行的有限追索权贷款。

（二）TOT融资模式

TOT融资模式在发展中国家得到越来越多的应用。其具体是指民营资金购买项目资产（一般为公益性资产）的经营权，购买者在约定时间内通过经营该资产收回全部投资和得到合理回报后，再将项目无偿移交给原产权所有人（一般为政府或国有企业）。就项目发展而言，TOT融资模式有着BOT融资模式所不具备的突出优点，即为拟建项目引进资金，为建成项目引进管理。如果运作良好，TOT融资模式可以实现基础设施建设和运营的良性循环；其只涉及转让经营权，不存在产权、股权问题，避免争议；同时，TOT融资模式的风险比BOT融资模式小，金融机构、基金组织、私人资本等都有机会参与且更愿意投资，从而增加了项目的资金来源。

（三）PPP融资模式

1.PPP融资模式的概念

PPP，即Public-Private-Partnership的缩写，通常译为"公私合伙/合营"。广泛的PPP融资模式指公共部门与私营部门为提供公共产品或服务而建立的合作关系，而狭义的PPP融资模式更强调政府在项目中的所有权（股份），以及与企业合作过程中的风险分担和利益共享。本书采用的是PPP融资模式的狭义解释，即项目融资一系列方式的总称。PPP融资模式本质上是公共和私营部门为基础设施的建设和管理而达成的长期合同关系，公共部门由传统方式下公共设施和服务的提供者变为监督者和合作者，它强调的是优势的互补、风险的分担和利益的共享。

2.PPP融资模式的分类

根据不同的分类标准，PPP融资模式有不同的分类。

（1）根据私营部门的投资形式，可将PPP融资模式分为3大类：外包类、特许经营类和私有化类。外包类指由政府投资，私营部门承包项目中的一项或者多项任务；特许经营类指需要私营部门参与部分或者全部投资，通过一定的合作机制与公共部门分担项目风险，共享项目收益；私有化类项目所有权永久归私营部门所有，私营部门承担的风险最大。

（2）根据私营部门在项目中的参与程度，可将PPP融资模式分为五种：服务合同、租赁、合资公司、特许权授予和私有化。

（3）根据公共部门和私营部门之间的合作关系，可将PPP融资模式分为横向和纵向合作关系两种类型。

值得注意的是，并不存在一个可以适用于所有或者大多数PPP项目的最佳固定模式。每个PPP项目都该根据自身特点和参与者的管理、技术和资金实力，对所采用的PPP融资模式进行调整，以争取获得更大的投资效益。

（四）PFI融资模式

PFI（Private Finance Initiative）即"私人主动融资"，是指由私营企业进行项目的建设与运营，从政府方或接受服务方收取费用以回收成本。在这种方式下，政府并未采取传统的由政府负责提供公共项目产出的方式，而是促进私人企业有机会参与基础设施和公共物品的生产及提供公共服务的一种全新的公共项目产出方式。在PFI融资模式下，政府部门发起项目，由私人企业负责进行项目的建设和运营，并按时间规定提供所需的服务；政府部门通过购买私营企业提供的产品和服务，或给予私营企业收费特许权，或与私营企业以合伙方式共同运营等方式，实现政府公共物品产出中的资源配置优化、效率和产出最大化。

PFI融资模式是传递某种公共项目的服务，而不是提供某个具体项目的构筑物。政府采用PFI融资模式的目的在于获得有效的服务，而并非旨在最终取得建筑的所有权。在PFI合同结束时，有关资产的所有权或者留给私人企业，或者交还政府公共部门，取决于原始合同的条款规定。私人企业的目的在于通过提供服务来获得政府或公众的付费，实现收入并完成利润目标。

（五）ABS融资模式

ABS（Asset-Backed/Based Securitization，基于资产的证券化）融资模式是指将缺乏流动性但能产生可预见的、稳定的现金流量的资产归集起来，通过一定的安排，对资产的风险与收益要素进行分离和重组，进而转换为金融市场上可以出售和流通的证券的过程。根据资产类型的不同，ABS融资模式主要有信贷资产证券化（以信贷资产为基础资产的证券化）和不动产证券化（以不动产如基础设施、房地产等为基础资产的证券化）两种。

ABS融资模式的主要思路是通过项目收益资产证券化来为项目融资，即以项目所拥有的资产为基础，以项目资产可以带来的预期收益为保证，通过在资本市场发行债券来募集资金的一种证券化融资方式。具体做法是项目发起人将项目资产出售给特殊目的机构（Special Purpose Vehicle，SPV），SPV凭借项目未来可预见的稳定现金流，并通过寻求担保等信用提高手段，在国际资本市场上发行具有投资价值的高级债券，一次性地为项目融资，还本付息主要依靠项目的未来收益。

七、既有法人内部融资

1.采用既有法人融资方式，既有法人的资产也是项目建设资金的来源之一

既有法人资产在企业资产负债表中表现为企业的现金资产和非现金资产，可能由企业的所有权益形成，也可能由企业的负债形成。企业现有资产的形成主要来源于3个方面：第一，企业股东过去投入的资本金；第二，企业对外负债的债务资金；第三，企业经营所形成的净现金流量。

对于企业的某一项具体资产来说，无法确定它是资本金形成的，还是债务资金形成的。当企业采用既有法人内部融资方式，以企业的资产或资产变现获得的资金，投资于本企业的改扩建项目时，我们同样不能确定其属性是资本金，还是债务资金。但当A企业以现有资产投资于另一个有独立法人资格的B项目（企业）时，对B项目（企业）来说，A企业投入的资产，应视为资本金。

2.既有法人内部融资的渠道和方式

（1）可用于项目建设的货币资金

可用于项目建设的货币资金包括既有法人现有的货币资金和未来经营活动中可能获得的盈余现金。现有的货币资金是指现有的库存现金和银行存款，扣除必要的日常经营所需的货币资金额，多余的货币资金可用于项目建设。未来经营活动中可能获得的盈余现金是指在拟建项目的建设期内，企业在经营活动中获得的净现金节余，可以抽出一部分用于项目建设。企业现有的库存现金及银行存款可以通过企业的资产负债表了解。企业未来经营活动可能获得的盈余现金，需要通过对企业未来现金流量的预测来估算。

（2）资产变现的资金

资产变现的资金是指既有法人流动资产、长期投资和固定资产变现为现金的资金。企业可以通过加强财务管理，提高流动资金周转率，减少存货、应收账款等流动资产占用而取得现金，也可以出让有价证券取得现金。企业的长期投资包括长期股权投资和长期债权投资，一般都可以通过转让而变现。企业的固定资产中，有些由于产品方案改变而被闲置，有些由于技术更新而被替换，都可以出售变现。资产变现表现为资产构成的变化，即非现金资产的减少，现金资产的增加，而资产总额并没有变化。

（3）产权转让的资金

产权转让的资金是指既有法人可以将其所属资产经营权的一部分或全部转让，取得现金用于项目建设。产权转让是资产控制权或产权结构发生变化，对于原有的产权者，经转让后，控制的原有资产的资产总量减少。

（4）直接使用非现金资产

既有法人的非现金资产（包括实物、工业产权、非专利技术、土地使用权等）适用于拟建项目的，经资产评估可直接用于项目建设。当既有法人在改扩建项目中

直接使用本单位的非现金资产时，其资产价值应计入"有项目"的项目总投资中，但不能计作新增投资。

八、准股本资金

准股本资金是一种既具有资本金性质，又具有债务资金性质的资金。准股本资金主要是优先股股票。

优先股股票是一种兼具资本金和债务资金特点的有价证券。从普通股股东的立场看，优先股可视为一种负债；但从债权人的立场看，优先股可视为资本金。如同债权一样，优先股股息有一个固定的数额或比率，通常大大高于银行的贷款利息，该股息不随公司业绩的好坏而波动，并且可以先于普通股股东领取股息；如果公司破产清算，优先股股东对公司剩余财产有先于普通股股东的要求权。优先股一般不参加公司的红利分配，持股人没有表决权，也不能参与公司的经营管理。

优先股股票相对于其他债务融资通常处于较后的受偿顺序，且股息在税后利润中支付。在项目评价中优先股股票应视为项目资本金。

第三节　融资方案分析

在初步确定项目的资金筹措方式和资金来源后，应进一步对融资方案进行分析、比较、遴选并推荐资金来源可靠、资金结构合理、资金成本低、融资风险小的方案。

一、资金来源可靠性分析

资金来源可靠性是指投入项目的各类资金在币种、数量和时间上应能满足项目需要。资金来源的可靠性分析包括既有法人内部融资的可靠性分析、项目资本金的可靠性分析和项目债务资金的可靠性分析。

（一）既有法人内部融资的可靠性分析的主要内容

（1）通过调查了解既有企业资产负债结构、现金流量状况和盈利能力，分析企业的财务状况、可能筹集到并用于拟建项目的现金数额及其可靠性。

（2）通过调查了解既有企业资产结构现状及其与拟建项目的关联性，分析企业可能用于拟建项目的非现金资产数额及其可靠性。

（二）项目资本金的可靠性分析的主要内容

（1）采用既有法人内部融资方式的项目，应分析原有股东增资扩股和吸收新股东投资的数额及其可靠性。

（2）采用新设法人融资方式的项目，应分析各投资者认缴的股本金数额及其可靠性。

（3）采用上述两种融资方式，如通过发行股票筹集资本金，应分析其获得批准的可能性。

（三）项目债务资金的可靠性分析的主要内容

（1）采用债务融资的项目，应分析其能否获得国家有关主管部门的批准。

（2）采用银行贷款的项目，应分析其能否取得银行的贷款承诺。

（3）采用外国政府贷款或国际金融组织贷款的项目，应核实项目是否列入利用外资备选项目。

二、资金结构分析

资金结构是指融资方案中各种资金的比例关系。融资方案分析中，资金结构是一项重要内容。资金结构包括项目资本金与项目债务资金的比例、项目资本金内部结构的比例和项目债务资金结构的比例。

（一）项目资本金与项目债务资金的比例

1.项目资本金与项目债务资金的比例是项目资金结构中最重要的比例关系

项目投资者希望投入较少的资本金，获得较多的债务资金，尽可能降低债权人对股东的追索。而提供债务资金的债权人则希望项目能够有较高的资本金比例，以降低债权的风险。当资本金比例降低到银行不能接受的水平时，银行将会拒绝贷款。资本金与债务资金的合理比例需要由各个参与方的利益平衡来决定。

资本金所占比例越高，企业的财务风险和债权人的风险越小，可能获得较低利率的债务资金。债务资金的利息是所得税税前列支的，可以起到合理减税的效果。在项目的收益不变、项目投资财务内部收益率高于负债利率的条件下，由于财务杠杆的作用，资本金所占比例越低，资本金财务内部收益收益率越高，同时企业的财务风险和债权人的风险也越大。因此，一般认为，在符合国家有关资本金（注册资本）比例规定、符合金融机构信贷法规及债权人有关资产负债比例要求的前提下，既能满足权益投资者获得期望投资回报的要求、又能较好地防范财务风险的比例是较理想的资本金与债务资金的比例。

2.投资项目资本金占总投资的比例要求

我国从1996年开始，对各种经营性国内投资项目实行资本金制度。资本金即在项目总投资中由投资者认缴的出资额，对投资项目来说是非债务性资金。实行投资项目资本金制度是为了深化投融资体制的改革，促进投资效益的提高，防范金融风险。

我国曾进行过3次资本金比例的调整：

第一次是2004年，目的是应对投资过热，普遍把资本金比例从低调高；

第二次是2009年，为应对国际金融危机，促进经济发展，把资本金比例由高到低进行调整；

第三次是2015年，为进一步解决当前重大民生和公共领域投资项目融资难、融资贵问题，增加公共产品和公共服务供给，补短板、增后劲，扩大有效投资需求，促进投资结构调整，保持经济平稳健康发展，国务院决定对固定资产投资项目资本金制度进行调整和完善。我国将关系国计民生的港口、沿海及内河航运、机场等领域固定资产投资项目最低资本金比例要求由30%降为25%，铁路、公路、城市轨道交通项目由25%降为20%，玉米深加工项目由30%降为20%。城市地下综合管廊和急需的停车场项目，以及经国务院批准、情况特殊的国家重大项目资本金比例可比规定的再适当降低。

2019年11月，为更好地发挥投资项目资本金制度的作用，做到有保有控、区别对待，促进有效投资和风险防范紧密结合、协同推进，国务院下发国发〔2019〕26号文，一方面，再次对部分基础设施项目最低资本金比例下调最高5个百分点；另一方面允许权益型、股权类金融工具筹措最高一半资本金。

按照调整后的资本金制度，港口、沿海及内河航运项目，项目最低资本金比例由25%调整为20%。机场项目最低资本金比例维持25%不变，其他基础设施项目维持20%不变。其中，公路（含政府收费公路）、铁路、城建、物流、生态环保、社会民生等领域的补短板基础设施项目，在投资回报机制明确、收益可靠、风险可控的前提下，可以适当降低项目最低资本金比例，但下调不得超过5个百分点。实行审批制的项目，审批部门可以明确项目单位按此规定合理确定投资项目资本金比例。实行核准或备案制的项目，项目单位与金融机构可以按此规定自主调整投资项目资本金比例。

此外，调整后的资本金制度规定基础设施领域和其他国家鼓励发展的行业项目，可通过发行权益型、股权类金融工具筹措资本金，但不得超过项目资本金总额的50%。地方政府可统筹使用财政资金筹集项目资本金。项目借贷资金和不符合国家规定的股东借款、"名股实债"等不得作为项目资本金，筹措资本金不得违规增加地方政府隐性债务，不得违反国有企业资产负债率相关要求。

3.外商投资项目（包括外商独资、中外合资、中外合作经营项目）注册资本与投资总额的比例要求

外商投资项目的注册资本应与生产经营规模相适应，外商投资项目注册资本与投资总额的比例，按照现行法规具体规定见表9-1。

表9-1　　　　　　　外商投资项目注册资本与投资总额的最低比例

序号	投资总额	注册资本占投资总额的最低比例	附加条件
1	300万美元以下	7/10	
2	300~1 000万美元	1/2	其中投资总额在420万美元以下的，注册资本不低于210万美元
3	1 000~3 000万美元	2/5	其中投资总额在1 250万美元以下的，注册资本不低于500万美元
4	3 000万美元以上	1/3	其中投资总额在3 600万美元以下的，注册资本不低于1 200万美元

注：投资总额是指建设投资、建设期利息和流动资金之和。

（二）项目资本金内部结构的比例

项目资本金内部结构的比例是指项目投资各方不同的出资比例决定各投资方对项目建设和经营的决策权和承担的责任，以及项目收益的分配。

（1）采用新设法人融资方式的项目，应根据投资各方在资金、技术和市场开发方面的优势，通过协商确定各方的比例、出资形式和出资时间。

（2）采用既有法人融资方式的项目，项目的资金结构要考虑既有法人的财务状况和筹资能力，合理确定既有法人内部融资与新增资本金在项目融资总额中所占的比例，分析既有法人内部融资与新增资本金的可能性与合理性。既有法人将现金资产和非现金资产投资于拟建项目长期占用，将使企业的财务流动性降低，其投资额度受到企业自身财务资源的限制。

（3）交通项目，必须由中方控股。

根据投资体制改革的精神，国家放宽社会资本的投资领域，允许社会资本进入法律法规未禁入的基础设施、公用事业及其他行业和领域。按照促进和引导民间投资（指个体、私营经济以及它们之间的联营、合股等经济实体的投资）的精神，除国家有特殊规定的以外，凡是鼓励和允许外商投资进入的领域，均鼓励和允许民间投资进入。因此，在进行融资方案分析时，应关注出资人出资比例的合法性。

（三）项目债务资金结构比例反映债权各方为项目提供债务资金的数额比例、债务期限比例、内债和外债的比例，以及外债中各币种债务的比例等

在确定项目债务资金结构比例时，可依据以下几点：

（1）根据债权人提供债务资金的条件（包括利率、宽限期、偿还期及担保方式等）合理确定各类借款和债券的比例，可以降低融资成本和融资风险。

（2）合理搭配短期、中长期债务比例。适当安排一些短期负债可以降低总的融资成本，但过多采用短期负债，会产生财务风险。大型基础设施项目的负债融资应以长期债务为主。

（3）合理安排债务资金的偿还顺序。尽可能先偿还利率高的债务，后偿还利率低的债务。对于有外债的项目，由于有汇率风险，通常应先偿还硬货币（指货币汇率比较稳定且有上浮趋势的货币）的债务，后偿还软货币（指汇率不稳定且有下浮趋势的货币）的债务。应使债务本息的偿还不致影响企业正常生产所需的现金量。

（4）合理确定内债和外债的比例。内债和外债的比例主要取决于项目用汇量。从项目本身的资金平衡考虑，产品内销的项目尽量不要借用外债，可以采用投资方注入外汇或者以人民币购汇。

（5）合理选择外汇币种。选择可自由兑换货币，可自由兑换货币是指实行浮动汇率制且有人民币报价的货币，如美元、英镑、日元等，它有助于外汇风险的防范和外汇资金的调拨。对于建设项目的外汇贷款，在选择还款币种时，尽可能选择软货币。当然，软货币的外汇贷款利率通常较高，这就需要在汇率变化与利率差异之间作出预测和抉择。

（6）合理确定利率结构。当资本市场利率水平相对较低，且有上升趋势时，尽量借固定利率贷款；当资本市场利率水平相对较高，且有下降趋势时，尽量借浮动利率贷款。

三、资金成本分析

资金成本是指项目为筹集和使用资金而支付的费用，包括资金筹集费和资金占用费。资金筹集费是指资金筹集过程中支付的一次性费用，如承诺费、手续费、担保费和代理费等；资金占用费是指使用资金过程中发生的经常性费用，如利息、股息、银行借款和债券利息等。资金成本的高低是判断项目融资方案是否合理的重要因素之一。

为了便于分析比较，资金成本通常以相对数表示。项目使用资金所负担的费用同筹集资金净额的比率，称为资金成本率（一般亦通称为资金成本）。

其公式为：

$$资金成本率 = \frac{资金占用费用}{筹集资金总额 - 资金筹集费用} \times 100\%$$

由于资金筹集费用一般与筹集资金总额成正比，所以一般用筹措费用率表示资金筹集费，因此资金成本率公式也可以表示为：

$$资金成本率 = \frac{资金占用费用}{筹集资金总额 \times (1 - 筹措费用率)} \times 100\%$$

资金成本是资金使用者向资金所有者和中介人支付的占用费和筹资费，是市场经济条件下资金所有权和使用权分离的必然结果。资金成本的作用在于：首先，资金成本是评价投资项目可行性的主要经济标准，它是衡量一个项目是否可以接受的最低收益率，只有项目的预期收益足以弥补资金成本时，才可以考虑接受项目。其次，资金成本是选择资金来源、设计筹资方案的依据。资金来源渠道很多，不同的筹资方式，其资金成本也不同。比较各种资金来源的成本，合理调整资本结构，以达到综合资金成本最低的目的。

（一）债务资金成本

债务资金成本由债务资金筹资费和债务资金占用费组成。债务资金筹资费是指债务资金筹集过程中支付的费用，如承诺费、发行手续费、担保费、代理费以及债券兑付手续费等；债务资金占用费是指使用债务资金过程中发生的经常性费用，如贷款利息和债券利息。

含筹资费用的税后债务资金成本的表达式为：

$$P_0(1-F) = \sum_{t=1}^{m} \frac{I_t}{(1+K_d)^t} + \sum_{t=m+1}^{n} \frac{P_t + I_t(1-T)}{(1+K_d)^t}$$

式中：P_0——债券发行额或长期借款金额，即债务现值；

F——债务资金筹资费用率；

I_t——债务约定付息额；

P_t——约定的第 t 期末偿还债务本金；

K_d——所得税后债务资金成本率；

T——所得税税率；

m——建设期；

n——计算期。

上述公式中，等号左边是债务人的实际现金流入，等号右边为债务引起的未来现金流出的现值总额。本公式中未计入债券兑付手续费（可忽略不计）。项目建设期不可能使用利息避税，而运营期的利息可以避税，所以在上述公式中利息分两段计算。

（二）权益资金成本

权益资金成本的估算比较困难，因为很难对项目未来的收益以及股东对未来风险所要求的风险溢价作出准确的测定。可采用的计算方法主要有：资本资产定价模型法、税前债务成本加风险溢价法和股利增长模型法。

1.资本资产定价模型法

采用资本资产定价模型法，权益资金成本的计算公式为：

$$K_s = R_f + \beta (R_m - R_f)$$

式中：K_s——权益资金成本率；

　　　　R_f——社会无风险投资收益率；

　　　　β——项目的投资风险系数；

　　　　R_m——市场投资组合预期收益率。

2.税前债务成本加风险溢价法

采用税前债务成本加风险溢价法，权益资金成本的计算公式为：

$$K_s = K_b + RP_c$$

式中：K_s——权益资金成本率；

　　　　K_b——所得税前的债务资金成本率；

　　　　RP_c——投资者比债权人承担更大风险所要求的风险溢价。

3.股利增长模型法

采用股利增长模型法，权益资金成本的计算公式为：

$$K_s = \frac{D_1}{P_0} + G$$

式中：K_s——权益资金成本率；

　　　　D_1——预期年股利额；

　　　　P_0——普通股市价；

　　　　G——普通股股利年增长率。

4.加权平均资金成本分析

为了比较不同融资方案的资金成本，需要计算加权平均资金成本。加权平均资金成本一般是以各种资金占全部资金的比重为权数，对个别资金成本进行加权平均确定，其计算公式为：

$$K_w = \sum_{j=1}^{n} K_j W_j$$

式中：K_w——加权平均资金成本率；

　　　　K_j——第 j 种个别资金成本率；

W_j——第 j 种个别资金成本占全部资金的比重（权数）。

四、融资风险分析

融资风险是指融资活动存在的各种风险。融资风险有可能使投资者、项目法人、债权人等各方蒙受损失。在融资方案分析中，应对各种融资方案的融资风险进行识别、比较，并对最终推荐的融资方案提出防范风险的对策。融资风险分析中应重点考虑下列风险因素：

（一）资金供应风险

资金供应风险是指在项目实施过程中由于资金未落实，导致建设工期延长，工程造价上升，使原定投资效益目标难以实现的可能性。导致资金不落实的原因很多，主要包括：第一，已承诺出资的股本投资者由于出资能力有限（或者由于拟建项目的投资效益缺乏足够的吸引力）而不能（或不再）兑现承诺；第二，原定的发行股票、债券计划不能实现；第三，既有企业法人由于经营状况恶化，无力按原定计划出资。

为防范资金供应风险，必须认真做好资金来源可靠性分析。在选择股东投资者时，应当选择资金实力强、既往信用好、风险承受能力强的投资者。

（二）利率风险

利率风险是指由于利率变动导致资金成本上升给项目造成损失的可能性。利率水平随金融市场情况而变动，未来市场利率的变动会引起项目资金成本发生变动。采用浮动利率，项目的资金成本随利率的上升而上升，随利率的下降而下降。采用固定利率，如果未来利率下降，项目的资金成本不能相应下降，相对资金成本将上升。因此，无论采用浮动利率还是固定利率都存在利率风险。为了防范利率风险，应对未来利率的走势进行分析，以确定采用何种利率。

（三）汇率风险

汇率风险是指由于汇率变动给项目造成损失的可能性。国际金融市场上各国货币的比价在时刻变动，使用外汇贷款的项目，未来汇率的变动会引起项目资金成本的变动以及未来还本付息支出的变动。某些硬货币贷款利率较低，但汇率风险较高；软货币则相反，汇率风险较低，但贷款利率较高。为了防范利率风险，使用外汇数额较大的项目应对人民币的汇率走势、所借外汇币种的汇率走势进行分析，以确定借用何种外汇币种以及采用何种外汇币种结算。一般情况下应尽量借用软货币。

第四节　项目总投资使用计划与资金筹措表的编制

在项目融资方案确定以后，应该根据项目实施进度计划的要求，编制资金使用计划，以便在保证完成项目实施规划任务的基础上，更合理有效地利用资金。为此，在资金使用计划的编制过程中，必须把资金使用计划和融资方案结合起来，使其相互衔接，并且保证资金的使用能够满足项目实施进度规划的要求。在编制资金使用计划时，应以前面述及的分年投资计划为基础。

编制资金使用和筹措计划，必须注意以下几点：

一、项目的投资计划应涵盖项目的建设期和生产期

项目建设期安排决定了建设投资的资金使用需求，项目的设计、施工、设备采购均需要按照商业惯例执行。建成后的生产期包括建成以后的投产试运行期和正式的生产经营期。项目的资金筹措需要满足项目投资资金使用的要求。

二、新建项目资金筹措计划的安排

新设法人建设项目的资金筹措计划，通常应当先安排使用资本金，后安排使用负债融资。这样既可以降低项目建设期间所承担的利息负担，同时更主要是有利于建立资信，顺利取得债务融资。实践中也有项目的资本金与负债融资同比例到位的安排，或者先投入一部分资本金，剩余的资本金与债务融资同比例到位。

一个完整的项目资金筹措方案，主要由两部分内容构成：一是项目资本金及债务融资资金来源的构成，以文字和表格详尽描述每一项资金来源条件；二是编制分年投资使用与资金筹措计划，使资金的需求与筹措在时序、数量两方面都能平衡。

投资使用计划与资金筹措表是为了衔接投资估算、融资方案两部分内容，用于平衡投资使用及资金筹措计划。新设法人投资项目的总投资使用计划与资金筹措表见附表9-1。

■ 本章小结

分析、研究项目的融资渠道和方式，提出项目的融资方案，应首先确定项目的融资主体。项目的融资主体是指进行融资活动并承担融资责任和风险的项目法人单位。正确确定项目的融资主体，有助于顺利筹措资金和降低债务偿还风险。

按照融资主体不同，项目的融资可分为既有法人融资和新设法人融资两种融资方式。

既有法人融资是指依托现有法人进行的融资活动。既有法人融资方式的基本特点是：由既有法人发起项目、组织融资活动并承担融资责任和风险；建设项目所需的资金，来源于既有法人内部融资、新增资本金和新增债务资金；新增债务资金依靠既有法人整体（包括拟建项目）的盈利能力来偿还，并以既有法人整体的资产和信用承担债务担保。

新设法人融资方式的基本特点是：由项目发起人（企业或政府）发起组建新的具有独立法人资格的项目公司，由新组建的项目公司承担融资责任和风险；建设项目所需资金的来源，可包括项目公司股东投入的资本金和项目的债务资金；依靠项目自身的盈利能力来偿还债务；一般以项目投资形成的资产、未来收益或权益作为融资担保的基础。

采用既有法人融资方式的建设项目，既可以是改扩建项目，也可以是非独立法人的新建项目。以既有法人融资方式筹集的债务资金虽然用于项目投资，但债务人

是既有法人。债权人可对既有法人的全部资产（包括拟建项目的资产）进行债务追索，因而债权人的风险较低。

采用新设法人融资方式的建设项目，项目法人大多是企业法人。社会公益性项目和某些基础设施项目也可能组建新的事业法人实施。采用新设法人融资方式的建设项目，一般是新建项目，但也可以是将既有法人的一部分子资产剥离出去后重新组建新的项目法人的改扩建项目。

在估算项目所需要的资金量后，应根据资金的可获得性、供应的充足性和融资成本的高低来确定具体的融资渠道。

项目资本金是指在建设项目总投资（外商投资项目为投资总额）中，由投资者认缴的出资额，对建设项目来说是非债务性资金，项目法人不承担这部分资金的任何利息和债务；投资者可按其出资的比例依法享有所有者权益，也可转让其出资，但一般不得以任何方式抽回。

资本金是确定项目产权关系的依据，也是项目获得债务资金的信用基础。

投资者可以用货币出资，也可以用实物、工业产权、非专利技术、土地使用权和资源开采权等作价出资。

项目资本金的来源渠道和筹措方式主要有：股东直接投资、股票融资和政府投资等。

项目债务资金的来源渠道和筹措方式主要有：商业银行贷款、政策性银行贷款、外国政府贷款、国际金融组织贷款、出口信贷、银团贷款、股东借款、企业债券、可转换债券和国际债券等。

既有法人内部融资的渠道和方式主要有：可用于项目建设的货币资金、资产变现的资金和产权转让的资金等。

准股本资金是一种既具有资本金性质又具有债务资金性质的资金。准股本资金主要包括优先股股票。

在初步确定项目的资金筹措方式和资金来源后，应进一步对融资方案进行分析，比较、遴选并推荐资金来源可靠、资金结构合理、资金成本低、融资风险小的方案。融资方案的分析主要包括资金来源可靠性分析、项目资本金的可靠性分析和项目债务资金的可靠性分析。

资金成本是指项目为筹集和使用资金而支付的费用，包括资金筹集费和资金占用费。资金成本通常以相对数表示。项目使用资金所负担的费用同筹集资金净额的比率，称为资金成本率（一般亦通称为资金成本）。

其公式为：

$$资金成本率 = \frac{资金占用费用}{筹集资金总额 - 资金筹集费用} \times 100\%$$

$$资金成本率 = \frac{资金占用费用}{筹集资金总额 \times (1 - 筹措费用率)} \times 100\%$$

融资风险是指融资活动存在的各种风险。融资风险有可能使投资者、项目法人、债权人等各方蒙受损失。融资风险分析中应重点考虑下列风险因素：资金供应风险、利率风险和汇率风险等。

在项目融资方案确定以后，应该根据项目实施进度计划的要求，编制资金使用计划，以便在保证完成项目实施规划任务的基础上，更合理有效地利用资金。为此，在资金使用计划的编制过程中，必须把资金使用计划和融资方案结合起来，使其相互衔接，并且保证资金的使用能够满足项目实施进度规划的要求。

■ 关键概念

融资主体　既有法人融资　新设法人融资　项目资本金　债务资金　准股本资金　资金成本　融资风险　资金结构

■ 复习思考题

1. 如何对融资主体进行划分？
2. 项目资本金有哪些来源渠道？
3. 具体分析项目债务资金的来源渠道。
4. 准股本资金有哪些？
5. 如何进行资金来源可靠性分析？
6. 如何进行资金结构分析？
7. 如何进行资金成本计算？

附表 9-1 　　　　　　　　　**项目总投资使用计划与资金筹措表**　　　　单位：万元、万美元

序号	项　　目	合计			1			…		
		人民币	外币	小计	人民币	外币	小计	人民币	外币	小计
1	总投资									
1.1	建设投资									
1.2	建设期利息									
1.3	流动资金									
2	资金筹措									
2.1	项目资本金									
2.1.1	用于建设投资									
	××方									
	…									
2.1.2	用于流动资金									
	××方									
	…									
2.1.3	用于建设期利息									
	××方									
	…									
2.2	债务资金									

续表

序号	项目	合计			1			…		
		人民币	外币	小计	人民币	外币	小计	人民币	外币	小计
2.2.1	用于建设投资									
	××借款									
	××债券									
	…									
2.2.2	用于建设期利息									
	××借款									
	××债券									
	…									
2.2.3	用于流动资金									
	××借款									
	××债券									
	…									
2.3	其他资金									
	×××									
	…									

国务院关于加强固定资产
投资项目资本金管理的通知

第 十 章

财 务 效 益 与 费 用 估 算

□ 学习目标

    通过本章的学习，学生应该掌握财务效益与费用估算的基本思路，财务效益与费用估算的具体内容、估算方法和财务效益与费用估算的表格的编制，为下一章财务分析奠定基础。

第一节　财务效益与费用估算的基本问题

一、财务效益与费用估算的概念及内容

(一)财务效益与费用估算的概念

财务效益与费用估算是指在项目市场、资源、工程技术条件分析评价的基础上，从项目（或企业）的角度出发，依据现行的经济法规和价格政策，对一系列有关的财务效益与费用数据进行调查、收集、整理和测算，并编制有关的财务效益与费用估算表格的工作。财务效益与费用估算是项目财务分析、国民经济分析和不确定性分析的重要基础和依据，它不仅为财务分析提供必需的财务基础数据，而且对财务分析的结果、所采取的分析方法，以及最后的决策意见产生决定性的影响，在可行性研究和项目评估中起到了关键性作用。

(二)财务效益与费用估算的基本要求

1.财务效益与费用估算应以现行法律、法规为依据

由于财务效益与费用的识别和估算是对将来情况的预测，经济评价中允许进行有别于财务制度的处理，但是要求财务效益与费用的识别和估算在总体上与会计准则以及税收制度相适应。坚持这一原则的目的在于保证财务测算工作的合法性和可行性。

2.财务效益与费用估算应遵守有无对比的原则

"有无对比"是国际上项目评价中通用的效益与费用识别的基本原则，与项目评价的许多方面一样，财务效益与费用的识别和估算同样需要遵守这条原则。"有项目"是指实施项目后的将来状况，"无项目"是指不实施项目时的将来状况。在识别项目的效益和费用时，需注意只有"有无对比"的差额部分才是由于项目的建设增加的效益和费用。采用有无对比的方法，是为了识别那些真正应该算作项目效益的部分，即增量效益，排除那些由于其他原因产生的效益，同时也要找出与增量效益相对应的增量费用，只有这样才能真正体现项目投资的净效益。

3.财务效益与费用估算范围应体现效益和费用对应一致的原则

为了正确评价项目的获利能力，必须遵循项目的效益和费用估算口径一致的原则。如果在投资估算中包括了某项工程，那么因建设该工程而增加的项目效益就应该被考虑，否则就会低估了项目的效益；反之，如果考虑了该工程对项目效益的贡献，但其投资却未被考虑，那么项目的费用就会被低估，导致项目的效益被高估。因此，在合理确定的项目范围内，对等地估算财务主体的直接效益以及相应的直接费用，避免高估或低估项目的净效益。

4.基础数据的估算应遵循稳妥和准确性原则

财务效益与费用估算中采用的各项基础数据准确与否直接关系到经济评价结论的正确与否，但大量的财务基础数据来自于评价和评估人员的预测和估计，难免有不确定性，因此，进行财务效益与费用估算时，应根据项目性质、类别和行业特点，稳妥且准确地进行基础数据的估算，避免人为乐观估计所带来的风险，更好地满足投资决策的需要。

（三）财务效益与费用估算的范围和内容

1.财务效益与费用估算的参数

进行财务效益与费用估算和财务分析时，涉及的基础数据很多。按其作用可以分为两类：一类是计算用数据和参数；另一类是判别用参数，或称基准参数。

（1）计算用数据和参数

计算用数据和参数可分为初级数据和派生数据两类。初级数据大多是通过调查研究、分析、预测确定或是相关专业人员提供的，如产出物数量和商品量、销售价格、原材料和燃料动力消耗量及价格、人员数量和工资、折旧和摊销年限、成本计算中的各种费率、各种税率、汇率、利率、计算期和运营负荷等计算用数据和参数。成本费用、营业收入、税金及附加、增值税等可以看作财务效益与费用估算以及财务分析所用的计算用数据，它们是通过初级数据计算出来的，可以称为派生数据。初级数据是最为关键的数据，它们的确定是否合理，将直接影响成本费用、营业收入等的估算，进而影响财务分析结果的可信度。在进行财务分析之前，必须做好这些基础性工作。

（2）判别用参数

判别用参数是用于判别项目效益是否满足要求的基准参数，如基准收益率或最低可接受收益率、基准投资回收期、基准投资利润率，以及偿债备付率等比率指标的判别基准是需要通过专门分析和测算得到的，或者直接采用有关部门或行业的发布值，或者由投资者自行确定。这类基准参数决定着对项目效益的判断，是取舍项目的依据。

2.财务效益与费用估算的主要内容

项目的财务效益与项目目标有直接的关系，其目标不同，财务效益包含的内容也不同。

（1）经营性项目

市场化运作的经营性项目，项目目标是通过销售产品或提供服务实现盈利，其财务效益主要是指所获取的营业收入。对于某些国家鼓励发展的经营性项目，可以获得增值税的优惠。按照有关会计及税收制度，先征后返的增值税应记作"补贴收入"，作为财务效益进行核算。

在财务分析中应根据国家规定的优惠范围落实是否可采用这些优惠政策。对先征后返的增值税，在财务分析中可作有别于实际的处理，不考虑"征"和"返"的时间差。

（2）非经营性项目

对于以提供公共产品服务于社会或以保护环境等为目标的非经营性项目，往往没有直接的营业收入，也就没有直接的财务效益。这类项目需要政府提供补贴才能维持正常运转，应将补贴作为项目的财务收益，通过预算平衡计算所需要补贴的数额。

对于为社会提供准公共产品或服务，且运营维护采用经营方式的项目，如市政公用设施项目、交通项目、电力项目等，其产出价格往往受到政府管制，营业收入可能基本满足或不能满足补偿成本的要求，有些需要在政府提供补贴的情况下才具有财务生存能力。因此，这类项目的财务效益包括营业收入和补贴收入。

对于非经营性项目，无论是否有营业收入都需要估算费用。对于没有营业收入的项目，费用估算更显重要，可以用于计算单位功能费用指标，进行方案比选，还可以用来进行财务生存能力分析等。

二、财务效益与费用估算的步骤

财务效益与费用估算是一项繁杂的工作，为保证工作效率和测算数据的准确性及可靠性，一般可按下列程序进行：

1.熟悉项目概况，制订财务效益与费用估算工作计划

由于各个投资项目的背景、条件，以及内部因素和外部配套条件等各不相同，可行性研究和项目评估人员必须对项目的基本概况做一个全面的了解，针对其特点，制订出财务效益与费用估算的工作计划，以明确估算的重点、时间安排和人员

安排等。

2.收集资料

财务效益与费用估算工作涉及的范围很广，需要收集大量的资料，主要有：

（1）有关部门批准的相关文件，如选址意见书、土地转让的批复等。

（2）国家有关部门制定的法律、法规、政策、规章制度、办法和标准等。

（3）同类项目的有关基础资料。

3.进行财务效益与费用估算

在收集、整理和分析有关资料的基础上，测算各项财务基础数据，并按有关规定编制相应的财务效益与费用估算表格。在进行融资前分析时，应先估算独立于融资方案的建设投资和营业收入，然后估算经营成本和流动资金。在进行融资后分析时，应先确定初步融资方案，然后估算建设期利息，进而完成固定资产原值的估算，通过还本付息计算求得运营期各年利息，最终完成总成本费用的估算。

上述估算步骤只是体现了融资前分析和融资后分析对效益和费用数据的要求，并非实践中必须遵循的顺序。

三、财务效益与费用估算采用的价格

在项目的财务效益与费用估算中，要对项目的整个计算期内的价格进行预测，涉及如何选取价格的问题，即在整个计算期的若干年内，是采用同一个固定价格，还是各年都变动价格以及价格如何变动。这就是投资项目财务效益与费用估算中采用价格体系的问题。选择财务效益与费用价格的基本原则就是在选取价格时，应正确处理价格总水平变动因素，原则上盈利能力分析应考虑相对价格变化，而偿债能力分析应同时考虑相对价格变化和价格总水平变动的影响。为简化起见，可作如下处理：

（1）在建设期间既要考虑价格总水平变动，又要考虑相对价格变化。在建设投资估算中价格总水平变动是通过涨价预备费来体现的。

（2）项目运营期内，一般情况下盈利能力分析和偿债能力分析可以采用同一套价格，即预测的运营期价格。

（3）项目运营期内，可根据项目的具体情况，选用固定价格（项目经营期内各年价格不变）或考虑相对价格变化的变动价格（项目运营期内各年价格不同，或某些年份价格不同）。

（4）当有要求或价格总水平变动较大时，项目偿债能力分析采用的价格应考虑价格总水平变动因素。

项目投资估算应采用含增值税价格，包括建设投资、流动资金和运营期内的维持运营投资。

项目运营期内投入与产出采用的价格可以是含增值税的价格，也可以是不含增值税的价格。若采用含增值税价格，需要正确调整部分表格（主要是利润与利润分配表、财务计划现金流量表和项目投资现金流量表与项目资本金现金流量表）的相关科目，以不影响项目净效益的估算。无论采用哪种价格，项目效益估算与费用估算所采用的价格体系应当协调一致。

在计算期内同一年份，无论是有项目还是无项目的情况，原则上同种（质量、功能无差异）产出或投入的价格应取得一致。

四、财务效益与费用估算表及其相互联系

财务效益与费用估算表主要有：建设投资估算表、项目总投资使用计划与资金筹措表、流动资金估算表、总成本费用估算表、原材料能源成本估算表、固定资产折旧估算表、无形资产与其他资产摊销估算表、营业收入和税金及附加估算表、利润表、借款偿还计划表。

上述估算表可归纳为三大类：

第一类，分析项目建设期的建设投资和运营期的流动资金以及资金筹措和使用计划。

第二类，分析项目投产后的总成本、营业收入、税金及附加和利润，为完成总成本估算表，还附设了原材料能源成本估算表、固定资产折旧估算表和无形资产与其他资产摊销估算表。

第三类，分析项目投产后偿还建设投资借款本息的情况，即借款还本付息计划表。

财务效益与费用估算的几方面内容是连贯的，其中心思想是将投资成本、产品成本与营业收入的预测数据进行对比，求出项目的利润总额，在此基础上估算贷款的还本付息情况。因此，上述三类估算表应按一定程序和其内在联系使其相互衔接。

第一类估算表是根据可行性研究和项目评估人员调查收集到的资料，经过项目概况的分析、市场和生产规模分析、建设条件和工艺技术分析，加以判别和调查后计算编制的，顺序是先编制建设投资估算表（建设投资、流动资金），再编制项目总投资使用计划与资金筹措表；第二类的总成本费用估算表所需的三张附表，只要能满足财务分析对基本数据的需要即可，有的附表也可合并列入总成本费用估算表之中，或作文字说明，而后根据总成本费用表、营业收入和税金及附加估算表的数据，综合估算出项目利润总额列入利润表；第三类估算表是把前两类估算表中的主要数据经过综合分析和计算，按照国家现行规定，编制成项目借款还本付息计划表。

各类财务效益与费用估算表之间的关系如图10-1所示。

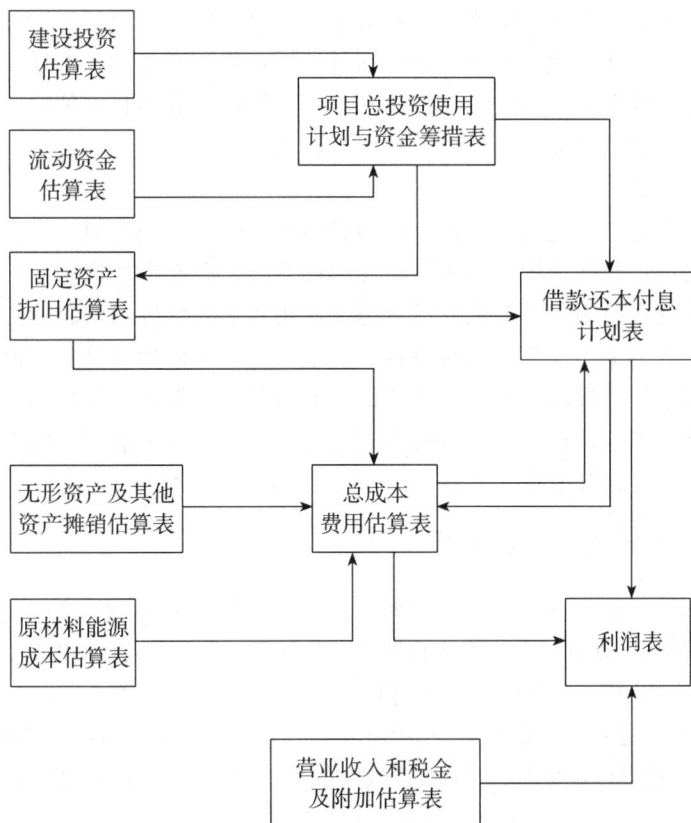

图 10-1　各类财务效益与费用估算表关系图

第二节　项目运营期估算

项目计算期是指项目经济评价中为进行动态分析所设定的期限，包括项目建设期和运营期。项目运营期分为投产期和达产期两个阶段。投产期是指项目投入生产，但生产能力尚未完全达到设计能力时的过渡阶段。达产期是指生产运营达到设计预期水平后的时间。一般来讲，项目的运营期主要取决于项目主要固定资产（如主要设备）的寿命期，由于拟建项目所包括的固定资产种类繁多，所以项目固定资产的使用年限也有很大的差异。

一、固定资产寿命期的几种类型

固定资产的寿命期（亦称使用年限）有自然寿命期和经济寿命期之分。

1.自然寿命期

自然寿命期是指固定资产从投入使用到不能修理、修复而报废为止所经历的时间。随着科学技术的不断发展，固定资产的自然寿命期趋于延长，特别是维修水平的提高，也有助于延长固定资产的自然寿命。但是，随着固定资产自然寿命期的延长，固定资产将不断老化，用于维修方面的费用也将逐渐增加，这样就会进入恶性使用阶段，即经济上不合理的使用阶段。在可行性研究和项目评估时，一般不能只依据固定资产的自然寿命期来确定项目的运营期。

2.经济寿命期

经济寿命期是指固定资产从投入使用到因继续使用不经济而需要提前更新所经历的时间。固定资产在使用过程中要经受两种磨损，即有形磨损和无形磨损。前者是由生产因素或自然因素引起的，后者是非使用和非自然因素引起的固定资产价值的损失，如技术进步会使生产同种设备的成本降低，从而使原设备价值降低，或者由于科学技术进步出现新技术、新设备，从而引起原来低效率、技术落后的旧设备贬值或报废等。固定资产的经济寿命期充分考虑了上述两种磨损的因素，它是指固定资产在经济上最合理的使用年限。

二、项目运营期的估算

在很长一段时间内，我国的项目运营期（也就是企业的折旧年限）一直是依据主要固定资产的自然寿命期确定的。由于自然寿命期没有包含技术进步的因素，所以，以此确定的固定资产折旧年限和项目运营期都偏长。基于此，在进行财务效益与费用估算时，应该充分考虑技术进步对固定资产寿命的影响。一般来讲，在进行项目可行性研究和项目评估时，应该根据行业特点、主要装置或设备的经济寿命期来确定项目的运营期。

三、进行项目运营期估算应注意的问题

第一，有些折旧年限很长甚至是"永久性"的投资项目，如水坝等，其计算期中的生产（使用）期可低于其折旧年限。在现金流量表及资金来源与资金运用表中最末一年"回收固定资产余值"栏内填写该年的固定资产净值。

第二，计算期不宜定得太长。除建设期应根据实际需要确定外，一般来说，运营期不宜超过20年，因为按折现法计算，把20年后的收益金额计算为现值，数据变化甚微，对评价结论不会发生关键性的影响。

第三，对于某些水利、交通运输等服务年限很长的特殊项目，经营期的年限可适当延长，比如25年，甚至30年以上。具体计算期可由部门或行业根据本部门或行业项目的特点自行确定。

第三节　营业收入与补贴收入估算

一、营业收入估算

营业收入是指一定时期内销售产品或者提供服务所获得的收入，是现金流量表

中现金流入的主体，也是利润表的主体。它是项目建成投产后补偿总成本费用、上缴税金、偿还债务、保证企业再生产正常进行的前提，是进行利润总额和税金及附加估算的基础数据。因此，营业收入是财务分析的重要数据，其估算的准确性极大地影响着项目财务效益的估计。

　　1.销售量的确定

　　既然营业收入是指一定时期内销售产品或者提供服务所获得的收入，那么以工业项目为例，其营业收入的估算公式为：

　　营业收入=产品销售单价×产品年销售量

　　这里值得注意的是：第一，在现实经济生活中，产值不一定等于营业收入，这主要是因市场波动而存在库存变化引起的产量与销售量的差别。但在项目可行性研究和项目评估阶段，难以准确地估算出由于市场波动引起的库存量变化，因此做了这样的假设，即不考虑项目的库存情况，假设当年生产出来的产品当年全部售出，从而使项目的销售量等于项目的产量，项目的营业收入也就等于项目的产值，根据投产后各年的生产负荷确定销售量。第二，生产负荷可根据市场预测的结果、项目具体情况或经验直接判定各年的负荷率。具体判定时充分考虑项目性质、技术掌握难易程度、产出的成熟度及市场的开发程度等诸多因素。第三，如果项目的产品种类比较多，要根据营业收入和税金及附加估算表（见附表10-3）进行估算，即应首先计算每一种产品的年营业收入，然后再汇总在一起，求出项目运营期的各年营业收入。此外，主副产品的销售收入应全部计入营业收入，其中某些行业的产品成品率按行业习惯或规定处理，其他行业提供的不同类型服务收入也应同时计入营业收入。

　　2.销售价格的选择

　　在财务效益与费用分析的营业收入估算中，产品销售价格是一个很重要的因素。因为它对项目的经济效益变化一般是最敏感的，所以要谨慎选择。一般可有三个方面的选择：

　　（1）选择口岸价格

　　如果项目产品是直接出口产品，或替代进口产品，或间接出口产品，可以口岸价格为基础确定销售价格。出口产品和间接出口产品可选择离岸价格，替代进口产品可选择到岸价格，或者直接以口岸价格定价，或者以口岸价格为基础，参考其他有关因素确定销售价格。

　　（2）选择国内市场价格

　　如果同类产品或类似产品已在市场上销售，并且这种产品既与外贸无关，也不在计划控制的范围，可选择现行市场价格作为项目产品的销售价格，也可以以现行市场价格为基础，根据市场供求关系及未来的变化趋势，上下浮动后作为项目产品的销售价格。

　　（3）根据预计成本、利润和税金及附加确定价格

　　如果拟建项目的产品属于新产品，可按产品的计划成本、计划利润和税金及附

加计算出厂价格，作为产品销售价格。其计算公式如下：

产品出厂价格=产品成本费用×（1+成本利润率）

当难以确定采用哪一种价格时，可考虑选择可供选择方案中价格最低的一种作为项目产品的销售价格。

总之，营业收入估算的基础数据，包括产品或服务的数量和价格，都与市场预测密切相关。在估算营业收入时，应对市场预测的相关结果以及建设规模、产品或服务方案进行概括的描述或确认，特别应对价格的合理性进行说明。

二、补贴收入

某些项目还应按有关规定估算企业可能得到的补贴收入（仅包括与收益相关的政府补助，与资产相关的政府补助不在此处核算，与资产相关的政府补助是指企业取得的、用于购建或以其他方式形成长期资产的政府补助），包括先征后返的增值税、按销量或工作量等依据国家规定的补助定额计算并按期给予的定额补贴，以及属于财政扶持而给予的其他形式的补贴等。补贴收入同营业收入一样，应列入利润表、财务计划现金流量表和项目投资现金流量表与项目资本金现金流量表。

第四节 总成本费用估算

总成本费用是指在运营期内为生产产品或提供服务所发生的全部费用，等于经营成本与折旧费、摊销费和财务费用之和。

一、总成本费用的构成

（一）生产成本加期间费用估算法

总成本费用=生产成本+期间费用

其中：

生产成本=直接材料费+直接燃料和动力费+直接工资+其他直接支出+制造费用

期间费用=管理费用+营业费用+财务费用

采用生产成本加期间费用估算方法一般需要先分别估算各种产品的生产成本，然后与估算的营业费用、管理费用和财务费用相加。

1.生产成本的构成

生产成本是指企业生产经营过程中实际消耗的直接材料费、直接燃料和动力费、直接工资、其他直接支出和制造费用。

（1）直接材料费

直接材料包括企业生产经营过程中实际消耗的原材料、辅助材料、设备配件、外购半成品包装物、低值易耗品，以及其他直接材料。

（2）直接工资

直接工资包括企业直接从事产品生产人员的工资、奖金、津贴和补贴。

（3）直接燃料和直接动力费

直接燃料和直接动力费包括企业生产经营过程中实际消耗的燃料、动力。

（4）其他直接支出

其他直接支出包括直接从事产品生产人员的职工福利费等。

（5）制造费用

制造费用是指企业各个生产单位（分厂、车间）为组织和管理生产所发生的各项费用，包括生产单位（分厂、车间）管理人员工资、职工福利费、折旧费、维护费、修理费、物料消耗、低值易耗品摊销、劳动保护费、水电费、办公费、差旅费、运输费、保险费、租赁费（不包括融资租赁费）、设计制图费、试验检验费、环境保护费，以及其他制造费用。

2.期间费用的构成

期间费用是指在一定会计期间发生的与生产经营没有直接关系或关系不密切的管理费用、财务费用和营业费用。期间费用不计入产品的生产成本，直接体现为当期损益。

（1）管理费用

管理费用是指企业行政管理部门为管理和组织经营活动发生的各项费用，包括公司经费（工厂总部管理人员工资、职工福利费、差旅费、办公费、折旧费、修理费、物料消耗、低值易耗品摊销，以及其他公司经费）、工会经费、职工教育经费、劳动保险费、董事会费、咨询费、顾问费、交际应酬费、税金（指企业按规定支付的房产税、车船税、土地使用税和印花税等）、土地使用费（海域使用费）、技术转让费、无形资产摊销、开办费摊销、研究发展费，以及其他管理费用。

（2）财务费用

财务费用是指企业为筹集资金而发生的各项费用，包括企业生产经营期间的利息净支出（减利息收入）、汇兑净损失、调剂外汇手续费、金融机构手续费，以及筹资发生的其他财务费用等。

（3）营业费用

营业费用是指企业在销售产品、自制半成品和提供劳务等过程中发生的各项费用，以及专设销售机构的各项经费，包括应由企业负担的运输费、装卸费、包装费、保险费、委托代销费、广告费、展览费、租赁费（不包括融资租赁费）和销售服务费用、销售部门人员工资、职工福利费、差旅费、办公费、折旧费、修理费、物料消耗、低值易耗品摊销，以及其他经费。

（二）生产要素估算法

$$\begin{array}{l}总成本\\费用\end{array}=\begin{array}{l}外购原材料、\\燃料和动力费\end{array}+\begin{array}{l}工资及\\福利费\end{array}+折旧费+摊销费+修理费+\begin{array}{l}（财务费用）\\利息支出\end{array}+\begin{array}{l}其他\\费用\end{array}$$

采用生产要素估算法是从估算各种生产要素的费用入手，汇总得到项目总成本费用，而不管其具体应归集到哪个产品上，即将生产和销售过程中消耗的全部外购原材料、辅助材料、燃料、动力、人工工资福利、修理等费用要素加上当年应计提的折旧、摊销、财务费用和其他费用，构成项目的总成本费用。采用这种估算方法，不必计算项目内部各生产环节成本结转，同时也较容易计算经营成本、可变成本、固定成本和进项税额。

二、总成本费用的估算

总成本费用的估算可以根据其构成的不同，按照不同的方法进行估算。现以生产要素法为例，分步说明总成本费用各分项的估算。

（一）外购原材料和燃料动力费估算

外购原材料和燃料动力费是总成本费用中重要的组成部分，其估算公式为：

原材料成本=全年产量×单位产品原材料成本

燃料动力成本=全年产量×单位产品燃料和动力成本

按生产要素法估算总成本费用时，原材料和燃料动力费是指外购的部分。外购原材料和燃料动力费的估算需要相关部门所提出的外购原材料和燃料动力年耗用量，以及在选定价格体系下的预测价格，该价格应按入库价格计量，即到厂价格并考虑途库损耗。采用的价格时点和价格体系应与营业收入的估算一致。

外购原材料和燃料动力费估算要充分体现行业特点和项目具体情况。

（二）人工工资及福利费估算

财务分析中的人工工资及福利费（又称职工薪酬），是指企业为获得职工提供的服务而给予的各种形式的报酬，以及其他相关支出，通常包括职工工资、津贴和补贴、职工福利费，以及医疗保险费、养老保险费、失业保险费、工伤保险费、生育保险费等社会保险费和住房公积金中由职工个人缴付的部分。

按生产要素法估算总成本费用时，人工工资及福利费是按项目全部人员数量估算的。确定人工工资及福利费需考虑项目性质、项目地点、行业特点等因素。依托原企业的项目，还要考虑原企业工资水平。

1.工资估算

工资的估算可以采取以下两种方法：

①按全厂职工定员数和人均年工资额计算年工资总额。其计算公式为：

年工资成本=全厂职工定员数×人均年工资额

②按照不同的工资级别对职工进行划分，分别估算同一级别职工的工资，然后再加以汇总。一般可划分为五个级别，即高级管理人员、中级管理人员、一般管理人员、技术工人和一般工人等。若有国外的技术和管理人员，要单独列出。采用这种方式一般可通过编制工资及福利费估算表完成。

2.福利费估算

职工福利费一般可按照职工工资总额的一定百分比计算。

（三）固定资产原值及折旧费估算

如前所述，按照生产要素法估算总成本费用时，要单独估算折旧费。所谓折旧，就是固定资产在使用过程中，通过逐渐损耗（包括有形损耗和无形损耗）而转移到产品成本或商品流通费中的那部分价值。计提折旧是企业回收其固定资产投资的一种手段。按照国家规定的折旧制度，企业把已发生的资本性支出转移到产品成本费用中去，然后通过产品的销售，逐步回收初始的投资费用。

1.固定资产原值

计算折旧需要先计算固定资产原值。固定资产原值是指项目投产时（达到预定可使用状态）按规定由投资形成固定资产的部分，主要有工程费用、待摊投资（工程建设其他费用中应计入固定资产原值的部分）、预备费和建设期利息。

计提折旧的固定资产范围是：企业的房屋、建筑物；在用的机器设备、仪器仪表、运输车辆、工具器具；季节性停用和在修理停用的设备；以经营租赁方式租出的固定资产；以融资租赁方式租入的固定资产。

融资租赁的固定资产，承租人应将租赁开始日租赁资产的公允价值与最低租赁付款额的现值两者中较低者作为租入资产的入账价值。计算最低租赁付款额的现值所用的折现率，应首先选择出租人的租赁内含利率，其次使用租赁合同中规定的利率，如都无法知悉，应用同期银行贷款利率。项目评价中条件不清楚的，也可直接按资产公允价值计算。

2.固定资产折旧

固定资产在使用过程中会受到磨损，其价值损失通常是通过提取折旧的方式得以补偿。计提折旧是企业回收其固定资产投资的一种手段。按照国家规定的折旧制度，企业把已发生的资本性支出转移到产品成本费用中去，然后通过产品的销售，逐步回收初始的投资费用。我国现行财税制度允许企业逐年提取固定资产折旧，符合税法的折旧费允许在所得税前列支。固定资产折旧方法可在税法允许的范围内由企业自行确定，一般采用直线法，包括年限平均法和工作量法。税法也允许采用某些快速折旧法，即双倍余额递减法和年数总和法。

对于融资租赁的固定资产，如果能够合理确定租赁期届满时承租人会取得租赁资产所有权，即可认为承租人拥有该项资产的全部尚可使用年限，因此应以其作为折旧年限；否则，则应以租赁期与租赁资产尚可使用年限两者中较短者作为折旧年限。

我国允许的固定资产折旧方法有：

（1）直线法

①年限平均法

年限平均法亦称直线法，即根据固定资产的原值、估计的净残值率和折旧年限计算折旧。其计算公式为：

$$年折旧额 = \frac{固定资产原值 \times (1 - 预计净残值率)}{折旧年限}$$

式中，预计净残值率是预计的企业固定资产净残值与固定资产原值的比率，净残值率可在税法允许的范围内由企业自行确定，但与所采用的折旧方法无关。折旧年限的设定应考虑到适应现代生产技术快速发展和资产更新以及资本回收的需要，因此，确定折旧年限时，一般按照税法明确规定的分类折旧年限，也可按照企业规定的总和折旧年限确定。例如，国家对各类固定资产折旧的最短年限作出的规定如下：房屋、建筑物为20年；火车、轮船、机器、机械和其他生产设备为10年；电子设备和火车、轮船以外的运输工具，以及与生产、经营业务有关的器具、工具、家具等为5年。在可行性研究和项目评估中，对轻工、机械、电子等行业的折旧年限，一般可确定为8~15年；有些项目的折旧年限可确定为20年；对港口、铁路、矿山等项目的折旧年限可超过20年。

②工作量法

工作量法又分为两种：一是按照行驶里程计算折旧；二是按照工作小时计算折旧。

A.交通运输企业和其他企业专用车队的客货运汽车，按照行驶里程计算折旧费。

其计算公式如下：

$$单位里程折旧额 = \frac{原值 \times (1 - 预计净残值率)}{总行驶里程}$$

年折旧额=单位里程折旧额×年行驶里程

B.大型专用设备，可根据工作小时计算折旧费。其计算公式如下：

$$每工作小时折旧额 = \frac{原值 \times (1 - 预计净残值率)}{总工作小时}$$

年折旧额=每工作小时折旧额×年工作小时

在可行性研究和项目评估中，一般采用直线法计算折旧费。

（2）加速折旧法

加速折旧法又称递减折旧费用法，是指在固定资产使用前期提取折旧较多，在后期提取折旧较少，使固定资产价值在使用年限内尽早得到补偿的折旧计算方法。它是一种鼓励投资的措施，国家先让利给企业，使其加速回收投资，增强还贷能力，促进技术进步。因此，只对某些确有特殊原因的企业，才准许采用加速折旧法。加速折旧的方法有很多，包括双倍余额递减法和年数总和法等。

①双倍余额递减法

双倍余额递减法是以年限平均法确定的折旧率的两倍乘以固定资产在每一会计期间的期初账面净值，从而确定当期应提折旧的方法。其计算公式为：

$$年折旧率 = \frac{2}{折旧年限} \times 100\%$$

年折旧额=固定资产净值×年折旧率

实行双倍余额递减法的固定资产，应当在固定资产折旧年限到期前两年内，将固定资产净值扣除预计净残值后的净额平均摊销。

②年数总和法

年数总和法是以固定资产原值扣除预计净残值后的余额作为计提折旧的基础，按照逐年递减的折旧率计提折旧的一种方法。采用年数总和法的关键是每年都要确定一个不同的折旧率。其计算公式为：

$$年折旧率 = \frac{折旧年限 - 已使用年数}{折旧年限 \times (折旧年限 + 1) \div 2} \times 100\%$$

年折旧额=（固定资产原值-预计净残值）×年折旧率

在计算折旧时，如果采用综合计算折旧的方式，可根据固定资产原值和折旧年限计算出各年的折旧费。一般来讲，运营期各年的折旧费是相等的，如果采用分类计算折旧的方式，要根据固定资产折旧估算表（见附表10-1-3）计算各类固定资产的折旧，然后将其相加，即可得出运营期各年的固定资产折旧费。

（四）固定资产修理费估算

修理费是指为保持固定资产的正常运转和使用，充分发挥其使用效能，对其进行的必要修理所发生的费用，按其修理范围的大小和修理时间间隔的长短可以分为大修理和中小修理。按现行的财务制度规定，发生的修理费用直接在成本费用中列支，若数额较大可实行预提或摊销的办法。

与折旧费相同，修理费也包括在制造费用、管理费用、销售费用中。在估算总成本费用时，可以单独计算修理费。

用生产要素法估算总成本费用时，固定资产修理费是指项目全部固定资产的修理费。修理费可直接按固定资产原值（扣除所含的建设期利息）的一定百分比估算，百分数的选取应考虑行业和项目特点。在生产运营的各年中，修理费率的取值一般采用固定值。根据项目特点也可以间断性地调理修理费率，开始时取较低值，以后取较高值。

（五）无形资产和其他资产原值及摊销费估算

摊销费是指无形资产和其他资产在一定期限内分期摊销的费用。无形资产和其他资产的原始价值也要在规定的年限内，按年度或产量转移到产品的成本之中，这一部分被转移的无形资产和其他资产的原始价值被称为摊销。企业通过计提摊销费，回收无形资产及其他资产的资本支出。

无形资产的摊销方法为：不留残值，采用平均年限法计算。

无形资产摊销的关键是确定摊销期限。无形资产应按规定期限分期摊销，即法律和合同或者企业申请书分别规定有法定有效期和受益年限的，按照法定有效期与合同或者企业申请书规定的受益年限孰短的原则确定；没有规定期限的，按不少于10年的期限分期摊销。

其他资产的摊销可以采用平均年限法，不计残值，摊销年限应符合税法的要求。

若各项无形资产摊销年限相同，可根据全部无形资产的原值和摊销年限计算出各年的摊销费；若各项无形资产摊销年限不同，则要根据无形及其他资产摊销估算表（见附表10-1-4）计算各项无形资产的摊销费，然后将其相加，即可得到运营期各年的无形资产摊销费。

（六）其他费用估算

其他费用包括其他制造费用、其他管理费用和其他营业费用这三项费用，是指在制造费用、管理费用和营业费用中扣除工资及福利费、折旧费、修理费、摊销费后的其余部分。产品出口退税和减免税项目按规定不能抵扣的进项税额也可以包括在内。

1.其他制造费用

其他制造费用是指从制造费用中扣除生产单位管理人员工资及福利费、折旧费、修理费后的其余部分。可行性研究和项目评估中常见的估算方法有：按固定资产原值（扣除所含的建设期利息）的百分比估算；按人员定额估算。具体估算方法可参照行业的规定。

2.其他管理费用

其他管理费用是指从管理费用中扣除工资及福利费、折旧费、摊销费、修理费后的其余部分。可行性研究和项目评估中常见的估算方法是按人员定额获取工资及福利费总额的倍数估算。若管理费用中的技术转让费、研究与开发费与土地使用税等数额较大，应单独核算后并入其他管理费用，或单独列项。

3.其他营业费用

其他营业费用是指从营业费用中扣除工资及福利费、折旧费、修理费后的其余部分。可行性研究和项目评估中常见的估算方法是按营业收入的百分数估算。

4.不能抵扣的进项税额

对于产品出口项目和产品国内销售的增值税减免税项目，应将不能抵扣的进项税额计入总成本费用的其他费用或单独列项。

（七）利息支出估算

按照会计法规，企业为筹集所需资金而发生的费用称为借款费用，又称财务费用，包括利息支出（减去利息收入）、汇兑损失（减去汇兑收益），以及相关的手续费等。在大多数项目的财务分析中，通常只考虑利息支出。利息支出的估算包括长期借款利息、流动资金借款利息和短期借款利息三部分。

1.长期借款利息

长期借款利息是指应在运营期支付的建设期间借款余额（含未支付的建设期利息）的利息。项目评价中可以选择等额还本付息或者等额还本利息照付的方式来计算长期借款利息。

（1）等额还本付息方式

$$A = I_c \times \frac{i(1+i)^n}{(1+i)^n - 1}$$

式中：A——每年还本付息额（等额年金）；

I_c——还款起始年年初的借款余额（含未支付的建设期利息）；

i——年利率；

n——预定的还款期；

$\dfrac{i(1+i)^n}{(1+i)^n-1}$——资金回收系数，可以自行计算或查复利系数表。

其中：

每年支付利息=年初借款余额×年利率

每年偿还本金=A-每年支付利息

年初借款余额=I_c-本年以前各年偿还的借款累计

（2）等额还本利息照付方式

设 A_t 为第 t 年的还本付息额，则有：

$$A_t = \dfrac{I_c}{n} + I_c \times (1 - \dfrac{t-1}{n}) \times i$$

其中：

每年支付利息=年初借款余额×年利率

即：

第 t 年支付的利息 = $I_c \times (1 - \dfrac{t-1}{n}) \times i$

每年偿还本金 = $\dfrac{I_c}{n}$

2.流动资金借款利息

可行性研究和项目评估中估算的流动资金借款从本质上说应归类为长期借款，但目前企业往往有可能与银行达成共识，按期末偿还、期初再借的方式处理，并按一年期利率计息。

流动资金借款利息可以按下式计算：

年流动资金借款利息=年初流动资金借款余额×流动资金借款年利率

财务分析中对流动资金的借款可以在计算期最后一年偿还，也可以在还完长期借款后偿还。

3.短期借款利息

可行性研究和项目评估中的短期借款是指运营期间由于资金的临时需要而发生的短期借款，短期借款的数额应在财务计划流量表中反映，其利息应计入总成本费用表的利息支出中。短期借款利息的计算同流动资金借款利息，短期借款的偿还按照随借随还的原则处理，即当年借款尽可能于下年偿还。

以上各项合计，即得出各年的总成本费用。

三、经营成本估算

经营成本是指项目总成本费用扣除折旧费、摊销费和利息支出以后的成本费用。

经营成本=总成本费用-折旧费-摊销费-利息支出

或　经营成本=外购原材料、燃料和动力费+工资及福利费+修理费+其他费用经营成本是财务分析的现金流量分析中所使用的特定概念，它涉及产品生产和销售以及企业管理过程中的物料、人力和能源的投入费用。它反映企业的生产和管理水平。同类企业的经营成本具有可比性。在可行性研究和项目评估的财务分析中，它被用于现金流量的分析。

计算经营成本之所以要从总成本费用中剔除折旧费、摊销费和利息支出，主要是基于如下理由：

第一，现金流量表反映项目在计算期内逐年发生的现金流入和流出。其与常规会计方法不同，现金收支何时发生，就在何时计算，不作分摊。由于投资已按其发生的时间作为一次性支出被计入现金流出，所以，不能再以折旧和摊销的方式计为现金流出，否则会发生重复计算。因此，作为经常性支出的经营成本中不包括折旧费和摊销费。

第二，各项目的融资方案不同，利率也不同，因此，项目投资现金流量表不考虑投资资金的来源，利息支出也不作为现金流出。项目资本金现金流量表中已将利息支出单列，因此，经营成本中也不包括利息支出，即经营成本和融资方案无关。

四、固定成本与变动成本估算

根据成本费用与产量的关系，可以将总成本费用分解为可变成本、固定成本和半可变（或半固定）成本。

（一）固定成本

固定成本是指在一定的产量范围内不随着产量变化而变化的成本费用，如按直线法计提的固定资产折旧费、计时工资及修理费等。

（二）变动成本

变动成本是指随着产量的增减而成正比例变化的各项费用，如原材料费用、燃料动力费用等。

（三）半可变成本

半可变成本是指介于固定成本和变动成本之间，既随产量变化又不成正比例变化的成本费用。混合成本又被称为半固定半变动成本，这是指其同时具有固定成本和变动成本的特征。例如，不能熄灭的工业炉的燃料费用等。工资、营业费用和流动资金利息等也都可能既有可变因素，又有固定因素。

在进行可行性研究和项目评估的财务分析和不确定性分析时，如果需要，应将半可变（或半固定）成本进一步分解为可变成本和固定成本，使产品成本费用最终划分为可变成本和固定成本，长期借款利息应视为固定成本，流动资金借款和短期借款利息可能部分与产品产量相关，其利息可视为半可变半固定成本，为简化计算，一般也将其作为固定成本。

经营成本、固定成本和变动成本根据总成本费用估算表直接计算（见附表10-2）。

第五节　税费估算

项目评价涉及的税费主要包括关税、消费税、增值税、所得税、资源税、城市维护建设税和教育费附加等，有些行业还包括土地增值税。

一、税金及附加估算

（一）消费税

消费税是对工业企业生产、委托加工和进口的部分应税消费品按差别税率或税额征收的一种税。消费税是在普遍征收增值税的基础上，根据消费政策、产业政策的要求，有选择地对部分消费品征税。

目前，我国的消费税共设11个税目，13个子目。消费税的税率有从价定率和从量定额两种，黄酒、啤酒、汽油、柴油采用从量定额，其他消费品均为从价定率，税率从3%到45%不等。

1.从价定率的计算公式

应纳税额=应税消费品销售额×适用税率

$$=组成计税价格×消费税税率$$

$$=\frac{销售收入（含增值税）}{1+增值税税率}×消费税税率$$

2.从量定额的计算公式

应纳税额=应税消费品销售数量×单位税额

应税消费品的销售额是指纳税人销售应税消费品向买方收取的全部价款和价外费用，不包括向买方收取的增值税税款。销售数量是指应税消费品数量。

（二）土地增值税

土地增值税是按转让房地产取得的增值额征收的税种。房地产开发项目应按国家规定计算土地增值税。

1.征税范围

土地增值税的征税范围是有偿转让的房地产，包括国有土地使用权及地上建筑物和其附着物。

2.税率

土地增值税实行四级超率累进税率。增值额未超过扣除项目金额50%的部分，税率为30%；超过50%未超过100%的部分，税率为40%；超过100%未超过200%的部分，税率为50%；超过200%的部分，税率为60%。

3.计税依据和税额计算

土地增值税的计税依据为转让房地产所取得的增值额。

增值额=转让房地产收入-扣除项目金额

　　扣除项目金额包括以下几部分：取得土地使用权所支付的金额；开发土地的成本、费用；新建房及配套设施的成本、费用，或者旧房及建筑物的评估价格；与转让房地产有关的税金；第一项和开发土地成本金额之和的20%为加计扣除。

　　计算土地增值税税额时，可按增值额乘以适用的税率减去扣除项目金额乘以速算扣除系数的简便方法计算，具体公式如下：

　　（1）增值额未超过扣除项目金额50%

土地增值税税额=增值额×30%

　　（2）增值额超过扣除项目金额50%，未超过100%

土地增值税税额=增值额×40%-扣除项目金额×5%

　　（3）增值额超过扣除项目金额100%，未超过200%

土地增值税税额=增值额×50%-扣除项目金额×15%

　　（4）增值额超过扣除项目金额200%

土地增值税税额=增值额×60%-扣除项目金额×35%

　　其中，公式中的5%、15%、35%为速算扣除系数。

（三）资源税

　　资源税是国家对在我国境内开采应税矿产品或者生产盐的单位和个人征收的一种税。它是对因资源生成和开发条件的差异而客观形成的级差收入征收的。

　　1.资源税的征收范围

　　资源税的征收范围如下：

　　（1）矿产品，包括原油、天然气、煤炭、金属矿产品和其他非金属矿产品；

　　（2）盐，包括固体盐、液体盐。

　　2.资源税的计算

　　资源税的应纳税额，按照应税产品的课税数量和规定的单位税额计算。

　　应纳税额的计算公式为：

应纳税额=应税产品课税数量×单位税额

　　课税数量的确定方法如下：

　　（1）纳税人开采或者生产应税产品用于销售的，以销售数量为课税数量；

　　（2）纳税人开采或者生产应税产品自用的，以自用数量为课税数量。

（四）城市维护建设税

　　1.城市维护建设税征收范围

　　城市维护建设税是以纳税人实际缴纳的流转税额为计税依据征收的一种税。城市维护建设税以纳税人实际缴纳的增值税和消费税税额为计税依据进行缴纳。

　　2.城市维护建设税的税率

　　城市维护建设税按纳税人所在地区实行差别税率：项目所在地为市区的，税率为7%；项目所在地为县城、镇的，税率为5%；项目所在地为乡村或矿区的，税率为1%。

　　3.城市维护建设税的计算

　　应纳税额的计算公式为：

应纳税额＝（增值税+消费税）的实纳税额×适用税率

（五）教育费附加

教育费附加是为了加快地方教育事业的发展，扩大地方教育经费的资金来源而开征的。教育费附加收入纳入预算管理，作为教育专项基金，主要用于各地改善教学设施和办学条件。

教育费附加是1986年起在全国开征的，1990年又经修改而进一步完善合理。凡缴纳消费税和增值税的单位和个人，都是教育费附加的缴纳人。

教育费附加的计征依据是各缴纳人实际缴纳的消费税和增值税的税额，征收率为3%。其计算公式为：

应纳教育费附加额＝（消费税+增值税）的实纳税额×3%

二、其他税费

（一）增值税

增值税是以商品和劳务在流转过程中产生的增值额作为征税对象而征收的一种流转税。按照我国增值税法的规定，增值税是对在我国境内销售货物或者加工、修理修配劳务（以下简称劳务），销售服务、无形资产、不动产以及进口货物的单位和个人，就其销售货物、劳务、服务、无形资产、不动产（以下统称应税销售行为）的增值额和货物进口金额为计税依据而课征的一种流转税。其征税范围为销售或者进口货物、销售劳务、销售服务、销售无形资产、销售不动产、非经营活动等。其特点是对商品的增值额计税，以避免每经过一个环节计一次税，从而造成重复计税。增值税是价外税，销售价格内不含增值税税款。因此，增值税既不进入成本费用，也不进入销售收入。从企业角度进行投资项目现金流量分析时可不考虑增值税。

我国从1979年开始在部分城市试行生产型增值税。2016年3月23日，经国务院批准，财政部和国家税务总局发布了《关于全面推开营业税改征增值税试点的通知》（财税〔2016〕36号，以下简称"营改增通知"），通知决定自2016年5月1日起，在全国范围内全面推开营业税改征增值税（以下简称"营改增"）试点，将建筑业、房地产业、金融业、生活服务业等全部营业税纳税人，纳入试点范围，由缴纳营业税改为缴纳增值税。2017年11月19日，国务院发布了"关于废止《中华人民共和国营业税暂行条例》和修改《中华人民共和国增值税暂行条例》的决定"（国令第691号），正式结束了营业税的历史使命。我国现行增值税的基本规范是2019年3月20日财政部、税务总局、海关总署发布的《关于深化增值税改革有关政策的公告》（财政部、税务总局、海关总署公告2019年第39号文）。

纳税人提供交通运输、邮政、基础电信、建筑、不动产租赁服务，销售不动产，转让土地使用权，销售或者进口下列货物，如粮食、食用植物油、自来水、暖气、冷水、热水、煤气、石油液化气、天然气、沼气、居民用煤炭制品、图书、报纸、杂志、饲料、化肥、农药、农机、农膜、农业产品等，税率为9%。

纳税人出口货物，税率为零；但是，国务院另有规定的除外。境内单位和个人跨境销售国务院规定范围内的服务、无形资产，税率为零。纳税人销售货物、提供加工修理修配服务或者进口货物，除上述几项规定外，税率为13%。纳税人销售服务、无形资产除上述规定外，税率为6%。增值税是按增值额计税的，可按下列公式计算：

增值税应纳税额=销项税额－进项税额

其中：

销项税额=销售额×增值税税率

$$销项税额 = \frac{销售收入（含税销售额）}{1 + 增值税税率} \times 增值税税率$$

$$进项税额 = \frac{外购原材料、燃料及动力费}{1 + 增值税税率} \times 增值税税率$$

（二）关税

关税是以进出口的应税货物为纳税对象的税种。项目评价中涉及引进设备、技术和进口原材料时，可能需要估算进口关税。项目评价中应按有关税法和国家的税收优惠政策，正确估算进口关税。我国仅对少数货物征收出口关税，而对大部分货物免征出口关税。若项目的出口产品属征税货物，应按规定估算出口关税。

（三）企业所得税

企业所得税是针对企业应纳税所得额征收的税种。项目评价中应注意按有关税法对所得税前扣除项目的要求，正确计算应纳税所得额，并采用适宜的税率计算企业所得税。

应纳企业所得税税额=应纳税所得额×所得税税率

所得税的具体估算见本章第七节。

第六节　维持运营投资估算

某些项目在运营期需要投入一定的固定资产投资才能得以维持正常运营，例如，设备更新费用、油田的开发费用、矿山的井巷开拓延伸费用等。不同类型和不同行业的项目投资的内容可能不同，如发生维持运营投资时应将其列入现金流量表，作为现金流出参与内部收益率等指标的计算；同时，也应反映在财务计划现金流量表中，参与财务生存能力分析。

按照《企业会计准则第4号——固定资产》的规定，该投资是否能予以资本化，取决于其是否能为企业带来经济利益且该固定资产的成本是否能够可靠地计量。在可行性研究和项目评估中，如果该投资投入后延长了固定资产的使用寿命，或使产品质量实质性提高，或成本实质性降低，使可能流入企业的经济利益增加，那么该固定资产投资应予以资本化，即应计入固定资产原值，并计提折旧；否则，该投资只能费用化，不形成新的固定资产原值。

第七节 利润总额及其分配估算

一、利润总额的估算

利润总额是企业在一定时期内生产经营活动的最终财务成果。它集中反映了企业生产经营各方面的效益。

利润总额的估算公式为：

利润总额=营业收入-税金及附加-总成本费用+补贴收入

根据利润总额可计算所得税及进行税后利润的分配。

二、企业所得税及利润的分配估算

根据税法的规定，企业取得利润后，先向国家缴纳所得税，剩余部分在企业、投资者、职工之间分配。

（一）企业所得税估算

凡在我国境内实行独立经营核算的各类企业或者组织，来源于我国境内、境外的生产、经营所得和其他所得，均应依法缴纳企业所得税。

纳税人每一纳税年度的收入总额减去准予扣除项目的余额，为应纳税所得额。

纳税人发生年度亏损的，可以用下一纳税年度的所得弥补。下一纳税年度的所得不足弥补的，可以逐年延续弥补，但是延续弥补期最长不得超过5年。

企业所得税的应纳税额按照应纳税所得额和所得税税率计算，应纳税额计算公式为：

应纳税额=应纳税所得额×所得税税率

目前，在可行性研究和项目评估中，一般是按照利润总额和25%的税率计算。如法律、法规和国务院有关规定给予减免税的，依照法律或规定执行。

（二）税后利润的分配顺序

在可行性研究和项目评估中，利润分配内容和顺序如下：

第一，当期实现的净利润，加上期初未分配利润（或减去期初未弥补亏损），为可供分配的利润。

第二，内资项目以当年净利润为基数提取法定盈余公积；外商投资项目按有关法律提取的是储备基金、企业发展基金、职工奖励和福利基金。

第三，可供分配的利润减去提取的法定盈余公积等后，为可供投资者分配的利润。中外合作经营企业按规定在合作期内以利润归还投资者的投资，也从可供分配的利润中扣除。

第四，可供投资者分配的利润，按下列顺序分配：

（1）应付优先股股利（如有优先股的话），是指按照利润分配方案分配给优先股股东的现金股利。

（2）提取任意盈余公积，任意盈余公积的提取比例由董事会决定。

（3）应付普通股股利，是指企业按照利润分配方案分配给普通股股东的现金股利。企业分配给投资者的利润，也在此核算。

（4）经过上述分配后的剩余部分为未分配利润。

营业收入、成本、税金及附加和利润的关系如图10-2所示。

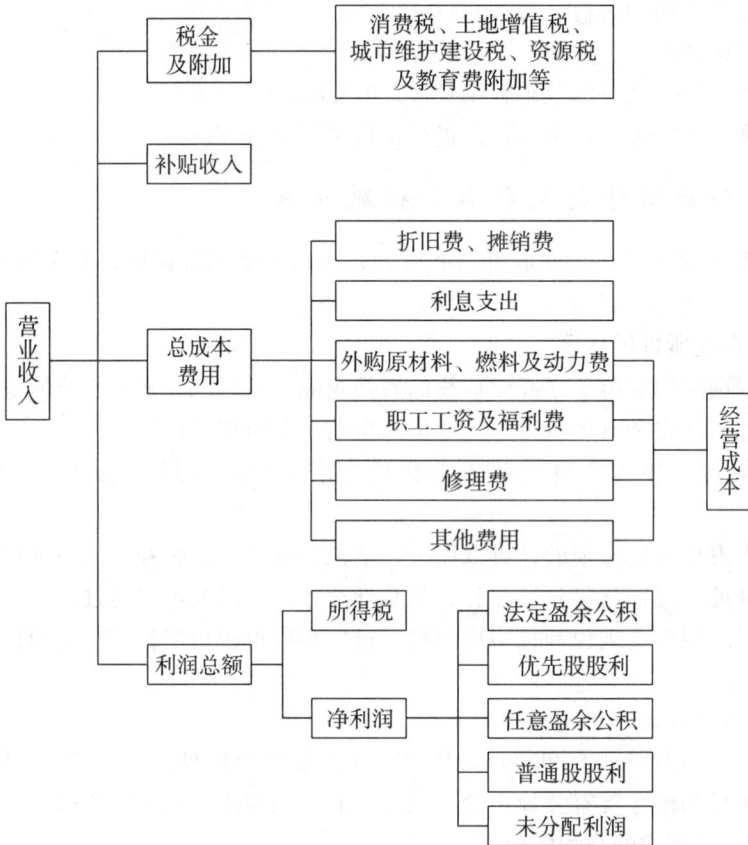

图10-2　营业收入、成本、税金及附加和利润关系图

第八节　借款还本付息估算

借款还本付息估算主要是测算借款还款期的利息和偿还建设投资借款的时间，从而考察项目的偿还能力和收益，为财务分析和项目决策提供依据。

一、还本付息的资金来源

根据国家现行财税制度的规定，偿还建设投资借款的资金来源主要是项目投产后所取得的利润和摊入成本费用中的折旧费、摊销费，以及其他资金来源。

（一）利润

用于归还借款的利润，一般应是可供分配利润中提取了盈余公积后的未分配利润。项目投产初期，如果用规定的资金来源归还贷款的缺口较大，也可暂不提取盈余公积，但这段时间不宜过长，否则将影响到企业的扩展能力。

（二）固定资产折旧

项目投产初期还无须固定资产更新，作为固定资产重置准备金性质的折旧基金，在被提取以后暂时处于闲置状态。为了有效地利用一切可能的资金来源以缩短还贷期限，加强项目的偿债能力，可以使用部分新增折旧基金作为偿还贷款的来源之一。一般来说，投产初期可以利用的折旧基金占全部折旧基金的比例较大，随着生产时期的延伸，可利用的折旧基金比例逐步减小，最终所有被用于归还贷款的折旧基金，应由未分配利润归还贷款后的余额回垫，以保证折旧基金从总体上不被挪作他用，在还清贷款后恢复其原有的经济属性。

（三）无形资产及其他资产摊销费

摊销费是按现行的财务制度计入项目总成本费用的，但是项目在提取摊销费后，这笔资金没有具体的用途规定，具有"沉淀"性质，因此，可以用来归还贷款。

（四）其他还款资金

这是指按有关规定可以用减免的税金作为偿还贷款的资金来源。进行估算时，如果没有明确的依据，可以暂不考虑。

项目在建设期借入的全部建设投资贷款本金及其在建设期发生的借款利息（即资本化利息）两部分构成项目总投资的贷款总额，在项目投产后可由上述资金来源偿还。

在运营期内，建设投资和流动资金的贷款利息，按现行的财务制度均应计入项目总成本费用中的财务费用。

二、还款方式及还款顺序

项目贷款的还款方式应根据贷款资金的不同来源所要求的还款条件来确定。

（一）国外借款的还款方式

按照国际惯例，债权人一般对贷款本息的偿还期限均有明确的规定，要求借款方在规定的期限内按规定的数量还清全部贷款的本金和利息。按协议的要求分别采用等额还本付息或等额本金偿还两种方法。

（二）国内借款的还款方式

目前，虽然借贷双方在有关的贷款合同或协议中也规定了还款期限，但是在实际操作过程中，主要还是根据项目的还款资金来源情况进行测算，即按实际偿还能力测算。一般的做法是在先偿付当年所需的外汇借款本金后，用剩余的资金来源按先贷款先还、后贷款后还，利息高的先还、利息低的后还的顺序，或按双方的贷款协议归还国内借款。其计算公式为：

人民币还本额=当年还本资金来源－外汇当年还本额

三、贷款利息的计算

（一）国内贷款利息的计算

1.贷款的建设期利息

因无法事先确定每笔贷款的实际发生时间，所以近似地假定当年贷款均发生在年中，按半年时间计息，转入以后年度则按全年计息。其计算公式见第八章。

2.贷款的运营期利息

还款期间假定都在当年末偿还借款，因此，还款当年按全年计息，其近似计算公式为：

贷款运营期年应计利息=年初借款累计额×年利率

（二）国外贷款利息的计算

国外建设投资借款利息应根据不同的还款方式采用不同的计算方法。

1.在规定的期限内等额还本付息

等额还本付息是指在还款期内，每年偿付的本金和利息之和是相等的，但每年支付的本金数和利息数均各不相等。采用等额还本付息的还款方式，其贷款利息可按下列步骤计算：

（1）计算建设期末或宽限期末的累计借款本金与资本化利息之和（I_c）。

（2）根据等值计算原理，采用资金回收系数计算每年等值的还本付息额 A。具体计算公式见本章第四节总成本费用估算。

（3）计算每年应支付的利息。

其表达式为：

每年应支付的利息=年初借款余额×年利率

其中：

年初借款余额=I_c－本年以前各年偿还的本金累计

（4）计算每年偿还的本金。

其计算公式是：

年偿还本金=A－每年支付利息

此法要求各年还本付息的总额相等，但每年偿还的本金及支付的利息是不等的，而利息将随偿还本金后欠款的减少而逐年减少，偿还本金部分却由于利息减少而逐年加大。因此，此法用于投产初期效益相对较差，而后期效益较好的项目。

2.在规定的期限内每年等额本金偿还

等额本金偿还是指在还款期内每年偿还的本金相等，而利息不等，而且每年还本付息的总和也不相等。采用等额本金偿还方式还款的贷款，按下列步骤计算：

（1）计算建设期期末的累计借款本金与资本化利息之和（I_c）。

（2）计算在规定偿还年限内，每年应偿还的本金 A′（含建设期未付的利息）。

$$A' = \frac{I_c}{n} \text{（等额）}$$

（3）计算每年应支付的利息额。

每年支付利息=年初借款本金累计×年利率

（4）计算各年的还本付息额（A'_t）。

$$A'_t = \frac{I_c}{n} + I_c \times \left(1 - \frac{t-1}{n}\right) \times i$$

此法由于每年偿还的本金是确定的，计算简捷，但是投产初期还本付息额相对较大。因此，此法适用于投产初期效益好的项目。如果效益不好，则需另用短期贷款来偿还。

■ 本章小结

财务效益与费用估算是指在项目市场、资源、工程技术条件分析评价的基础上，从项目（或企业）的角度出发，依据现行的经济法规和价格政策，对一系列有关的财务效益与费用数据进行调查、收集、整理和测算，并编制有关的财务效益与费用估算表格。

财务效益与费用估算的基本要求如下：财务效益与费用的估算应以现行法律、法规为依据；财务效益与费用的估算应遵守有无对比的原则；财务效益与费用的估算范围应体现效益和费用对应一致的原则；财务效益与费用的估算应遵循准确性原则。

财务效益与费用估算表主要有：建设投资估算表；项目总投资使用计划与资金筹措表；流动资金估算表；总成本费用估算表；原材料能源成本估算表；固定资产折旧估算表；无形资产与其他资产摊销估算表；营业收入和税金及附加估算表；利润表；借款还本付息计划表。

项目计算期是指项目经济评价中为进行动态分析所设定的期限，包括项目建设期和运营期。项目运营期分为投产期和达产期两个阶段。

固定资产的寿命期（亦称使用年限）有自然寿命期和经济寿命期之分。

营业收入是指一定时期内销售产品或者提供服务所获得的收入，是现金流量表中现金流入的主体，也是利润表的主体。它是项目建成投产后补偿总成本费用、上缴税金、偿还债务、保证企业再生产正常进行的前提，是进行利润总额和税金及附加估算的基础数据。

某些项目还应按有关规定估算企业可能得到的补贴收入，包括先征后返的增值税、按销量或工作量等依据国家规定的补助定额计算并按期给予的定额补贴，以及属于财政扶持而给予的其他形式的补贴等。

　　总成本费用是指在运营期内为生产产品或提供服务所发生的全部费用，等于经营成本与折旧费、摊销费和财务费用之和。

　　总成本费用的估算可以根据其构成的不同，按照不同的方法进行估算。

　　经营成本是指项目总成本费用扣除折旧费、摊销费和利息支出以后的成本费用。经营成本是财务分析的现金流量分析中所使用的特定概念，它涉及产品生产和销售以及企业管理过程中的物料、人力和能源的投入费用，它反映企业的生产和管理水平。同类企业的经营成本具有可比性。在可行性研究和项目评估中的财务分析中，它被应用于现金流量的分析。

　　根据成本费用与产量的关系可以将总成本费用分解为可变成本、固定成本和半可变（或半固定）成本。

　　项目评价涉及的税费主要包括关税、增值税、消费税、所得税、资源税、城市维护建设税和教育费附加等，有些行业还包括土地增值税。其中，消费税、土地增值税、资源税和城市维护建设税、教育费附加均可包含在税金及附加中。

　　某些项目在运营期需要投入一定的固定资产投资才能得以维持正常运营。发生维持运营投资时应将其列入现金流量表作为现金流出，参与内部收益率等指标的计算；同时，也应反映在财务计划现金流量表中，参与财务生存能力分析。

　　利润总额是企业在一定时期内生产经营活动的最终财务成果。它集中反映了企业生产经营各方面的效益。

利润总额=营业收入−税金及附加−总成本费用+补贴收入

　　根据税法的规定，企业取得利润后，先向国家缴纳所得税，剩余部分在企业、投资者、职工之间分配。

　　企业所得税的应纳税额按照应纳税所得额和25%的税率计算，应纳税额计算公式：

应纳税额=应纳税所得额×25%

　　在可行性研究和项目评估中，利润分配内容和顺序如下：第一，当期实现的净利润，加上期初未分配利润（或减去期初未弥补亏损），为可供分配的利润。第二，内资项目以当年净利润为基数提取法定盈余公积；外商投资项目按有关法律提取的是储备基金、企业发展基金、职工奖励和福利基金。第三，可供分配的利润减去提取的法定盈余公积等后，为可供投资者分配的利润。中外合作经营企业按规定在合作期内以利润归还投资者的投资，也从可供分配的利润中扣除。第四，可供投资者分配的利润。

　　借款还本付息估算主要是测算借款还款期的利息和偿还建设投资借款的时间，从而考察项目的偿还能力和收益，为财务分析和项目决策提供依据。

　　根据国家现行财税制度的规定，偿还建设投资借款的资金来源主要是项目投产后所取得的利润和摊入成本费用中的折旧费、摊销费，以及其他资金来源。

　　项目贷款的还款方式应根据贷款资金的不同来源所要求的还款条件来确定。

■ 关键概念

财务效益与费用估算　经营成本　固定成本　变动成本　期间费用　利润总额　折旧　经济寿命期

■ 复习思考题

1. 财务效益与费用估算应遵循的原则有哪些?

2. 固定资产有几种寿命期?项目生产期应根据什么确定?

3. 生产成本的构成部分有哪些?如何估算生产成本?

4. 计算经营成本时，为什么要扣除折旧费、摊销费和利息支出?

5. 产品税金及附加有哪些内容?如何估算?

附表 10-1　　　　　　　　　　**总成本费用估算表（生产要素法）**　　　　　　单位：万元

序号	年份 项目	计算期						合计
		1	2	3	4	...	n	
1	外购原材料							
2	外购燃料及动力							
3	工资及福利费							
4	修理费							
5	其他费用							
6	经营成本							
7	折旧费							
8	摊销费							
9	利息支出							
10	总成本费用 (6+7+8+9) 其中：固定成本 　　　变动成本							

附表 10-1-1　　　　　　　　　**外购原材料费估算表**　　　　　　　　单位：万元

序号	项目＼年份	合计	计算期				
			1	2	3	…	n
1	外购原材料						
1.1	原材料 A						
	单价						
	数量						
	进项税额						
1.2	原材料 B						
	单价						
	数量						
	进项税额						
	⋮						
2	辅助材料费用						
	进项税额						
3	其他						
	进项税额						
4	外购原材料费合计						
5	外购原材料进项税额合计						

附表 10-1-2　　　　　　　　**外购燃料和动力费估算表**　　　　　　　单位：万元

序号	项目＼年份	合计	计算期				
			1	2	3	…	n
1	燃料费						
1.1	燃料 A						
	单价						
	数量						
	进项税额						
1.2	燃料 B						
	单价						
	数量						
	进项税额						
	⋮						
2	动力费						
2.1	动力 A						
	单价						
	数量						
	进项税额						
	⋮						
3	外购燃料及动力费合计						
4	外购燃料及动力进项税额合计						

附表 10-1-3　　　　　　　　　　　**固定资产折旧费估算表**　　　　　　　　单位：万元

序号	项目＼年份	折旧年限	计算期					
			1	2	3	4	…	n
	固定资产合计							
	原值							
	当期折旧费							
	净值							
1	房屋及建筑物							
	原值							
	当期折旧费							
	净值							
2	机器设备							
	原值							
	折旧费							
	净值							
	⋮							
3	合计							
	原值							
	折旧费							
	净值							

注：1.本表自生产年份起开始计算，各类固定资产按《工业企业财务制度》规定的年限分列。

2.生产期内发生的更新改造投资列入其投入年份。

附表 10-1-4　　　　　　　　　**无形资产及其他资产摊销费估算表**　　　　　　单位：万元

序号	项目＼年份	折旧年限	原值	计算期					
				1	2	3	4	…	n
1	无形资产								
	原值								
	当期摊销费								
	净值								
2	其他资产								
	原值								
	当期摊销费								
	净值								
	⋮								
3	合计								
	原值								
	当期摊销费								
	净值								

附表 10-1-5　　　　　　　　　**工资及福利费估算表**　　　　　　　　单位：万元

序号	项目　　　　　　年份	合计	计算期					
			1	2	3	4	…	n
1	工人							
	人数							
	人均年工资							
	工资额							
2	技术人员							
	人数							
	人均年工资							
	工资额							
3	管理人员							
	人数							
	人均年工资							
	工资额							
4	工资总额（1+2+3）							
5	福利费							
	合计（4+5）							
	净值							

附表 10-2　　　　**总成本费用估算表（生产成本加期间费用法）**　　　　单位：万元

序号	项目　　　　　　年份	合计	计算期					
			1	2	3	4	…	n
1	生产成本							
1.1	直接材料费							
1.2	直接燃料及动力费							
1.3	直接工资及福利费							
1.4	制造费用							
1.4.1	折旧费							
1.4.2	修理费							
1.4.3	其他制造费							
2	管理费用							
2.1	无形资产摊销							
2.2	其他资产摊销							
2.3	其他管理费用							
3	财务费用							
3.1	利息支出							
3.1.1	长期借款利息							
3.1.2	流动资金借款利息							
3.1.3	短期借款利息							
4	营业费用							
5	总成本费用合计（1+2+3+4）							
5.1	其中：可变成本							
5.2	固定成本							
6	经营成本（5-1.4.1-2.1-2.2-3.1）							

附表 10-3　　　　　　**营业收入、税金及附加和增值税估算表**　　　　　单位：万元

序号	项目＼年份	合计	计算期					
			1	2	3	4	…	n
1	营业收入							
1.1	产品 A 营业收入							
	单价							
	数量							
	销项税额							
1.2	产品 B 营业收入							
	单价							
	数量							
	销项税额							
	⋮							
2	税金及附加							
2.1	消费税							
2.2	资源税							
2.3	城市维护建设税							
2.4	教育费附加							
3	增值税							
	销项税额							
	进项税额							

第十一章

财务分析

第一节　财务分析概述

一、财务分析的概念

财务分析，又称财务评价，是在现行财务制度、税收法律和价格体系下，通过财务效益与费用的估算，编制财务报表，计算财务分析指标，考察和分析项目的盈利能力、偿债能力和财务生存能力，判断项目的财务可行性，明确项目对财务主体以及对投资者的价值贡献，为投资决策、融资决策以及银行审贷提供依据。

项目决策可分为投资决策和融资决策两个层次。投资决策重在考察项目净现金流的价值是否大于其投资成本，融资决策重在考察资金筹措方案能否满足要求。根据不同决策的需要，财务分析可分为融资前分析和融资后分析。

财务分析一般宜先进行融资前分析，融资前分析是指在考虑融资方案前就可以开始进行的财务分析，即不考虑债务融资条件下进行的财务分析。在融资前分析结论满足要求的情况下，初步设定融资方案，再进行融资后分析。融资后分析是指以设定的融资方案为基础进行的财务分析。在项目的初期研究阶段，也可只进行融资前分析。

融资前分析只进行盈利能力分析，并以动态分析（折现现金流量分析）为主，以营业收入、建设投资、经营成本和流动资金的估算为基础，考察整个计算期内的现金流入和流出，编制项目投资现金流量表，计算项目投资内部收益率和净现值等指标；融资前分析还可以以静态分析（非折现现金流量分析）为辅，可计算投资回收期指标（静态）。融资前分析排除了融资方案变化的影响，从项目投资总获利能力的角度，考察项目方案设计的合理性。融资前分析计算的相关指标，应作为初步投资决策与融资方案研究的依据和基础。

融资后分析应以融资前分析和初步的融资方案为基础，主要是针对项目资本金折现现金流量和投资各方折现现金流量进行分析，考察项目在拟融资条件下的盈利能力、偿债能力和财务生存能力，判断项目方案在融资条件下的可行性。融资后分析用于比选融资方案，帮助投资者作出融资决策。融资后分析包括静态分析和动态分析两种。

二、财务分析的目标

财务分析的主要目标是投资项目的盈利能力、偿债能力和财务生存能力。

（一）盈利能力

盈利能力主要考察投资项目的盈利水平，是反映项目在财务上可行程度的基本标志。投资项目的盈利能力分析，应当考察拟建项目建成投产后是否有盈利，盈利多少。项目的盈利能力分析主要考察项目各年度的投资盈利能力，以及项目在整个寿命期内的盈利水平。

（二）偿债能力

投资项目的偿债能力是指项目按期偿还其债务的能力。项目偿债能力通常表现为建设投资借款偿还期的长短、利息备付率和偿债备付率的高低。这些指标也是银行进行贷款决策的重要依据。

（三）财务生存能力

在项目（企业）运营期间，确保从各项经济活动中得到足够的净现金流量是项目能够持续生存的条件。财务分析中应根据财务计划现金流量表，综合考察项目计算期内各年的投资活动、融资活动和经营活动所产生的各项现金流入和流出，计算净现金流量和累积盈余资金，分析项目是否有足够的净现金流量维持正常运营。为此，财务生存能力分析亦可称为资金平衡分析。

三、财务分析的内容

财务分析应在项目财务效益与费用估算的基础上进行。财务分析的内容应根据项目的性质和目标确定。

对于经营性项目，财务分析应通过编制财务分析报表，计算财务指标，分析项目的盈利能力、偿债能力和财务生存能力，判断项目的财务可接受性，明确项目对财务主体及投资者的价值贡献，为项目决策提供依据。

对于非经营性项目，财务分析应主要分析项目的财务生存能力。

四、财务分析的程序

投资项目的财务分析是在项目市场分析和实施条件分析的基础上进行的，它主要是利用有关的基础数据，通过编制财务报表，计算各项财务分析指标，进行项目的财务分析，得出评价结论。其具体包括以下几个步骤：

（一）财务效益与费用数据的准备

根据项目市场分析和实施条件分析的结果，以及现行的有关法律、法规和政策，对项目总投资、资金筹措方案、产品成本费用、销售收入、税金及附加和利润，以及其他与项目有关的一系列财务效益与费用数据进行分析和估算，并将所得的数据编制成辅助财务报表。

（二）编制财务基本报表

将分析和估算所得的财务基础数据进行汇总，编制出现金流量表、利润表、资产负债表及外汇平衡表等财务基本报表。财务基本报表是反映项目盈利能力、偿债能力和财务生存能力等财务分析指标的基础。

（三）计算与分析财务分析指标

根据编制的财务基本报表，可以直接计算出一系列反映项目盈利能力、偿债能力和财务生存能力的指标。反映项目盈利能力的指标包括静态指标（总投资收益率、资本金净利润率和静态投资回收期等）和动态指标（财务内部收益率和财务净现值等）。反映项目偿债能力的指标包括利息备付率、偿债备付率和资产负债率等。

（四）进行不确定性分析与风险分析

通过盈亏平衡分析和敏感性分析等不确定性分析和风险分析，评价项目可能面临的风险及在不确定条件下适应市场变化的能力和抗风险的能力，得出项目在不确定条件下的财务分析结论或建议。

（五）得出财务分析结论

将上述确定性分析和不确定性分析的结果，与国家有关部门公布的基准值，或与经验标准、历史标准和目标标准等加以比较，并从经济的角度得出项目可行与否的结论。

财务分析程序如图11-1所示。

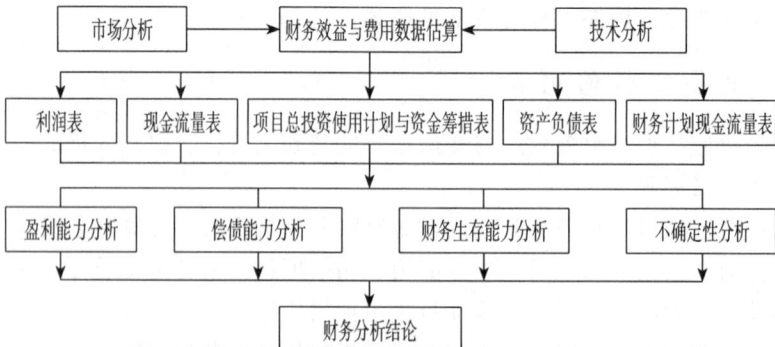

图11-1　财务分析程序

第二节　财务分析报表的编制

财务分析报表包括各类现金流量表、利润表、财务计划现金流量表、资产负债表和借款还本付息计划表等。

一、现金流量表

(一)现金流量表的概念与作用

现金流量是现金流入与流出的统称，它是以项目作为一个独立系统，反映项目在计算期内实际发生的现金流入和流出的活动及流动数量。项目在某一时间内支出的费用称为现金流出，记为CO；取得的收入称为现金流入，记为CI；现金流入与现金流出统称为现金流量；同一时点的现金流入与现金流出之差（CI-CO）称为净现金流量。

现金流量表是指反映项目在计算期内各年的现金流入、现金流出和净现金流量的计算表格。按照国家有关规定，项目的现金流量分析分为三个层次：第一层次为项目现金流量分析；第二层次为项目资本金现金流量分析；第三层次为投资各方的现金流量分析。因此，现金流量表也可分为项目投资现金流量表、项目资本金现金流量表和投资各方财务现金流量表。编制现金流量表的主要作用是计算不同层次的财务内部收益率、财务净现值和投资回收期等分析指标。

此外，现金流量表只反映项目在计算期内各年实际发生的现金收支，不反映非现金收支（如折旧费、应收及应付款等）。

(二)现金流量表的结构

1.项目投资现金流量表

项目投资现金流量表是指在确定项目融资方案前，对投资方案进行分析，利用资金时间价值的原理，以营业收入、建设投资、经营成本和流动资金为基础，考察整个计算期内现金流入和现金流出，用以计算投资项目所得税前后的财务内部收益率、财务净现值及投资回收期等财务分析指标的表格。计算息税前的财务内部收益率、财务净现值和静态投资回收期的目的是考察项目方案设计本身的财务可行性，它不受融资方案和所得税的影响，考察项目对财务主体和投资者的总体价值的贡献，可以供决策者对项目的可行性作出基本判断。

项目投资现金流量表中所得税税前分析的现金流入主要包括营业收入，还可能包括补贴收入，在计算期的最后一年，还包括回收固定资产余值和回收流动资金。现金流出主要包括建设投资、流动资金、经营成本、税金及附加，如果运营期内需要发生设备或设施的更新费用以及矿山、石油开采项目的拓展费用等（记作维持运营投资），也应作为现金流出。

根据上述现金流入与流出编制项目投资现金流量表，并依据该表计算项目投资息税前财务内部收益率（FIRR）和项目投资息税前财务净现值（FNPV）。

项目投资现金流量表中的"所得税"应根据息税前利润（EBIT）乘以所得税税率计算，称为"调整所得税"。原则上，息税前利润的计算应完全不受融资方案变动的影响，即不受利息多少的影响，包括建设期利息对折旧的影响（因为折旧的变化会对利润总额产生影响，进而影响息税前利润）。但如此将会出现两个折旧和两个息税前利润（用于计算融资前所得税的息税前利润和利润表中的息税前利润）。为简化起见，当建设期利息占总投资比例不是很大时，也可按利润表中的息税前利润计算调整所得税。

所得税税后分析是所得税税前分析的延伸，由于所得税作为现金流出，可用于在融资条件下判断项目投资对企业价值的贡献，是企业投资决策依据的主要指标。

现金流入和现金流出的有关数据，可以依据营业收入、税金及附加和增值税估算表、建设投资估算表、流动资金估算表、项目总投资使用计划与资金筹措表、总成本费用估算表和利润表等有关财务报表填列。

项目投资现金流量表见附表11-1。

2.项目资本金现金流量表

为了全面考察项目盈利能力，除了对融资前的项目现金流量进行分析外，还需要进行项目资本金现金流量分析，其实质是进行项目融资后的财务分析。

项目资本金现金流量表的净现金流量包括项目在缴税和还本付息后所剩余的收益（含投资应分得的利润），即项目的净利润，也是投资者的权益性收益。通过项目资本金现金流量表，可以计算资本金的财务内部收益率，资本金财务内部收益率能够从投资者整体角度考察项目的盈利能力。

项目资本金现金流量表与项目投资现金流量表的现金流入内容相同，现金流出包括项目资本金、借款本金偿还、借款利息支付、经营成本、税金及附加、所得税和维持运营投资。现金流入和现金流出的有关数据可以依据营业收入、税金及附加和增值税估算表、建设投资估算表、流动资金估算表、项目总投资使用计划与资金筹措表、总成本费用估算表、借款及还本付息估算表和利润表等有关财务报表填列。

项目资本金现金流量表见附表11-2。

3.投资各方财务现金流量表

对于某些项目，为了考察投资各方的具体收益，还需要编制从投资各方的角度出发的现金流量表，这就是投资各方财务现金流量表。

通过投资各方财务现金流量表可以计算投资各方财务内部收益率。投资各方的财务内部收益率，实际上是相对次要的财务效益评价指标，因为在投资各方按股本比例分配利润和分担亏损与风险的原则下，投资各方的利益一般是均等的，只有在投资者中的各方有股权之外的不对等的利益分配时，投资各方的收益率才会有差异。此外，不按比例出资和分配的合作经营项目，投资各方的收益率也可能会有差异。计算投资各方的内部收益率，可以看出投资各方收益的不均衡性是否在合理水平上，有助于促成投资各方达成平等互利的投资方案，从而确定是否值得投资。

投资各方财务现金流量表的现金流入包括实分利润、资产处置收益分配、租赁费收入、技术转让或使用收入和其他现金流入。现金流出包括实缴资本、租赁资产支出和其他现金流出。现金流入和现金流出的有关数据，可以依据营业收入、税金及附加和增值税估算表、项目总投资使用计划与资金筹措表和总成本费用估算表等有关财务报表直接填列或者经过这些报表的计算间接得出。

投资各方财务现金流量表见附表11-3。

二、利润表

（一）利润表的概念与作用

利润表是反映项目计算期内各年的利润总额、所得税及税后利润的分配情况，用以计算总投资收益率和项目资本金净利润率等静态财务分析指标的表格。

（二）利润表的结构

1. 利润总额

利润总额是项目在一定时期内实现盈亏总额，即营业收入扣除税金及附加、总成本费用后再加上补贴收入之后的数额，用公式表示为：

利润总额=营业收入-税金及附加-总成本费用+补贴收入

营业收入和税金及附加依据营业收入、税金及附加和增值税估算表填列，总成本费用依据总成本费用估算表填列。

2. 项目亏损及亏损弥补的处理

项目在上一个年度发生亏损，可用当年获得的所得税税前利润弥补。当年所得税税前利润不足弥补的，可以在5年内用所得税税前利润延续弥补；延续5年未弥补的亏损，用缴纳所得税后的利润弥补。

3. 所得税的计算

利润总额按照现行财务制度规定进行调整（如弥补上年的亏损）后，作为计算项目应缴纳所得税税额的计税基数。所得税的计算用公式表示为：

应纳税所得额=利润总额-弥补以前年度亏损

所得税税率按照国家规定执行。国家对特殊项目有减免所得税规定的，按国家主管部门的有关规定执行，用公式表示为：

所得税=应纳税所得额×所得税税率

4. 所得税税后利润的分配

缴纳所得税后的利润，按照下列顺序分配：

第一，提取法定盈余公积。法定盈余公积按当年净利润的10%提取，其累计额达到项目法人注册资本的50%以上可不再提取。法定盈余公积可用于弥补亏损或按照国家规定转增资本金等。

第二，向投资者分配优先股股利，是指按照利润分配方案分配给优先股股东的现金股利。

　　第三，提取任意盈余公积。除按法律、法规的规定提取法定盈余公积之外，企业按照公司章程规定或投资者会议决议，还可以提取任意盈余公积，提取比例由企业自行决定。

　　第四，向各投资方分配利润，即应付普通股股利。应付普通股股利包括对国家投资分配利润、对其他单位投资分配利润、对个人投资分配利润等。分配比例往往依据投资者签订的协议或公司的章程等有关资料来确定。项目当年无盈利，不得向投资者分配利润。企业上年度未分配的利润，可以并入当年向投资者分配。

　　第五，未分配利润为可供分配利润减去以上各项应付利润后的余额。未分配利润主要偿还长期借款。按照国家现行财务制度规定，可供分配利润应首先用于偿还长期借款，借款偿还完毕，才可向投资者进行利润分配。

　　净利润及其分配顺序，用公式可表示为：

净利润=应纳税所得额−所得税

可供分配利润=净利润+期初未分配利润

可供投资者分配利润=可供分配利润−提取法定盈余公积

未分配利润=可供投资者分配利润−应付优先股股利−提取任意盈余公积−各投资方利润分配

　　利润表见附表11-4。

三、财务计划现金流量表

（一）财务计划现金流量表的概念

　　财务计划现金流量表反映项目计算期内各年的投资、融资及经营活动的现金流入和流出，用于计算累积盈余资金，分析项目的财务生存能力。

（二）财务计划现金流量表的结构

　　财务计划现金流量表分为四大项，即经营活动净现金流量、投资活动净资金流量、筹资活动净现金流量和累计盈余资金。每一项活动的净现金流量又分为现金流入和现金流出，现金流入减去现金流出为净现金流量。

　　1.经营活动净现金流量

　　（1）现金流入

　　经营活动现金流入包括营业收入、增值税销项税额、补贴收入和其他流入。可根据营业收入、税金及附加和增值税估算表以及利润表填列。

　　（2）现金流出

　　经营活动现金流出包括经营成本、增值税进项税额、税金及附加、增值税、所得税和其他流出。可根据营业收入、税金及附加和增值税估算表、总成本费用估算表以及利润表填列。

2.投资活动净现金流量

（1）现金流入

对于新建法人项目，投资活动的现金流入为零。

（2）现金流出

投资活动现金流出包括建设投资、维持运营投资、流动资金和其他流出。可根据建设投资估算表、流动资金估算表、项目总投资使用计划与资金筹措表填列。

3.筹资活动净现金流量

（1）现金流入

筹资活动现金流入包括项目资本金投入、建设投资借款、流动资金借款、债券、短期借款和其他流入。可根据项目总投资使用计划与资金筹措表填列。

（2）现金流出

筹资活动现金流出包括各种利息支出、偿还债务本金、应付利润（股利分配）和其他流出。可根据总成本费用表和借款还本付息表填列。

4.累计盈余资金

前三项之和为净现金流量，根据净现金流量计算累计盈余资金，"+"表示当年资金盈余，"−"表示当年资金短缺。

财务计划现金流量表见附表11-5。

四、资产负债表

（一）资产负债表的概念

资产负债表用于综合反映项目计算期内各年年末资产、负债和所有者权益的增减变化及对应关系，计算资产负债率，用以分析财务主体的偿债能力。

（二）资产负债表的结构

资产负债表由两部分组成，即资产和负债及所有者权益。

1.资产

资产包括流动资产总额、在建工程、固定资产净值和无形及其他资产净值，其中流动资产总额包括货币资金、应收账款、预付账款、存货和其他。

2.负债及所有者权益

负债包括流动负债总额、建设投资借款、流动资金借款。其中，流动负债总额由短期借款、应付账款、预收账款和其他组成。所有者权益包括资本金、资本公积金、累计盈余公积和累计未分配利润。

资产负债表见附表11-7。

五、借款还本付息计划表

（一）借款还本付息计划表的概念

借款还本付息计划表是反映项目计算期内各年借款本金偿还和利息支付情况，

用以计算偿债备付率和利息备付率指标，进行偿债能力分析的表格。

由于流动资金借款本金在项目计算期末一次性回收，因此，不必考虑流动资金的偿还问题。

（二）借款还本付息计划表的结构

1.借款还本付息计划表的结构项目

借款还本付息计划表的结构包括各种债务的期初余额及当期还本付息和期末债务余额。

2.借款还本付息计划表的填列

（1）借款

在项目的建设期，期初借款余额等于上年借款本金和建设期利息之和。在项目的生产期，期初借款余额等于上年尚未还清的借款本金。当期还本付息可以根据当年偿还借款本金和利息的资金来源填列。期末余额为期初本息余额与当期还本付息数额的差。

（2）债券

借款还本付息计划表中的债券是指通过发行债券来筹措建设资金，因此，债券的性质应当等同于借款。两者之间的区别是，通过债券筹集建设资金的项目，项目是向债权人支付利息和偿还本金，而不是向贷款的金融机构支付利息和偿还本金。

借款还本付息计划表见附表11-6。

六、财务报表之间的相互关系

财务分析的基本原理就是从财务报表中取得数据，计算财务分析的盈利能力指标和清偿能力指标，进行项目的盈利能力、清偿能力和财务生存能力分析。计算所得的各项指标，要与基本参数进行对比，根据一定的评价标准，决定项目是否可以考虑。财务报表的编制是财务效益分析体系中重要的组成部分。

财务分析的各种报表之间有着密切的联系。利润表和现金流量表都是为进行项目盈利能力分析提供基础数据的报表，所不同的是利润表是为计算反映项目盈利能力的静态指标提供数据，而现金流量表是为计算反映项目盈利能力的动态指标提供数据。同时，利润表也为现金流量表的填列提供了一些基础数据。

借款还本付息计算表和资产负债表都是为进行项目清偿能力分析提供基础数据的报表。根据借款还本付息计算表或资产负债表可以计算借款偿还期、资产负债率、流动比率和速动比率等指标。

财务报表之间的关系如图11-2所示。

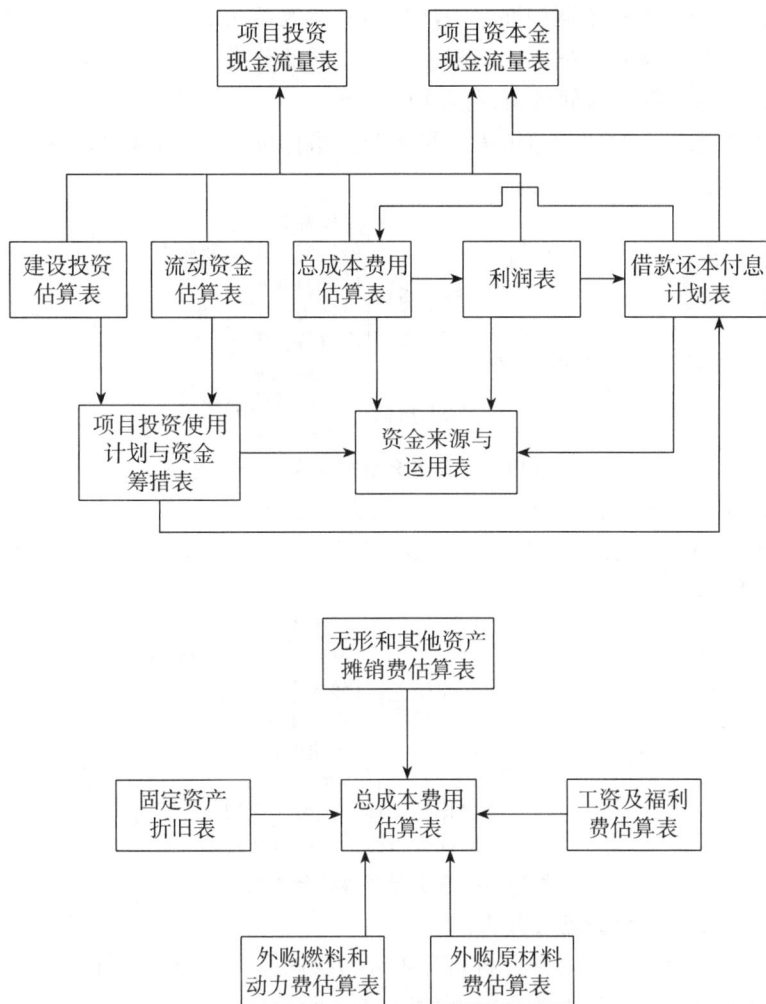

图 11-2　财务报表之间的关系

第三节　财务分析指标的计算

一、财务分析指标体系

投资项目财务分析结果的好坏，一方面取决于基础数据的可靠性，另一方面则取决于所选取的指标体系的合理性。只有选取正确的指标体系，项目的财务分析结果才能与客观实际情况相吻合，才具有实际意义。一般来讲，投资者的投资目标不止一个，因此，项目财务指标体系也不是唯一的。根据不同的评价深度要求和可获得资料的多少，以及项目本身所处条件与性质的不同，可选用不同的指标。这些指标也有主次之分，可从不同侧面反映项目的经济效益状况。

财务分析指标体系根据不同的标准可作不同的分类。

1.按是否考虑资金时间价值因素进行分类

按是否考虑资金时间价值因素，财务分析指标可分为静态指标和动态指标（如图 11-3 所示）。

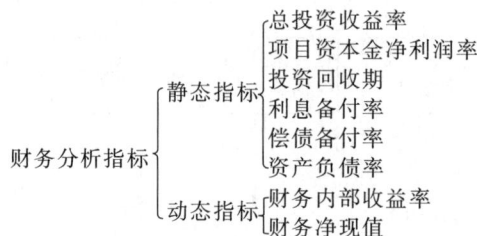

财务分析指标
- 静态指标
  - 总投资收益率
  - 项目资本金净利润率
  - 投资回收期
  - 利息备付率
  - 偿债备付率
  - 资产负债率
- 动态指标
  - 财务内部收益率
  - 财务净现值

图 11-3　财务分析指标分类之一

2.按指标的性质进行分类

按指标的性质，财务分析指标可分为时间性指标、价值性指标和比率性指标（如图 11-4 所示）。

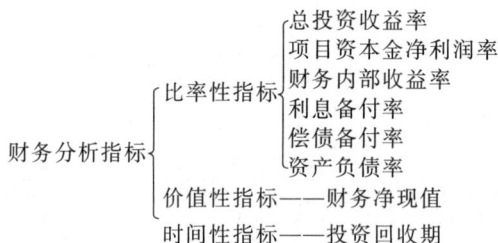

财务分析指标
- 比率性指标
  - 总投资收益率
  - 项目资本金净利润率
  - 财务内部收益率
  - 利息备付率
  - 偿债备付率
  - 资产负债率
- 价值性指标——财务净现值
- 时间性指标——投资回收期

图 11-4　财务分析指标分类之二

3.按财务分析的目标进行分类

按财务分析的目标，财务分析指标可分为反映盈利能力的指标、反映偿债能力的指标和反映财务生存能力的指标（如图 11-5 所示）。

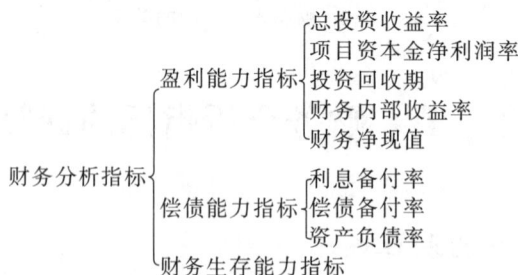

财务分析指标
- 盈利能力指标
  - 总投资收益率
  - 项目资本金净利润率
  - 投资回收期
  - 财务内部收益率
  - 财务净现值
- 偿债能力指标
  - 利息备付率
  - 偿债备付率
  - 资产负债率
- 财务生存能力指标

图 11-5　财务分析指标分类之三

上述指标可以通过相应的财务分析报表直接或间接求得，这些财务分析指标与基本报表的关系见表 11-1。

表 11-1 财务分析指标与基本报表关系

分析内容	基本报表	静态指标	动态指标
盈利能力分析	项目投资现金流量表	投资回收期（所得税前后）	项目投资财务内部收益率（所得税前后） 项目投资财务净现值（所得税前后）
	项目资本金现金流量表		资本金财务内部收益率
	投资各方财务现金流量表		投资各方财务内部收益率
	利润表	总投资收益率 项目资本金净利润率	
偿债能力分析	借款还本付息估算表	利息备付率 偿债备付率	
	资产负债表	资产负债率	
财务生存能力分析	项目财务现金流量表		
其他		价值指标或实物指标	

二、反映项目盈利能力的指标

按照是否考虑资金的时间价值，反映项目盈利能力的指标分为静态指标和动态指标。静态盈利能力指标主要根据现金流量表和利润表计算。

（一）静态指标的计算

静态盈利能力指标是指不考虑资金时间价值因素的影响而计算的盈利能力指标，主要包括总投资收益率、项目资本金净利润率和静态投资回收期。静态盈利能力指标可以根据建设投资估算表、项目总投资使用计划与资金筹措表、利润表和现金流量表中的有关数据计算。

1.总投资收益率

总投资收益率（ROI）表示总投资的盈利水平，是指项目达到设计生产能力后正常年份的年息税前利润或运营期内年平均息税前利润（EBIT）与项目总投资（TI）的比率。其计算公式为：

$$ROI = \frac{EBIT}{TI} \times 100\%$$

式中：EBIT——项目正常年份的年息税前利润或运营期内年平均息税前利润；

TI——项目总投资。

若项目生产期较短，且年息税前利润额波动较大，可以选择生产期的平均年息税前利润额；若项目生产期较长，年息税前利润额在生产期又没有较大的波动，可选择正常生产年份的年息税前利润额。

式中的总投资为建设投资、建设期利息和流动资金之和。

计算出的总投资收益率要与同行业的总投资收益率进行比较，判断项目的获利能力和水平。若计算出的总投资收益率高于同行业的总投资收益率，则认为项目盈利能力满足要求。

2.项目资本金净利润率

项目资本金净利润率（ROE）表示项目资本金的盈利水平，是指项目达到设计能力后正常年份的年净利润或运营期内年平均净利润（NP）与项目资本金（EC）的比率。其计算公式为：

$$ROE = \frac{NP}{EC} \times 100\%$$

式中：NP——项目正常年份的年净利润或运营期内年平均净利润；

　　　EC——项目资本金。

年净利润是选择正常生产年份的税后利润，还是选择生产期平均年税后利润，原理与总投资收益率的计算相同。式中的资本金也是指项目的全部注册资本金。资本金净利润率应该是投资者最关心的一个指标，因为它反映了投资者自己的出资所带来的净利润。

项目资本金净利润率高于同行业的净利润率参考值，表明用项目资本金净利润率表示的盈利能力满足要求。

3.投资回收期

投资回收期（P_t）是指以项目的净收益回收项目投资所需要的时间，一般以年为单位，项目投资回收期宜从项目建设开始年算起，若从项目投产开始年计算，应予以特别说明。其表达式为：

$$\sum_{t=1}^{P_t} (CI - CO)_t = 0$$

式中：P_t——投资回收期。

项目投资回收期可借助项目投资现金流量表计算。项目投资现金流量表中累计净现金流量由负值变为零的时点，即为项目的投资回收期。可用下式计算：

$$P_t = T - 1 + \frac{\left| \sum_{i=1}^{T-1} (CI - CO)_i \right|}{(CI - CO)_T}$$

式中：T——各年累计净现金流量首次为正值或零的年数。

投资回收期短，表明项目投资回收快，抗风险能力强。

总之，静态盈利能力指标的计算比较简单，但由于没有考虑资金的时间价值，因此在进行项目财务分析时，还需计算动态盈利能力指标。

（二）动态指标的计算

动态盈利能力指标是指考虑资金时间价值因素的影响而计算的盈利能力指标，主要包括财务净现值和财务内部收益率。动态指标需要根据现金流量表计算。

1.财务净现值

财务净现值（FNPV）是指按设定的折现率（一般采用基准收益率 i_c）计算的项目计算期内净现金流量的现值之和。其计算公式为：

$$FNPV = \sum_{t=1}^{n}(CI - CO)_t(1 + i_c)^{-t}$$

式中：CI——现金流入量；

　　　CO——现金流出量；

　　　$(CI-CO)_t$——第 t 年的净现金流量；

　　　n——计算期 $(1,2,3,\cdots,n)$；

　　　i_c——设定的折现率；

　　　$(1+i_c)^{-t}$——第 t 年的折现系数。

一般情况下，财务盈利能力分析只计算项目投资财务净现值，可根据需要选择计算所得税税前净现值或所得税税后净现值。

财务净现值是评价项目盈利能力的绝对指标，它反映项目在满足按设定折现率要求的盈利能力之外，获得的超额盈利的现值。计算出的财务净现值可能有三种结果，即 FNPV>0，FNPV=0，或 FNPV<0。当 FNPV>0 时，说明项目的盈利能力超过了按设定的基准折现率计算的盈利能力，从财务角度考虑，项目是可以接受的；当 FNPV=0 时，说明项目的盈利能力刚好达到按设定的基准折现率计算的盈利能力，可以考虑接受项目；当 FNPV<0 时，说明项目的盈利能力达不到按设定的基准折现率计算的盈利能力，一般从财务角度判断项目是不可行的。

财务净现值指标计算简便，只要编制了现金流量表，确定好折现率，净现值的计算仅是一种简单的算术方法。另外，该指标的计算结果稳定，不会因算术方法的不同而带来任何差异。

财务净现值虽然考虑了项目整个寿命期的经济数据，全面地反映了项目的盈利能力，但财务净现值指标也有不足。其不足之处主要体现在两个方面：第一，财务净现值指标是一个绝对数指标，只能反映项目是否有盈利，并不能反映拟建项目的实际盈利水平。第二，需要事先确定 i_c。i_c 是部门或行业的基准收益率或者是设定的一个基准收益率，是计算净现值的折现率。在项目所有经济数据不变的情况下，使 i_c 从小到大变化，就会发现作为 i_c 的函数，同一现金流量的净现值随着 i 的增大，发生由大到小的变化。如图 11-6 所示，在 $i=i^*$ 处，财务净现值等于零；当 $i<i^*$ 时，财务净现值大于零；当 $i>i^*$ 时，财务净现值小于零。可见，项目选择的折现率过高，可行的项目可能被否定；选择的折现率过低，不可行的项目就可能被选中，特别是对那些投资收益水平居中的项目。所以，在运用财务净现值指标时，要选择一个比较客观的折现率；否则，评价的结果往往"失真"，可能造成决策失误。

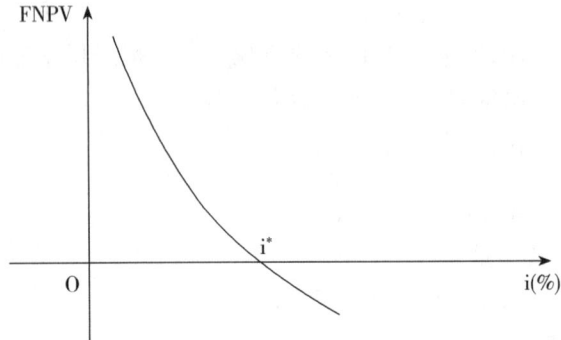

图11-6　财务净现值与折现率的关系

为了克服利用财务净现值指标评价方案或筛选方案时可能产生的误差，在财务分析中，往往选择财务内部收益率作为主要的评价指标。

2.财务内部收益率

财务内部收益率（FIRR）是指项目在整个计算期内各年净现金流量现值之和为零时的折现率，也就是使计算期内各年净现值之和等于零时的折现率。它是评价项目盈利能力的一个重要动态评价指标，表示项目的实际盈利水平。其表达式为：

$$\sum_{t=1}^{n}(CI-CO)_t \cdot (1+FIRR)^{-t} = 0$$

式中：FIRR——财务内部收益率；

其他符号的含义同上。

财务内部收益率与财务净现值的表达式基本相同，但计算程序截然不同。在计算财务净现值时，预先设定折现率，并以此折现率将各年净现金流量折算成现值，然后累加得出净现值。在计算财务内部收益率时，要经过多次试算，使得净现金流量现值累计等于零。财务内部收益率的手工计算比较繁杂，一般可借助Excel或有特定功能的计算器完成。如果用手工计算，应先采用试算法，后采用插入法。

运用手工计算项目财务内部收益率的基本步骤是：

第一步，用估计的某一折现率对拟建项目整个计算期内各年财务净现金流量进行折现，并得出净现值。如果得到的净现值等于零，则所选定的折现率即为财务内部收益率。如所得财务净现值为一正数，则再选一个更高一些的折现率再次进行试算，直至正数财务净现值接近零为止。

第二步，在第一步的基础上，再继续提高折现率，直至计算出接近零的负数财务净现值为止。

第三步，根据上两步计算所得的正、负财务净现值及其对应的折现率，运用插入法计算财务内部收益率。因为内部收益率与净现值之间不是线性关系，如果两个折现率之间的差太大，计算结果会有较大的误差，所以，为保证计算的准确性，一般规定，两个折现率之差最好是在2%~5%之内。

插入法是将试算法得出的数据代入插入法计算公式来求出财务内部收益率的一

种方法。插入法的计算公式推导如下：

设折现率为 i_1 时，$FNPV_1>0$；折现率为 i_2 时，$FNPV_2<0$。

如图 11-7 所示，将 i_1、i_2、$FNPV_1$、$FNPV_2$ 标示在直角坐标系中，连接 A、C 与纵轴相交于 D 点。在这一点上，$FNPV=0$，即在此点的折现率就是财务内部收益率，用 FIRR 表示。过 C（$FNPV_1$，i_1）点引一条平行于横轴的直线，过 A（$FNPV_2$，i_2）点引一条平行于纵轴的直线，两条直线相交于 B（$FNPV_2$，i_1）点。

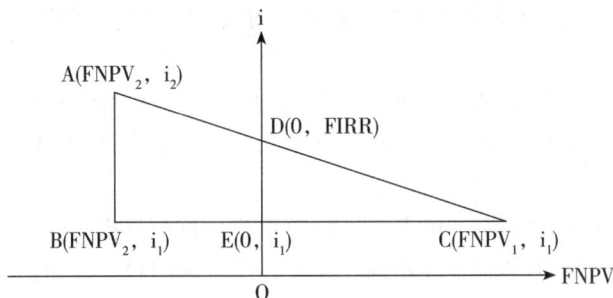

图 11-7　财务内部收益率的计算

△ABC 与 △DEC 是两个相似三角形，其对应边成比例，即：

$$\frac{FIRR - i_1}{i_2 - i_1} = \frac{FNPV_1}{FNPV_1 + |FNPV_2|}$$

将上式整理得：

$$FIRR = i_1 + (i_2 - i_1) \frac{FNPV_1}{FNPV_1 + |FNPV_2|}$$

式中：i_1——偏低折现率；

　　　i_2——偏高折现率；

　　　$FNPV_1$——正的净现值；

　　　$FNPV_2$——负的净现值。

按分析内容不同，财务内部收益率分为项目投资财务内部收益率、项目资本金财务内部收益率和投资各方财务内部收益率，但所用的现金流入和现金流出不同。

项目投资财务内部收益率是考察项目确定融资方案前整个项目的盈利能力。计算出的项目投资财务内部收益率要与行业发布或财务分析人员设定的基准折现率，或投资者的目标收益率（i_c）进行比较，如果计算的 FIRR 大于或等于 i_c，则说明项目的盈利能力能够满足要求，是可以考虑接受的；否则，说明不能满足项目盈利能力的要求，则认为该项目从财务角度分析是不可行的。

资本金财务内部收益率是以项目资本金为计算基础，考察所得税税后资本金可能获得的收益水平。

投资各方财务内部收益率是以投资各方出资额为计算基础，考察投资各方可能获得的收益水平。资本金财务内部收益率和投资各方财务内部收益率应与出资方最低期望收益率对比，判断投资方的收益水平。

财务内部收益率的概念明晰，反映项目的实际盈利率，并且计算时不用事先确定基准收益率或者设定一个折现率 i_1，但财务内部收益率的计算过程还是比较烦琐的。特别是财务内部收益率是数学表达式，是一个求解高次方程的过程，因此财务内部收益率可能出现这样几种情况：财务内部收益率是唯一的、财务内部收益率有多个（即有多个根）和无实数财务内部收益率（即无解）。多个根与无解是财务内部收益率的重要特性。因此，使用财务内部收益率指标时，需持谨慎的态度。如果项目有多个财务内部收益率或无实数财务内部收益率，则运用财务内部收益率指标将会使投资决策误入歧途。在此情况下，应当运用其他财务分析指标。

在财务分析中，一般将内部收益率的判别基准（i_c）和计算净现值的折现率取同一数值，可使 FIRR$\geq i_c$ 对项目效益的判断和采用 i_c 计算的 FNPV≥ 0 对项目效益的判断结果一致。

作为项目投资判别基准的财务基准收益率或计算项目投资净现值的折现率，应主要依据资金机会成本和资金成本确定，并充分考虑项目可能面临的风险。项目的投资目标、投资人的偏好、项目隶属的行业对确定基准收益率或折现率有重要影响。实际工作中，应根据项目的性质使用有关部门发布的行业财务基准收益率，或参考使用有关主管部门发布的财务基准收益率。

在判别基准的设定中是否考虑价格总水平变动因素，应与指标计算时对价格总水平变动因素的处理相一致。在项目投资现金流量表的编制中一般不考虑价格总水平变动因素，所以在判别基准的设定中通常要剔除价格总水平变动因素的影响。

总之，由于动态指标考虑了资金的时间价值，因此，它在项目财务分析过程中应作为主要的盈利能力评价指标，同时辅以静态指标进行分析。

三、反映项目清偿能力的指标

投资项目的偿债能力分析是指根据有关财务报表，计算反映偿债能力的指标，考察项目借款偿还能力的过程。反映项目清偿能力的指标包括借款偿还期、利息备付率、偿债备付率和资产负债率。

（一）借款偿还期

借款偿还期是以项目投产后获得的可用于还本付息的资金来源，还清建设投资借款本息所需要的时间，一般以年为单位。偿还借款的资金来源包括按照国家规定当年可用于还本的折旧、摊销费、未分配利润、以前年度结余可用于还本的资金、用于还本的短期借款和其他可用于还款的资金等。借款偿还期依据借款还本付息估算表计算。

借款还本付息估算表可依据项目总投资使用计划与资金筹措表、总成本费用估算表和利润表的有关数据，通过计算进行填列。

借款偿还期的计算公式为：

$$借款偿还期=\frac{偿还借款本金的资金来源}{大于年初借款本息累计的年份}-\frac{开始}{借款年份}+\frac{当年偿还借款数}{当年可用于还款的资金来源}$$

或 $$借款偿还期=\frac{偿还借款本金的资金来源大}{于年初借款本息累计的年份}-\frac{开始借}{款年份}+\frac{年初借款本息累计}{当年实际偿还借款本金的资金来源}$$

计算出借款偿还期后，要与贷款机构的要求期限进行对比，等于或小于贷款机构提出的要求期限，即认为项目有足够的偿债能力；否则，认为项目的偿债能力不足，从偿债能力角度考虑，可认为项目是不可行的。

计算借款偿还期指标的目的是计算项目的最大偿还能力。因此，这一指标适用于尽快偿还贷款的项目，不适用于已经约定偿还借款期限的项目，如项目借款中涉及国外借款时，一般采取等本偿还利息照付或等额偿还本息的方式。如果借款偿还期限是约定的，则无须计算借款偿还期指标。

对于已经约定借款偿还期限的项目，应采用利息备付率和偿债备付率指标分析项目的偿债能力。

$$借款偿还期=借款偿还后开始出现盈余年份-开始借款年份+\frac{当年借款额}{当年可用于还款的资金额}$$

需注意的是，该借款偿还期只是为估算利息备付率和偿债备付率指标所用，不应与利息备付率和偿债备付率指标并列。

（二）利息备付率

利息备付率（ICR）是指在借款偿还期内的息税前利润（EBIT）与应付利息（PI）的比值，它从付息资金来源的充裕性角度反映项目偿付债务利息的保障程度。其计算公式为：

$$ICR=\frac{EBIT}{PI}$$

式中：EBIT——息税前利润；

PI——计入总成本费用的应付利息。

其中，息税前利润是指利润表中未扣除利息费用和所得税之前的利润，当期应付利息费用是指计入总成本的本期发生的全部应付利息。

利息备付率表示项目的利润偿付利息的保证倍率，利息备付率高，说明利息偿付的保障程度高。对于正常运营的企业，利息备付率应当大于2。利息备付率小于1，表示没有足够资金支付利息，偿债风险很大。

利息备付率应分年计算。

（三）偿债备付率

偿债备付率（DSCR）是指项目在借款偿还期内，用于计算还本付息的资金（EBITDA-T）与应还本付息金额（PD）的比值，它表示可用于还本付息的资金偿还借款本息的保障程度。

其计算公式为：

$$DSCR=\frac{EBITDA-T}{PD}$$

式中：EBITDA——息税前利润加折旧和摊销；

       T——企业所得税；

      PD——应还本付息金额，包括还本金额和计入总成本费用的全部利息。融资租赁费用可视同借款偿还。运营期内的短期借款本息也应纳入计算中。

如果项目在运行期内有维持运营的投资，可用于还本付息的资金应扣除维持运营的投资。

偿债备付率表示可用于还本付息的资金偿还借款本息的保证倍数。正常情况下，偿债备付率应当大于1，且越高越好。偿债备付率低，说明还本付息的资金不足，偿债风险大。当指标值小于1时，表示当年资金来源不足以偿还当期债务，需要通过短期借款偿付已到期的债务。

（四）资产负债率

资产负债率（LOAR）是指各期期末负债总额（TL）同资产总额（TA）的比率，应按下式计算：

$$LOAR = \frac{TL}{TA} \times 100\%$$

式中：TL——期末负债总额；

      TA——期末资产总额。

适度的资产负债率表明企业经营安全、稳健，具有较强的筹资能力，也表明企业和债权人的风险较小。对该指标的分析，应结合国家宏观经济状况、行业发展趋势、企业所处竞争环境等具体条件判定。在项目财务分析中，长期债务还清后可不再计算资产负债率。

四、反映财务生存能力的指标

在项目（企业）运营期间，确保从各项经济活动中得到足够的净现金流量是项目能够持续生存的条件。在财务分析中，应根据财务计划现金流量表，综合考察项目计算期内各年的投资活动、融资活动和经营活动所产生的各项现金流入和流出，计算净现金流量和累计盈余资金，分析项目是否有足够的净现金流量维持正常运营。为此，财务生存能力分析亦可称为资金平衡分析。

财务生存能力分析应结合偿债能力分析进行，如果拟安排的还款期过短，致使还本付息负担过重，导致为维持资金平衡必须筹措的短期借款过多，可以调整还款期，减轻各年还款负担。通常，因运营期前期的还本付息负担较重，故应特别注意运营期前期的财务生存能力分析。

可以通过以下两个方面，具体判断项目的财务生存能力：

第一，是否拥有足够的经营净现金流量是财务能否持续的基本条件。一个项目具有较大的经营净现金流量，说明项目方案比较合理，实现自身资金平衡的可能性大，不会过分依赖短期融资来维持运营；反之，一个项目不能产生足够的经营净现金流量，或经营净现金流量为负值，说明维持项目正常运行会遇到财务上的困难，项目方案缺乏合理性，实现自身资金平衡的可能性小，有可能要靠短期融资来维持运营，或者是非经营项目本身无能力实现自身资金平衡，要靠政府补贴。

第二，各年累计盈余资金不出现负值是财务生存的必要条件。在整个运营期间，允许个别年份的净现金流量出现负值，但不能容许任一年份的累计盈余资金出现负值。一旦出现负值应适时进行短期融资，该短期融资应体现在财务计划现金流量表中，同时，短期融资的利息也应纳入成本费用和其后的计算。较大的或较频繁的短期融资，有可能导致以后的累计盈余资金无法实现正值，致使项目难以持续运营。

财务计划现金流量表是项目财务生存能力分析的基本报表，其编制基础是财务分析辅助报表和利润表。

第四节　非经营性项目的财务分析

一、对没有营业收入的项目

对没有营业收入的项目，不进行盈利能力分析，主要考察项目财务生存能力。此类项目通常需要政府长期补贴才能维持运营，应合理估算项目运营期各年所需的政府补贴数额，并分析政府补贴的可能性与支付能力。对有债务资金的项目，还应结合借款偿还要求进行财务生存能力分析。

二、对有营业收入的项目

对有营业收入的项目，财务分析应根据收入抵补支出的程度区别对待。收入补偿费用的顺序应为：补偿人工、材料等生产经营耗费，缴纳流转税，偿还借款利息，计提折旧和偿还借款本金。

有营业收入的非经营性项目可分为下列两类：

第一，营业收入在补偿生产经营耗费、缴纳流转税、偿还借款利息、计提折旧和偿还借款本金后尚有盈余，表明项目在财务上有盈利能力和生存能力，其财务分析方法与一般项目基本相同。

第二，对一定时期内收入不足以补偿全部成本费用，但通过在运行期内逐步提高价格（收费）水平，可实现其设定的补偿生产经营耗费、缴纳流转税、偿还借款利息、计提折旧和偿还借款本金的目标，并预期在中、长期产生盈余的项目，可只进行偿债能力分析和财务生存能力分析。由于项目运营前期需要政府在一定时期内给予补贴，以维持运营，因此应估算各年所需的政府补贴数额，并分析政府在一定时期内可能提供财政补贴的能力。

■ 本章小结

　　财务分析是在财务效益与费用的估算以及编制财务辅助报表的基础上，编制财务报表，计算财务分析指标，考察和分析项目的盈利能力、偿债能力和财务生存能力，判断项目的财务可行性，明确项目对财务主体的价值以及对投资者的贡献，为投资决策、融资决策以及银行审贷提供依据。

　　财务分析一般宜先进行融资前分析，再进行融资后分析。融资前分析只进行盈利能力分析，并以动态分析（折现现金流量分析）为主，以营业收入、建设投资、经营成本和流动资金的估算为基础，考察整个计算期内现金流入和流出，编制项目投资现金流量表，计算项目投资内部收益率和净现值等指标；融资后分析应以融资前分析和初步的融资方案为基础，主要是针对项目资本金折现现金流量和投资各方折现现金流量进行分析，考察项目在拟融资方案中的盈利能力分析、偿债能力分析和财务生存能力分析，判断项目方案在融资条件下的可行性。

　　财务分析的主要目标是投资项目的盈利能力、偿债能力和财务生存能力。

　　财务分析应在项目财务效益与费用估算的基础上进行。对于经营性项目，财务分析应通过编制财务分析报表，计算财务指标，分析项目的盈利能力、偿债能力和财务生存能力，判断项目的财务可接受性，明确项目对财务主体及投资者的价值贡献，为项目决策提供依据。对于非经营性项目，财务分析应主要分析项目的财务生存能力。

　　财务分析报表包括各类现金流量表、利润表、财务计划现金流量表、资产负债表和借款还本付息计划表等。

　　现金流量表是指反映项目在计算期内各年的现金流入、现金流出和净现金流量的计算表格。按照国家有关规定，项目的现金流量分析分为三个层次：第一层次为项目现金流量分析；第二层次为项目资本金现金流量分析；第三层次为投资各方现金流量分析。因此，现金流量表也可分为项目投资现金流量表、项目资本金现金流量表和投资各方现金流量表。编制现金流量表的主要作用是计算不同层次的财务内部收益率、财务净现值和投资回收期等分析指标。

　　利润表是反映项目计算期内各年的利润总额、所得税及税后利润的分配情况，用以计算总投资收益率和项目资本金净利润率等静态财务分析指标的表格。

　　财务计划现金流量表反映项目计算期内各年的投资、融资及经营活动的现金流入和流出，用于计算累积盈余资金，分析项目的财务生存能力。

　　资产负债表是用于综合反映项目计算期内各年年末资产、负债和所有者权益的增减变化及对应关系，计算资产负债率，用以分析财务主体的偿债能力。

　　借款还本付息计划表是反映项目计算期内各年借款本金偿还和利息支付情况，用以计算偿债备付率和利息备付率指标，进行偿债能力分析的表格。

　　财务分析的基本原理就是从财务报表中取得数据，计算财务分析的盈利能力指标和清偿能力指标，进行项目的盈利能力、清偿能力和财务生存能力分析。财务分析的各种报表之间有着密切的联系。

　　只有选取正确的指标体系，项目的财务分析结果才能与客观实际情况相吻合，才具有实际意义。

　　按是否考虑资金时间价值因素，财务分析指标可分为静态指标和动态指标；按指标的性质，财务分析指标可分为时间性指标、价值性指标和比率性指标；按财务分析的目标，财务分析指标可分为反映盈利能力的指标、反映偿债能力的指标和反映财务生存能力的指标。

　　静态盈利能力指标是指不考虑资金时间价值因素的影响而计算的盈利能力指标，主要包括总投资收益率、项目资本金净利润率和静态投资回收期。静态盈利能力指标可以根据建设投资估算表、项目总投资使用计划与资金筹措表、利润表和现金流量表中的有关数据计算。

　　动态盈利能力指标是指考虑资金时间价值因素的影响而计算的盈利能力指标，主要包括财务净现值和财务内部收益率。动态指标需要根据现金流量表计算。

　　投资项目的偿债能力分析，是指根据有关财务报表，计算反映偿债能力的指标，考察项目借款偿还能力的过程。反映项目清偿能力的指标包括利息备付率、偿债备付率和资产负债率。

　　在项目（企业）运营期间，确保从各项经济活动中得到足够的净现金流量是项目能够持续生存的条件。财务分析中应根据财务计划现金流量表，综合考察项目计算期内各年的投资活动、融资活动和经营活动所产生的各项现金流入和流出，计算净现金流量和累计盈余资金，分析项目是否有足够的净现金流量维持正常运营。因此，财务生存能力分析亦可称为资金平衡分析。

　　对于非经营性项目，财务分析可按下列要求进行：第一，对没有营业收入的项目，不进行盈利能力分析，主要考察项目财务生存能力。第二，对有营业收入的项目，财务分析应根据收入抵补支出的程度区别对待。

■ 关键概念

　　财务分析　现金流量　现金流量表　静态指标　动态指标　财务净现值　财务内部收益率

■ 复习思考题

　　1.财务分析的目标是什么？

　　2.财务效益分析的报表有哪些？

　　3.财务净现值有哪些特点？

　　4.分析财务净现值与折现率的关系。

　　5.财务内部收益率的特点有哪些？

　　6.反映项目盈利能力和清偿能力的指标有哪些？

附表 11-1　　　　　　　　　　**项目投资现金流量表**　　　　　　单位：万元

序号	项目 ＼ 年份	计算期 1	2	3	4	5	6	…	n	合计
	生产负荷（%）									
1	现金流入									
1.1	营业收入									
1.2	补贴收入									
1.3	回收固定资产余值									
1.4	回收流动资金									
2	现金流出									
2.1	建设投资									
2.2	流动资金									
2.3	经营成本									
2.4	税金及附加									
2.5	维持运营投资									
3	所得税税前净现金流量（1-2）									
4	累计所得税税前净现金流量									
5	调整所得税									
6	所得税税后净现金流量									
7	累计所得税税后净现金流量									

计算指标：
项目投资财务内部收益率（%）（所得税税前）
项目投资财务内部收益率（%）（所得税税后）
项目投资财务净现值（所得税税前）（%）
项目投资财务净现值（所得税税后）（%）
投资回收期（年）（所得税税前）
投资回收期（年）（所得税税后）

附表 11-2 　　　　　　　　　　**项目资本金现金流量表** 　　　　　　　单位：万元

序号	年份 项目	计算期								合计
		1	2	3	4	5	6	…	n	
	生产负荷（%）									
1	现金流入									
1.1	营业收入									
1.2	补贴收入									
1.3	回收固定资产余值									
1.4	回收流动资金									
2	现金流出									
2.1	项目资本金									
2.2	借款本金偿还									
2.3	借款利息支付									
2.4	经营成本									
2.5	税金及附加									
2.6	所得税									
2.7	维持运营投资									
3	净现金流量（1-2）									

计算指标：

资本金内部收益率（%）

附表 11-3 　　　　　　　　　　**投资各方财务现金流量表** 　　　　　　　单位：万元

序号	年份 项目	计算期								合计
		1	2	3	4	5	6	…	n	
1	现金流入									
1.1	实分利润									
1.2	资产处置收益分配									
1.3	租赁费收入									
1.4	技术转让收入									
1.5	其他现金流入									
2	现金流出									
2.1	实缴资本									
2.2	租赁资产支出									
2.3	其他现金流出									
3	净现金流量（1-2）									

计算指标：

投资各方内部收益率（%）

附表 11-4   **利润表**   单位：万元

序号	项目 ＼ 年份	计算期								合计
		1	2	3	4	5	6	…	n	
1	营业收入									
2	税金及附加									
3	总成本费用									
4	补贴收入									
5	利润总额（1-2-3+4）									
6	弥补以前年度亏损									
7	应纳税所得额（5-6）									
8	所得税									
9	净利润（5-8）									
10	期初未分配利润									
11	可供分配利润（9+10）									
12	提取法定盈余公积									
13	可供投资者分配的利润（11-12）									
14	应付优先股股利									
15	提取任意盈余公积									
16	应付普通股股利（13-14-15）									
17	各投资方利润分配									
18	未分配利润（13-14-15-17）									
19	息税前利润（利润总额+利息支出）									
20	息税折旧摊销前利润（息税前利润+折旧+摊销）									

附表 11-5　　　　　　　　　　　**财务计划现金流量表**　　　　　　　　单位：万元

序号	项目＼年份	计算期								合计
		1	2	3	4	5	6	…	n	
1	经营活动净现金流量（1.1-1.2）									
1.1	现金流入									
1.1.1	销售（营业）收入									
1.1.2	增值税销项税额									
1.1.3	补贴收入									
1.1.4	其他收入									
1.2	现金流出									
1.2.1	经营成本									
1.2.2	增值税进项税额									
1.2.3	税金及附加									
1.2.4	增值税									
1.2.5	所得税									
1.2.6	其他流出									
2	投资活动净现金流量（2.1-2.2）									
2.1	现金流入									
2.2	现金流出									
2.2.1	建设投资									
2.2.2	维持运营投资									
2.2.3	流动资金									
2.2.4	其他流出									
3	筹资活动净现金流量（3.1-3.2）									
3.1	现金流入									
3.1.1	项目资本金投入									
3.1.2	建设投资借款									
3.1.3	流动资金借款									
3.1.4	债券									
3.1.5	短期借款									
3.1.6	其他流入									
3.2	现金流出									
3.2.1	各种利息支出									
3.2.2	偿还债务本金									
3.2.3	应付利润									
3.2.4	其他流出									
4	净现金流量（1+2+3）									
5	累计盈余资金									

附表 11-6　　　　　　　　　　借款还本付息计划表　　　　　　单位：万元

序号	项目＼年份	计算期								合计
		1	2	3	4	5	6	…	n	
1	借款 1									
1.1	期初本息余额									
1.2	当期还本付息									
	其中：还本									
	付息									
1.3	期末借款余额									
2	借款 2									
2.1	期初本息余额									
2.2	当期还本付息									
	其中：还本									
	付息									
2.3	期末借款余额									
3	债券									
3.1	期初债务余额									
3.2	当期还本付息									
	其中：还本									
	付息									
3.3	期末债务余额									
4	借款和债券合计									
4.1	期初本息余额									
4.2	本年还本付息									
	其中：还本									
	付息									
4.3	期末余额									

计算指标：

利息备付率（%）

偿债备付率（%）

附表 11-7   资产负债表   单位：万元

序号	年份 项目	计算期								合计
		1	2	3	4	5	6	…	n	
1	资产									
1.1	流动资产总额									
1.1.1	货币资金									
1.1.2	应收账款									
1.1.3	预付账款									
1.1.4	存货									
1.1.5	其他									
1.2	在建工程									
1.3	固定资产净值									
1.4	无形及其他资产净值									
2	负债及所有者权益									
2.1	流动负债总额									
2.1.1	短期借款									
2.1.2	应付账款									
2.1.3	预收账款									
2.1.4	其他									
2.2	建设投资借款									
2.3	流动资金借款									
2.4	负债小计									
2.5	所有者权益									
2.5.1	资本金									
2.5.2	资本公积金									
2.5.3	累计盈余公积									
2.5.4	累计未分配利润									

计算指标：

资产负债率（%）

附表 11-8   **资产负债表（既有项目法人项目）**   单位：万元

序号	项目 年份	计算期								合计
		1	2	3	4	5	6	...	n	
1	资产									
1.1	流动资产									
1.1.1	应收账款									
1.1.2	存货									
1.1.3	现金									
1.1.4	累计盈余资金									
1.1.5	其他流动资产									
1.2	在建工程									
1.3	固定资产净值									
1.4	无形及其他资产净值									
1.5	长期投资									
2	负债及所有者权益									
2.1	流动负债总额									
2.1.1	应付账款									
2.1.2	其他应付款									
2.1.3	短期借款									
2.1.4	流动资金借款									
2.1.5	其他流动负债									
2.2	长期借款									
	负债小计									
2.3	所有者权益									
2.3.1	实收资本									
2.3.2	资本公积金									
2.3.3	累计盈余公积									
2.3.4	累计未分配利润									

第十二章

经济费用效益分析

□ 学习目标

　　通过本章的学习，学生应重点掌握经济费用效益分析的方法；熟悉经济费用效益分析的程序，经济费用效益分析与财务分析的主要区别；了解影子价格在经济费用效益分析中的重要作用，以及影子价格的测算方法。

　　经济费用效益分析是按照资源合理配置的原则，从整个社会的角度出发，分析项目投资的经济效率和对社会福利的贡献，评价项目经济合理性的经济评价方法。经济费用效益分析是可行性研究和项目评估的重要组成部分，是投资决策的重要依据。

第一节　经济费用效益分析概述

一、经济费用效益分析的意义

　　在项目经济评价中，仅仅进行项目的财务分析是不够的，更重要的是要进行经济费用效益分析。

　　第一，经济费用效益分析是项目评价方法体系的重要组成部分，市场分析、技术方案分析、财务分析，以及社会评价都不能代替经济费用效益分析的功能和作用。例如，在现行财务分析中，是用现行价格计算项目的效益和成本的，由于各方面的原因，我国有些现行价格"失真"，用这些价格评价项目，不能真实和客观地反映项目的经济价值，即不能客观地反映投入的资源给社会带来的效益。

　　第二，经济费用效益分析是市场经济体制下政府对公共项目进行分析评价的重要方法，是市场经济国家政府部门干预投资活动的重要手段。进行经济费用效益分析的项目主要有电力、电信和交通运输等自然垄断项目，公共产品项目，具有明显外部效果的项目和国家控制的战略性资源开发及涉及国家经济安全的项目等。由于这类项目存在规模效益递增的产业特征，企业一般不会按照帕累托最优原则进行运作，从而导致市场配置资源失效。有些项目提供公共产品，但由于存在着不愿意付费的消费者，所以，需要政府干预这些项目的投资活动。

第三，在新的投资体制下，国家把项目的审批和核准重点放在项目的外部效果和公共性方面。经济费用效益分析强调从资源配置经济效率的角度分析项目的外部效果。通过费用效益分析，即费用效果分析的方法，判断项目建设的经济合理性，是政府审批或核准项目的重要依据。财务分析只局限于以现行价格计算的项目自身的效益和成本，而没有考虑项目建成给国民经济其他部门带来的效益和损失。也就是说，财务分析只考虑了内部效益和内部费用，而没有考虑项目所带来的外部效益和外部费用。经济费用效益分析用调整过的价格，即影子价格计算项目的效益和费用，影子价格基本克服了"失真"因素，不仅考察了项目的内部效益和内部费用，还考察了项目的外部效益和外部费用。

由此可见，只有进行经济费用效益分析，才能全面地、客观地反映项目的经济效果。

二、经济费用效益分析与财务分析的主要区别

经济费用效益分析与财务分析的主要区别体现在经济目标、价值尺度、折现率和汇率等方面。

（一）经济目标不同

财务分析是站在企业的角度，只考察企业的微观利益，所追求的经济目标是企业的盈利。而经济费用效益分析与其不同，它是站在国民经济角度进行宏观分析和评价，不仅关心项目给企业带来的盈利，还关心项目对整个国民经济的贡献。

（二）价值尺度不同

财务分析是在现行价格下计算和分析企业的实际盈利水平，所以度量费用和效益的价值尺度是现行价格。而经济费用效益分析要考虑资源的稀缺性和有效使用，以及国民经济的最佳投资方向和投资结构。另外，国内外市场供求关系和市场价格变化也是经济费用效益分析必须考察的因素。作为价值尺度的价格，应该是满足以上要求的合理的价格，即反映资源的稀缺性和有效使用、追求国民经济结构的合理化、纳入国内国际市场价格体系、反映市场供求关系的价格。

（三）折现率不同

财务分析采用的是各部门、各行业的基准收益率，或者是综合平均利率加风险系数，不同的项目有不同的折现率。而经济费用效益分析采用的是全国统一的社会折现率。

（四）汇率不同

财务分析使用的是官方汇率，而经济费用效益分析使用的是影子汇率。汇率的实质是一种外汇价格，官方汇率体现了现行的外汇价格，所以在财务分析中，用官方汇率换算、度量费用和效益。经济费用效益分析要求使用一种反映资源稀缺性和市场供求关系的外汇价格，所以要对现行汇率进行调整，用比较合理的汇率进行换算和度量。

财务分析与经济费用效益分析的主要区别见表 12-1。

表 12-1　　　　　　　　财务分析与经济费用效益分析的主要区别

项目	财务分析	经济费用效益分析
目标	企业盈利最大化	经济效益最大化
出发点	投资项目的企业	整个社会经济
价格	现行价格	影子价格（包括影子汇率、影子工资和土地的机会成本）
折现率	各部门、各行业的基准收益率或综合平均利率加风险系数	全国统一使用的社会折现率
外部性	不计入	计入
计算指标	财务内部收益率、财务净现值和投资回收期等	经济内部收益率、经济净现值等

三、经济费用效益分析的步骤

（一）在财务分析的基础上进行经济费用效益分析的步骤

1.效益和费用范围的调整

（1）剔除已计入财务效益和费用中的转移支付。

（2）识别项目的外部效益和外部费用，对能定量的应进行定量计算，不能定量的，应作定性描述。

2.效益和费用数值的调整

（1）建设投资的调整。

剔除属于国民经济内部转移支付的引进设备、材料的关税和增值税，并用影子汇率、影子运费和贸易费用对引进设备价值进行调整。对于国内设备价值则用其影子价格、影子运费和贸易费用进行调整。根据建筑工程消耗的人工、建材、其他大宗材料、电力等，用影子工资、货物和电力的影子价格调整建筑费用，或通过建筑工程影子价格换算系数直接调整建筑费用。若安装费中的材料费占很大比重，或有进口安装材料，也应按材料的影子价格调整安装费用。用土地的影子价格代替占用土地的实际费用。

（2）流动资金的调整。

调整由于流动资金估算基础的变动引起的流动资金占用量的变动。

（3）经营费用的调整。

可以先用货物的影子价格、影子工资等参数调整费用要素，然后再加总求得经营费用。

（4）营业收入调整。

先确定项目产出物的影子价格，然后重新计算营业收入。

3.编制表格与计算指标

编制项目投资经济效益费用流量表，并据此计算经济内部收益率和经济净现值指标。

（二）直接进行经济费用效益分析的步骤

（1）识别和计算项目的内部效益。

对能为国民经济提供产出物的项目，首先应根据产出物的性质确定是否属于外贸货物，再根据定价原则确定产出物的影子价格。按照项目的产出物种类、数量及其逐年的增减情况和产出物的影子价格计算项目的内部效益。对能为国民经济提供服务的项目，应根据提供服务的数量和用户的受益计算项目的内部效益。

（2）用货物的影子价格、土地的影子费用、影子工资、影子汇率、社会折现率等参数直接进行项目的投资估算。

（3）流动资金估算。

（4）根据生产经营的实物消耗，用货物的影子价格、影子工资、影子汇率等参数计算经营费用。

（5）识别项目的外部效益和外部费用。能定量的应进行定量计算，难以定量的应作定性描述。

（6）编制有关报表，计算相应的评价指标。

第二节   经济费用效益分析基本原理

一、费用-效益分析

费用-效益分析是项目经济费用效益分析的基本理论。它是从国家和整个社会的角度出发，全面地、综合地分析和评价工程项目的一种科学的方法。费用-效益分析的基本问题是计算影子价格、影子汇率及项目未来的经济效益和费用，估算对未来效益和费用折现的社会折现率，并对净效益，即每年的经济效益与费用之差进行折现，最后对计算出的一系列技术经济指标进行分析和判断。基本要求是要以最小的费用取得最大的效益。基本指标是经济净现值和经济内部收益率。用社会折现率对各年净效益进行折现，得出经济净现值。经济净现值为正值或为零，该项目便值得实施。经济内部收益率大于或等于社会折现率，方能接受该项目。在费用-效益分析中占有重要地位的是影子价格和社会折现率。价格是否合理，直接影响费用和效益计算的准确性和分析评价的客观性。社会折现率既是折现率，又是评选项目的标准。

二、费用和效益

经济费用效益分析是把国民经济作为一个整体来考察项目给其带来的效益和使其付出的代价，所以，费用和效益的范围比财务分析中的成本和效益要宽得多。

对项目来讲，费用是指因项目建设而使国民经济付出的代价，包括项目自身和国民经济其他部门所付出的代价。费用包括内部费用和外部费用。内部费用是指用影子价格计算的项目投入物的经济价值。外部费用是指社会为项目付出的代价，是项目本身并不需要支付的那部分费用。项目的费用使用机会成本度量。项目投入物作为一种稀缺的资源，它有许多种用途，投到项目中去，就失去了用于别的用途获得效益的机会，这种投入物投到项目中去使国民经济付出的代价就是放弃其他使用机会而获得的最大效益。机会成本实质上是被放弃的一种效益。用机会成本度量费用，就可以把项目的效益和费用放在一个共同可比的标准上进行度量和评价，即取得的效益与放弃的效益进行比较，前者大于后者，项目是可以接受的，说明项目所投入的资源得到了最佳使用。前者小于后者，项目是不能被接受的，说明项目所投入的资源未得到最佳使用。

项目的效益是指项目对国民经济所作的贡献。项目效益分为内部效益和外部效益。内部效益是指项目产出物用影子价格计算的经济价值。外部效益是指项目为社会作出了贡献，而项目本身并未得益的那部分效益。

三、外部效果

外部效果也叫外部效应，就是项目带来的外部费用和效益。这部分效果在项目本身中反映不出来，而是反映在国民经济的其他部门。在经济费用效益分析中，要充分考虑项目所产生的外部效果。项目的外部效果可以是有形的，也可以是无形的。有的可计量，有的则不易计量。项目的外部费用是由于项目存在而使项目以外的主体受到的全部损失，工业项目的"三废"对空气或水的污染就是一个比较典型的例子。工业生产过程中排泄的废物会给社会生产和社会生活带来损失，特别是对周围的农业生产和居民造成净损失。项目的外部效益是由于项目存在而使项目以外的主体享有的利益。例如，在建设一个钢铁厂时修建了一条厂外铁路运输线，这条线路除为钢铁厂服务外，还可以为当地的生产和生活服务，降低了该地区的运输费用，使当地工业、农业和居民得益。

在进行经济费用效益分析时，首先应设法鉴别它们，如果确实重要，就要尽力衡量其大小。即使确实不能被量化，也要阐述其内容并作定性分析。为防止外部效果计算扩大化，一般只应计算一次相关效果。

四、经济分析参数

经济分析参数是指在项目经济评价中为计算、衡量经济费用效益的各类计算参数和判定项目经济合理性的判据参数。

从社会观点看，经济分析参数应反映最佳的资源分配、国家的价值判断、国家目标和国家政策。它是数量度量标准，也是价值判别标准，在经济费用效益分析中有着重要的作用，它直接影响着项目评价和选定的结果。原则上，经济分析参数对于所有部门、地区和项目都应该是一致的，只是在非常特殊的条件下才有可能不一致。

经济分析参数随着时间的推移应该不断变化。在不同时期，国家有不同的价值判断、经济发展目标和经济政策，所以应该有不同的经济分析参数。随着经济的发展、项目经济费用效益分析方法和理论体系的日臻完善，经济分析参数也要不断地进行测算和修订，力求达到投资资金的最佳配置，反映国家的价值判断、经济目标和经济政策。

经济分析参数主要包括社会折现率、影子工资、影子汇率和土地的影子价格等。

（一）社会折现率

社会折现率反映了资金的影子价格，即投入资金的机会成本。社会折现率是进行投资决策的重要工具。适当的社会折现率可以促进资源的合理分配，引导资金投向对国民经济净贡献大的项目。原则上，选取的社会折现率应能使投资资金的供需基本平衡。如果社会折现率定得过高，投资资金供过于求，将导致资金积压，也会过高估计货币的时间价值，使投资者偏爱短期项目；如果定得过低，在经济评价中有过多的项目通过检验，将导致投资资金不足，同时也会过低地估计货币的时间价值，使投资者偏爱长期项目。

社会折现率需要根据国家经济发展目标、发展战略、发展优先顺序、发展水平，宏观调控意图，社会成员的费用效益、时间偏好，社会投资收益水平，资金供给状况和资金机会成本等因素综合测定。

根据确定社会折现率应考虑的因素，并结合我国目前的实际情况，测定社会折现率为8%[①]。对于永久性工程或者受益期长的建设项目，如果远期效益较大，效益实现的风险较小，社会折现率可适当降低，但不应低于6%[②]。

（二）影子工资

在经济费用效益分析中，用影子工资度量劳动力费用。影子工资是指建设项目使用劳动力资源而使社会付出的代价。它由两部分组成：一是劳动力的机会成本，即由于评估项目的建设而使其他部门流失的劳动力的边际产出；二是因劳动力就业

[①] 国家发展和改革委员会，建设部. 建设项目经济评价方法与参数 [M]. 3 版. 北京：中国计划出版社，2006.
[②] 国家发展和改革委员会，建设部. 建设项目经济评价方法与参数 [M]. 3 版. 北京：中国计划出版社，2006.

或转移而增加的社会资源消耗，如交通运输费用、城市管理费用等。这些资源是因项目存在而消耗的，但并没有因此提高劳动力的生活水平。

计算影子工资时，应考虑以下因素：第一，影子工资应根据项目所在地劳动力就业状况、劳动力就业或转移成本测定。第二，技术劳动力的工资报酬率一般可由市场供求决定，即影子工资可通过财务实际支付工资计算。第三，对于非技术劳动力，根据我国非技术劳动力就业状况，其影子工资换算系数一般取0.25~0.8[1]，具体可根据当地的非技术劳动力供求状况确定。非技术劳动力较为富余的地区可取较低值；反之，则取较高值；中间状况，可取0.5。

（三）影子汇率

影子汇率是指能正确反映国家外汇经济价值的汇率。影子汇率在项目的经济费用效益分析中用以将外汇折算为人民币，对于非美元的其他国家货币，可先按当时国家外汇管理局公布的汇价折算为美元，再用影子汇率折算为人民币。影子汇率影响投资项目决策中的进出口抉择，间接影响项目的经济合理性。

影子汇率可通过影子汇率换算系数得出：

影子汇率=外汇牌价×影子汇率换算系数

根据我国目前外汇收支、外汇供求、进出口结构、进出口关税、进出口增值税及出口退税补贴情况，影子汇率换算系数为1.08[2]。

（四）土地的影子价格

土地是一种重要的经济资源，土地影子价格是指建设项目使用土地资源而使社会付出的代价。在建设项目国民经济评价中以土地影子价格计算土地费用。

第三节　费用和效益的鉴别与度量

一、费用和效益鉴别与度量的原则

（一）费用与效益鉴别的原则

1.增量分析的原则

项目费用和效益分析应建立在增量效益和增量费用基础上进行识别和计算，不应考虑沉没成本和已实现的效益。应按照有无对比的原则，通过项目的实施效果与无项目下的情况进行对比分析，作为计算机会成本或增量效益的依据。

2.考虑关联效应的原则

项目分析应正确识别项目涉及的所有成员及群体的费用和效益，尽可能地考虑投资可能产生的其他相关效应。

---

① 国家发展和改革委员会，建设部. 建设项目经济评价方法与参数［M］. 3 版. 北京：中国计划出版社，2006.
② 国家发展和改革委员会，建设部. 建设项目经济评价方法与参数［M］. 3 版. 北京：中国计划出版社，2006.

3.以本国居民作为分析对象的原则

对于跨越国界，对本国之外的其他社会成员产生影响的项目，应重点分析对本国公民新增的效益和费用。项目对本国以外的社会群体产生的效果，应进行单独分析。

4.剔除转移支付的原则

转移支付代表购买力的转移行为，接受转移支付的一方所获得的效益与付出方所产生的费用是相等的，转移支付只是一种所有权的转移，行为本身并没有导致新增资源的产生。所以，在进行经济分析的时候，一般将转移支付剔出，不予以考虑。

（二）费用与效益度量的原则

1.支付意愿的原则

项目产出物的正面效果的计算，应遵循支付意愿（WTP）原则，用于分析社会成员为项目所产出的效益愿意支付的价格。

2.受偿意愿的原则

项目产出物的负面效果的计算，应遵循接受补偿意愿（WTA）原则，用于分析社会成员为接受这种不利影响所得到的补偿的价值。

3.机会成本的原则

项目投入的经济费用的计算应遵循机会成本的原则，用于分析项目占有的所有资源的机会成本。机会成本应按资源的其他最有效利用所产生的效益进行计算。

4.实际价值计算的原则

项目经济费用效益分析应对所有费用和效益采用反映资源真实价值的实际价格进行计算，不考虑通货膨胀的影响，但应考虑相对价格的变动。

二、费用的鉴别与度量

（一）因项目建设而增加项目所需投入物的社会供应量

因项目建设而增加项目所需投入物的社会供应量，即因项目大量使用投入物而引起国民经济增加生产。项目所需投入物带来的费用是为增加社会供给量所消耗的资源的真实成本，也就是项目投入物的资源的机会成本。

（二）减少对其他相同或类似企业的供给

减少对其他相同或类似企业的供给，即项目的投入物是由减少对其他企业的供应而转移过来的。在这种情况下，用影子价格计算其他企业因减少供应而不能生产的产品的边际效益就是项目的费用。

（三）增加进口或减少出口

增加进口是指项目建设使国家不得不增加进口，以满足项目对投入物的需要。项目的费用可看作国家为增加进口而多支付的外汇。减少出口是指因项目把国家准备用来出口的商品作为了投入物，从而减少了国家的出口量。项目的费用可看作国家因减少出口而损失的外汇收入。

（四）外部费用

在经济费用效益分析中所考虑的外部费用主要是工业项目废物产生的环境污染对社会造成的损失。对于项目所造成的污染，首先要进行鉴别，并与国家规定的标准进行比较，考察污染的程度，然后对污染所付出的代价尽可能用货币量化。

三、效益的鉴别和度量

（一）项目投产后增加社会总的供给量

项目投产后增加社会总的供给量，即增加了国内的最终消费品或中间产品。从理论上讲，其效益用消费者或用户的愿意支付价格度量。在目前的情况下，这种愿意支付价格不易确定，可以用依据调价方法调整后的价格度量。

（二）项目投产后减少了其他相同或类似企业的产量

从整个社会来讲，没有增加产品数量，只是项目投产后产品数量代替了其他相同或类似企业的等量产品。从理论上讲，此种情况下的项目效益是被替代企业因为停产或减少产量而节省的资源价值。这些资源的价值用愿意支付价格度量。

（三）增加出口或减少进口

增加出口是指项目投产后增加国家出口产品的数量，项目效益是增加的外汇收入。减少进口是指项目投产后其产品可以替代进口产品，减少国家等量产品的进口，项目效益是减少进口而节省的外汇。

（四）外部效益

外部效益的表现形式也是多种多样的，在经济费用效益分析中所考虑的外部效益主要包括以下几个方面：

1.技术培训和技术推广

在某个地区建设一个技术先进的项目，会培养和造就数量众多的工程技术和管理人才，这些人才所带来的效益，大部分为项目所吸收，但因为人才的流动、技术的交流，这些人才可能会给该地区乃至整个社会经济的发展带来好处。这部分外部效益比较容易鉴别，但很难量化，在经济费用效益分析中一般只作定性分析。

2.给"上、下游"企业带来的效益

"上游"企业是指为项目提供原料或半成品的企业；"下游"企业是项目为其提供原料或半成品的企业。之所以会给"上、下游"企业带来效益，这是项目的"关联效应"所致。"关联"是指一个部门（或项目）在投入或产出上与其他部门（或项目）之间的关系。一个部门（或项目）和向它提供投入的部门（或项目）之间的联系叫作"后向联系"，也就是项目与"上游"企业的联系。一个部门（或项目）和吸收它的产出的部门（或项目）之间的联系叫作"前向联系"，也就是项目与"下游"企业的联系。项目与"下游"企业的联系产生的效果叫"前联"效果，项目与"上游"企业的联系产生的效果叫"后联"效果。产生"前联"效果的项目，一般是指基础工业项目，如原材料工业、能源工业、交通运输业项目等。产生"后联"效果的项目，一般是指加工和制造工业项目，此类项目的建立会刺激和鼓励那些为它提供原料或半成品的工业的发展。

项目的"前联"和"后联"效果,即项目对"上、下游"企业产生的效益主要表现在两个方面:一是项目投产后,使"上、下游"企业闲置的生产能力得以充分利用而增加的净效益。二是项目投产后,使"上、下游"企业的生产规模达到了规模经济,特别是"上游"企业,因为为了满足对投入物需求的增加,不得不增加该种产品的供给,从而使其扩大生产规模,达到规模经济。

项目对"上、下游"企业产生的效益是非常复杂的,在鉴定时要进行充分的分析和论证。

四、转移支付

在鉴别和度量效益与费用时,要剔除"转移支付"。转移支付包括税金、补贴、国内借款利息等。

(一)税金

列为转移支付的税金包括税金及附加、房产税、土地使用税和车船税等。在财务分析中,房产税、土地使用税和车船税在管理费用中列支,计为项目的支付;税金及附加是企业拿出按营业收入的一定比例计算的款项上缴给国家财政,也是项目的支付。经济费用效益分析是站在国民经济角度考察项目的,以是否增加国民经济的资源消耗或增加国民经济收入价值来判定费用或效益的,各种税金支付,实际上并不花费任何资源,只是项目所在部门把这笔款项转付给财政部门。因此,在经济费用效益分析中,这些税金不列入项目的费用,否则就会高估项目的经济代价,从而降低项目的效益。

(二)补贴

补贴是指根据国家政策的规定给某种产品的价格补贴。我国在价格体系不合理的情况下,往往采取价格补贴的方式,鼓励人们消耗或购买某种产品。这种补贴,对作为使用者的项目来讲,它少支付了相当于补贴金额的款项,意味着项目降低了成本,增加了效益。因此,在财务分析中,这部分价格补贴金额表现的是项目的效益。但从国民经济角度考察项目,可以看出,为生产这些包含价格补贴的产品所消耗的资源并没有因价格补贴而减少,国民经济收入也没有因此而增加。所以,这种补贴实质上是与税金方向相反的转移支付。在经济费用效益分析中,不应把这种补贴作为项目的效益,以免低估项目的经济代价,人为地增加项目的效益。

(三)国内借款利息

国内借款及其偿还也是一种转移支付。在财务分析中,国内借款利息是作为项目的费用来处理的,但从国民经济角度考察项目,它也属于一种转移支付,即由项目拿出一部分款项转付给国家的金融机构。这种转移支付并没有增加国民经济的收入或增加国民经济的资源消耗,故在经济费用效益分析中,不把国内借款利息列入项目费用。

第四节　价格调整

一、调价范围和货物的划分

（一）调价范围

在对投资项目进行经济分析的时候，要使用影子价格对现行价格进行调整。这是因为现行价格体系存在一些不合理之处，在我国目前市场经济条件下，产品市场不能达到普遍的完全竞争，现行市场价格有时不能完全反映产品的社会价值，同时要素市场也不能完全反映资源的合理配置，不能用机会成本来衡量其市场价格。基于此，必须对市场价格进行调整，使其能够真正反映资源的合理配置，反映资源的社会价值。

尽管需要用影子价格对现行市场价格进行调整，但并不是所有的投入物和产出物都要进行调价。有些投入物和产出物在项目的费用和效益中占的比重较大，而有些占的比重较小，所以可以得出两个约束条件：价格严重不合理；在费用或效益中占的比重较大。只有符合这两个条件的投入物和产出物才调整其价格。

（二）货物的划分

调整价格就是把不合理的现行价格调整为基本合理的价格——影子价格。在确定影子价格时，我们把项目的投入物和产出物划分为外贸货物、非外贸货物和特殊投入物三种类型。

1.外贸货物

外贸货物是指其生产、使用将直接或间接影响国家进出口水平的货物。产出物中包括直接出口、间接出口（替代其他企业的产品使其增加出口）或替代进口。投入物中包括直接进口、间接进口（占用其他企业的投入物使其增加进口）或占用原可用于出口的国内产品（减少出口）。

2.非外贸货物

非外贸货物是指其生产或使用将不影响国家进出口水平的货物。除基础设施产品和服务外，还包括受运输、贸易政策等条件限制不能进行外贸的货物。

3.特殊投入物

特殊投入物包括劳动力和土地。

二、外贸货物影子价格确定方法

外贸货物影子价格的计算，应以口岸价格为基础。

（一）产出物（出厂价）定价方法

出口产出的影子价格=离岸价（FOB）×影子汇率-出口费用

（二）投入物（到厂价）定价方法

进口投入的影子价格=到岸价（CIF）×影子汇率+进口费用

其中：

离岸价（FOB）是指出口货物运抵我国出口口岸交货的价格。

到岸价（CIF）是指进口货物运抵我国进口口岸交货的价格，包括货物进口的货价、运抵我国口岸之前所发生的境外的运费和保险费。

进口或出口费用是指货物进出口环节在国内所发生的所有相关费用，包括运输、储运、装卸、运输保险等各种费用支出及物流环节的各种损失、损耗等。

如果外贸货物以财务成本或价格为基础调整计算经济费用和效益，应该注意以下两点：

第一，如果不存在关税、增值税、消费税、补贴等转移支付因素，则项目的投入物或产出物价值直接采用口岸价格进行调整计算。

第二，如果在货物的进出口环节存在转移支付因素，应分不同情况处理。

三、非外贸货物影子价格确定方法

（一）产出物

（1）增加供应数量，满足国内消费的产出物。

产品供求均衡的，按财务价格定价；供不应求的，参照国内市场价格并考虑价格变化的趋势定价，但不应高于相同质量产品的进口价格。无法判断供求情况的，取上述价格中较低者。

（2）不增加国内供应数量，只是替代其他相同或类似企业的产出物，致使被替代企业停产或减产的。

质量与被替代产品相同的，应按被替代企业相应的产品可变成本分解定价。提高产品质量的，原则上应按被替代产品的可变成本加提高产品质量而带来的国民经济效益定价，其中，提高产品质量带来的效益，可近似地按国际市场价格与被替代产品的价格之差确定。

（3）产出物按上述原则定价后，再计算出厂价格。

（二）投入物

（1）能通过原有企业挖潜（不增加投资）增加供应的，按可变成本分解定价。

（2）在拟建项目计算期内需通过增加投资、扩大生产规模来满足拟建项目需要的，按全部成本（包括可变成本和固定成本）分解定价。当难以获得分解成本所需要的资料时，可参照国内市场价格定价。

（3）项目计算期内无法通过扩大生产规模增加供应的（减少原用户的供应量），参照国内市场价格、国家统一价格加补贴（如有）中较高者定价。

（4）投入物按上述原则定价后，再计算进厂价格。

四、特殊投入物影子价格确定方法

（一）劳动力影子价格确定方法

劳动力影子价格即为劳动力的影子工资。

在经济费用效益分析中，以影子工资作为劳动力费用，并计入经营成本。从理论上讲，影子工资包括劳动力的机会成本和社会为劳动力的就业或转移所消耗的资源价值。

影子工资=劳动力机会成本+新增资源消耗

其中：

劳动力机会成本是指劳动力在本项目中使用，以致不能在其他项目中使用而被迫放弃的劳动收益。

新增资源消耗是指劳动力在本项目新就业或由其他就业岗位转移到本项目而发生的资源消耗。

影子工资可通过影子工资换算系数得到。影子工资换算系数是影子工资与项目财务分析中的劳动力工资的比值。

影子工资=财务工资×影子工资换算系数

（二）土地影子价格确定方法

土地是一项重要的投入，项目占用的土地无论是否需要实际支付财务成本，均应根据土地用途的机会成本原则或者消费者支付意愿的原则计算其影子价格。

1.生产性用地

生产性用地主要指农业、林业、牧业、渔业及其他生产性用地，按照这些生产性用地未来可以提供的产出物的效益及因改变土地用途而发生的新增资源消耗来计算土地的经济成本。

土地的经济成本=土地的机会成本+新增资源消耗

其中：

土地的机会成本应按照社会对这些生产性用地未来可以提供的消费产品的支付意愿价格进行分析计算。

新增资源消耗应按照"有项目"情况下土地的征用造成原有土地上的附属物财产的损失及其他资源耗费来计算。

2.非生产性用地

对于非生产性用地，如住宅、休闲用地等，应按照支付意愿的原则，根据市场交易价格测算其影子价格。

3.土地机会成本的计算

第一，通过政府公开招标取得的国有土地出让使用权，以及通过市场交易取得的已出让国有土地使用权，应按市场交易价格计算其影子价格。

第二，未通过正常市场交易取得的土地使用权，应分析价格优惠或扭曲情况，参照当地正常情况下的市场交易价格，调整或类比计算其影子价格。

第三，当无法通过正常市场交易价格类比确定土地影子价格时，应采用收益现值法或依土地开发成本加开发投资应得收益确定。

第四，由于土地开发规划许可的取得会对土地市场价格产生影响，土地价值的估算应反映实际的或潜在的规划批准情况，应分析规划得到批准的可能性及其对地价的影响。如果土地用途受到限制，其影子价格就会被压低。应分析这些限制被解除的可能性，以及解除限制对土地价值的影响。

第五，项目征用农村用地，应按土地征用费调整计算其影子价格。其中，耕地补偿费及青苗补偿费应视为土地的机会成本，地上建筑物补偿费及安置补偿费应视为新增资源消耗。

第六，在征地过程中，征收的征地管理费、耕地占用税、耕地开垦费、土地管理费、土地开发费等各种税费，应视为转移支付，不列入土地经济费用中计算。

（三）自然资源影子价格的确定方法

自然资源是指自然形成的，在一定的经济和技术条件下可以被开发利用以提高人民生活福利水平和生存能力，并同时具有某种"稀缺性"的实物性资源的总称，包括土地资源、森林资源、矿产资源和水资源等。项目经济费用效益分析将自然资源分为资源资产和非资产性自然资源，在影子价格的计算中只考虑资源资产。

资源资产是指产权已界定，或者随着项目的实施可以界定，所有者能够有效控制并能够在目前或可预见的未来产生预期经济效益的自然资源。资产资源属于经济资产范畴，包括土地资产、森林资产、矿产资产、水资产等。经济费用效益分析中，项目的建设和运营需要投入的自然资源，可以用项目投入物的替代方案的成本、对这些资源资产用于其他用途的机会成本等进行分析测算。

第五节　经济费用效益分析报表

一、经济费用效益分析辅助报表

为了调整投资、营业收入、经营费用，计算经济换汇成本或经济节汇成本，在经济费用效益分析中需要编制5个辅助报表，即经济费用效益分析投资调整计算表、经济费用效益分析营业收入调整计算表、经济费用效益分析经营费用调整计算表、项目间接效益估算表和项目直接效益估算表。

（一）经济费用效益分析投资调整计算表（见附表12-1）

编制经济费用效益分析投资调整计算表，主要是调整投资（包括建设投资和流动资金）中价格不合理的部分，以确定经济费用效益分析中的投资额。该表是用与财务分析中投资各项金额的比较调整投资的，而列出财务分析中投资各项的金额，再列出经济费用效益分析中调整以后的投资各项的金额，看经济费用效益分析比财务分析中的投资各项金额的增减情况。一般来讲，可能调整的建设投资项目中包括建筑工程、设备、安装工程和其他费用。可能调整的流动资金项目中主要是存货。该表财务分析中的金额依据建设投资估算表和流动资金估算表填列，经济费用效益分析中的金额通过调价计算得出，经济费用效益分析比财务分析的增减（±）是经济费用效益分析中各项与财务分析中对应各项之差。差为正值表示该项投资调增，差为负值表示该项投资调减。

（二）经济费用效益分析营业收入调整计算表（见附表 12-2）

编制经济费用效益分析营业收入调整计算表，主要是调整价格不合理和在效益中占较大比重的产出物的价格，以确定经济费用效益分析中的内部效益。在该表中，经济费用效益分析的数据与财务分析是对应的。财务分析中的数据依据产品营业收入和税金及附加估算表填列。经济费用效益分析中的数据依据该表中所列的营业量和影子价格的计算结果填列。若拟建项目的产品比较单一，可不编制该表。

（三）经济费用效益分析经营费用调整计算表（见附表 12-3）

编制经济费用效益分析经营费用调整计算表，主要是调整价格不合理和在费用中占较大比重的投入物的价格，以确定经济费用效益分析中的内部费用。在该表中，经济费用效益分析的数据与财务分析是对应的。财务分析中的数据依据总成本费用估算表填列。经济费用效益分析中的数据依据该表中所列的年耗量和影子价格的计算结果填列。

（四）项目间接效益估算表（见附表 12-4）

项目间接效益估算表主要是为了分析和计算项目产生的外部效益。

（五）项目直接效益估算表（见附表 12-5）

项目直接效益估算表主要是为了分析和计算项目产生的直接效益。

二、经济费用效益分析基本报表

在经济费用效益分析中需要编制国民经济效益费用流量表（见附表 12-6）。编制国民经济效益费用流量表，主要用于计算经济内部收益率和经济净现值等评价指标。

第六节　经济费用效益分析指标

经济费用效益分析主要以经济净现值、经济内部收益率和效益费用比为主要评价指标。此外，还可对难以量化的外部效果进行定性分析。

一、经济内部收益率

经济内部收益率（EIRR）是反映项目对国民经济净贡献的相对指标。它是项目在计算期内各年经济净效益流量的现值累计等于零时的折现率。

其计算公式为：

$$\sum_{t=1}^{n}(B-C)_t(1+EIRR)^{-t}=0$$

式中：B——效益流量；

C——费用流量；

（B-C）$_t$——第 t 年的净效益流量；

n——计算期。

经济内部收益率等于或大于社会折现率，表明项目对国民经济的净贡献达到或超过了要求的水平，这时应认为项目是可以考虑接受的，或者说项目资源配置的经济效益达到了可以接受的水平。

二、经济净现值

经济净现值（ENPV）是反映项目对国民经济净贡献的绝对指标。它是指用社会折现率将项目计算期内各年的净效益流量折算到建设期期初的现值之和。

其计算公式为：

$$ENPV = \sum_{t=1}^{n} (B-C)_t (1+i_s)^{-t}$$

式中：i_s——社会折现率。

经济净现值等于或大于零表示项目可以达到社会折现率要求的效益水平，可认为项目从经济资源配置的角度可以被接受。

三、经济效益费用比

经济费用效益比是项目在计算期内效益流量的现值与费用流量的现值之比，是经济费用效益分析的辅助性评价指标。

其计算公式为：

$$R_{BC} = \frac{\sum_{t=1}^{n} B_t (1+i_s)^{-t}}{\sum_{t=1}^{n} C_t (1+i_s)^{-t}}$$

式中：R_{BC}——经济费用效益比；

B_t——第 t 期的经济效益；

C_t——第 t 期的经济费用。

如果经济费用效益比大于 1，表明项目资源配置的经济效益达到了可以被接受的水平。

■ 本章小结

经济费用效益分析较财务分析要复杂得多，有的项目是直接进行经济费用效益分析，有的项目是在财务分析的基础上进行经济费用效益分析。

经济费用效益分析与财务分析的主要区别在于：经济目标不同、价值尺度不同、折现率不同、汇率不同。

可以在财务分析的基础上进行经济费用效益分析，也可以直接进行经济费用效益分析。

费用-效益分析是项目经济费用效益分析的基本理论。它是从国家和整个社会的角度出发，全面地、综合地分析和评价工程项目的一种科学的方法。

经济费用效益分析是把国民经济作为一个整体来考察项目给其带来的效益和使其付出的代价，所以，费用和效益的范围比财务分析中的成本和效益要宽得多。

对项目来讲，费用是指因项目建设而使国民经济付出的代价，包括项目自身和国民经济其他部门所付出的代价。

费用包括内部费用和外部费用。内部费用是指用影子价格计算的项目投入物的经济价值。外部费用是指社会为项目付出了代价，而项目本身并不需要支付的那部分费用。

项目的费用用机会成本度量。机会成本实质上是被放弃的一种效益。

项目的效益是指项目对国民经济所作的贡献，包括内部效益和外部效益。内部效益是指项目产出物用影子价格计算的经济价值。外部效益是指项目为社会作出了贡献，而项目本身并未得益的那部分效益。

外部效果也叫外部效应，就是项目带来的外部费用和效益。

项目的外部费用，是指由于项目存在而使项目以外的主体遭受的全部损失。工业项目的"三废"对空气或水的污染就是一个比较典型的例子。

经济分析参数是指在项目经济评价中为计算费用和效益，衡量技术经济指标而使用的一些参数。从社会观点看，经济分析参数应反映最佳的资源分配、国家的价值判断、国家目标和国家政策。

经济分析参数主要包括货物影子价格、影子工资、影子汇率和社会折现率等。

影子工资是指拟建项目使用劳动力，国家和社会为此而付出的代价，也就是劳动力作为特殊投入物的影子价格。

影子汇率是指两国货币实际购买力的比价关系，即外汇的影子价格。

社会折现率是资金的影子价格，即投入资金的机会成本。

转移支付是指那些既不需要消耗国民经济资源，又不增加国民经济收入，只是一种归属权转让的款项，包括税金、补贴和国内借款及利息等。

外贸货物是指其生产或使用将直接或间接影响国家进出口水平的货物。非外贸货物是指其生产或使用将不影响国家进出口水平的货物。外贸货物的影子价格以口岸价格为基础进行计算。

为了调整投资、营业收入、经营费用，在经济费用效益分析中需要编制5个辅助报表，在经济费用效益分析中需要编制的基本报表是国民经济效益费用流量表。经济费用效益分析以经济内部收益率、经济净现值和效益费用比为主要评价指标。

■ **关键概念**

经济费用效益分析　费用–效益分析　费用和效益　机会成本　外部效果　外部（间接）效益　内部（直接）费用　经济分析参数　货物影子价格　影子工资　影子汇率　转移支付　外贸货物　非外贸货物　特殊投入物　经济外汇净现值

■ **复习思考题**

1.经济费用效益分析有什么意义？

2.经济费用效益分析与财务分析的主要区别是什么？

3.经济费用效益分析中为什么用机会成本来度量费用？

4.经济分析参数应反映哪些因素？

5.为什么以口岸价格为基础确定货物的影子价格？

6.项目的外部效益包括哪些方面？怎样鉴别和度量？

7.项目的外部费用包括哪些方面？怎样鉴别和度量？

8.劳动力的影子价格怎样确定？

9.土地的影子价格如何确定？

附表 12-1　　　　　　**经济费用效益分析投资调整计算表**　　　　单位：万元、万美元

序号	项目	财务分析			国民经济分析			经济费用效益分析比财务分析的增减（±）
		外币	人民币	合计	外币	人民币	合计	
1	建设投资							
1.1	建筑工程投资							
1.2	设备购置费							
1.3	安装工程费							
1.4	其他费用							
1.4.1	土地费用							
1.4.2	专利及专有技术费							
1.5	基本预备费							
1.6	涨价预备费							
1.7	建设期利息							
2	流动资金							
	合计							

附表 12-2　　　　　　　　**经济费用效益分析营业收入调整计算表**　　　　单位：万元、万美元

序号	产品名称	年营业量					财务分析					经济费用效益分析							
							内销		外销			内销		替代进口		外销			
		单位	内销	替代进口	外销	合计	单价	营业收入	单价	营业收入	合计	单价	营业收入	单价	营业收入	单价	营业收入		合计
1	投产第一年负荷（%）																		
	⋮																		
	小计																		
2	投产第二年负荷（%）																		
	⋮																		
	小计																		
	正常生产年份（100%）																		
	⋮																		
	小计																		

附表 12-3　　　　　　　　**经济费用效益分析经营费用调整计算表**　　　　单位：万元

序号	项目	单位	投入量	财务分析		经济费用效益分析	
				单价	成本	单价	费用
1	外购原材料						
1.1	原材料 A						
1.2	原材料 B						
1.3	原材料 C						
	⋮						
2	外购燃料和动力						
2.1	煤						
2.2	水						
2.3	电						
2.4	重油						
	⋮						
3	工资及福利费						
4	修理费						
5	其他费用						
6	合计						

附表 12-4　　　　　　　　　　　**项目间接效益估算表**　　　　　　　　　单位：万元

序号	项目	合计	计算期					
			1	2	3	4	…	n

附表 12-5　　　　　　　　　　　**项目直接效益估算表**　　　　　　　单位：万元、万美元

产出物名称		投产第一期负荷（%）				投产第二期负荷（%）				…	正常生产年份（%）			
		A产品	B产品	…	小计	A产品	B产品	…	小计		A产品	B产品	…	小计
年产出量	计算单位													
	国内													
	国际													
	合计													
财务分析	国内市场 单价（元）													
	国内市场 现金收入													
	国际市场 单价（美元）													
	国际市场 现金收入													
经济费用效益分析	国内市场 单价（元）													
	国内市场 直接收益													
	国际市场 单价（美元）													
	国际市场 直接收益													
合计														

附表 12-6　　　　　　　　　　**国民经济效益费用流量表**　　　　　　　　单位：万元

序号	项目　　　　　年份	建设期		投产期		达到设计能力生产期				合计
		1	2	3	4	5	6	…	n	
1	效益流量									
1.1	项目直接效益									
1.2	资产余值回收									
1.3	项目间接效益									
2	费用流量									
2.1	建设投资									
2.2	维持运营投资									
2.3	流动资金									
2.4	经营费用									
2.5	项目间接费用									
3	净效益流量（1-2）									

计算指标：

经济内部收益率（%）

经济净现值（%）

第十三章

投资项目的不确定性分析与风险分析

□ 学习目标

　　通过本章的学习，学生应该掌握敏感性分析中的盈亏平衡分析及敏感性分析的原理和方法；熟悉风险分析的方法、不确定性和风险产生的原因；了解风险识别、风险估计、风险评价和风险应对方法。

第一节　不确定性与风险产生的原因

一、不确定性与风险的定义及产生的原因

（一）不确定性与风险的定义

　　在对投资项目进行决策时，分析所使用的数据大多数都来自估计和预测。由于有很多社会和经济因素都有可能会影响估计和预测的准确性，给项目的经济分析带来很大的不确定性，所以各个经济分析指标都可能按照一定的概率在一定的范围内发生变动。这些不确定性在项目实施的过程中又构成了整个投资项目的不确定性，通过对拟建项目具有较大影响的不确定性因素进行分析，计算基本变量的增减变化引起项目财务或经济效益分析指标的变化，找出最敏感因素及其临界点，预测项目可能承担的风险，使项目的投资决策建立在较为稳妥的基础上。

　　风险是未来发生不利事件的概率或可能性。投资建设项目经济风险是由于不确定性的存在导致项目实施后偏离其财务和经济效益目标的可能性。

（二）产生不确定性与风险的原因

　　一个投资项目往往会存在很多风险因素，如法律法规及政策、市场的供求状况、资源禀赋情况和技术的可靠程度，以及融资方式等，这些风险因素可能给投资项目带来预期外的损失。

1.由主观原因导致的不确定性与风险

由于信息的不完全性和不充分性，在对投资项目进行分析时所采集的信息在质量和数量上不可能是完全准确和完全充足的。花费过量的时间和资金获得大量准确的信息是不经济的，这样会使消耗在信息采集上的经济资源的边际效率大大降低。

人的有限理性决定了人在现有的条件下不可能准确无误地预测未来所发生的一切事件。因此，由人进行的对未来的预测总和实际存在着一定的偏差。

2.由客观原因导致的不确定性与风险

（1）市场供求状况的影响

投资项目都要在市场上实现其最终产品的销售，而投资项目的建设和生产周期往往都比较长，少则数年，多则数十年。在如此长的一个周期中，生产者的状况可能发生很大变化，如生产商急剧增加，项目产品的供给大量增加。消费者的情况也有可能发生变化，如居民的收入和偏好发生变化。另外，市场条件同样也可能发生较大的变化，如新的政策及法规的制定。

（2）技术变化所带来的影响

现代科学技术的发展日新月异，各个研究机构和企业都投入大量的资源进行研发，新技术、新工艺不断地涌现。技术的更新，有可能使现有项目的生产成本较其他项目更高，从而使项目产品在市场竞争中处于不利的位置。在对项目进行评价时，分析人员不可能对未来将要发生的技术更新作出准确的预测，这就导致了投资项目的不确定性。

（3）经济环境变化的影响

在市场经济条件下，国家进行宏观经济调控有可能导致项目评价中的一系列重要参数发生变化，如价格变化、利率的变化和汇率的变化。这些参数的变化都有可能会影响到项目的经济效益。

（4）社会、政治、法律和文化方面的影响

社会、政治、法律和文化的环境也可以称为投资的软环境。这些因素对投资项目的效益也有着很大的影响。由于我国正处在市场经济建设的初期，尤其是在加入WTO后，随着全球经济一体化进程的发展，我国的许多政策法规需要和国际接轨，大量新法规和新规定的不断出台，使得项目的不确定性大大增加。因此，在对项目进行评价时，应尽量多地考虑到这些因素的影响。

（5）自然条件和资源的影响

任何投资项目的建设都需要以一定的自然条件和资源作为保证才可以顺利地进行，而自然条件和资源在项目周期中是有可能发生变化的。例如，对于资源开发型项目而言，资源的情况直接关系到项目的经济效益。分析人员在对项目进行评价时，必须考虑到自然条件和资源有可能对项目造成的影响。

二、不确定性分析与风险分析

(一)不确定性分析与风险分析的关系

不确定性和风险看似相似,实则不然。对投资项目进行决策的情况大致可分为三种:确定性、风险和不确定性。在确定性存在的情况下,最优的决策是明确的,即投资者可以作出一个唯一的决策,使投资项目期望的效益最佳。然而在现实中,确定性存在的情况是极其少见的,因为每个项目都会受到许许多多内部和外部因素的影响。

在不确定性存在的情况下,决策导致的结果是不可知的,其概率的大小也是不可测的。如果说某个事件具有不确定性,则意味着对于可能的情况无法估计其可能性。

与不确定性相比较,风险中虽然存在着不确定性,但却是可以测定的不确定性。风险是指事先通过预测等手段可以知道各种可能情况及其发生的概率,因此有人将风险称为"可测定的不确定性"。

(二)不确定性分析与风险分析的含义

投资项目的不确定性分析主要包括盈亏平衡分析和敏感性分析。其中,盈亏平衡分析是指通过计算项目达到盈亏平衡点时的产量或生产能力利用率,分析项目成本与收入的平衡关系,判断项目对产出品数量变化的适应能力和抗风险能力。另外,盈亏平衡分析又分为线性盈亏平衡分析和非线性盈亏平衡分析。

敏感性分析是指通过分析不确定性因素发生增减变化对财务或经济评价指标的影响,并计算敏感度系数及临界点,找出敏感因素。敏感性分析包括单因素敏感性分析和多因素敏感性分析。一般情况下,分析人员只对项目进行单因素敏感性分析。

风险分析是指考察一个投资项目可能的风险,对风险进行衡量或评估,以及制定防范风险的措施。由于一个决策可能导致的结果有很多种,所以,为了避免决策失误,就有必要对投资项目进行风险分析。

第二节　盈亏平衡分析

盈亏平衡是指项目在当年既没有盈利,也没有亏损。盈亏平衡分析是指通过计算盈亏平衡点(Break-Even-Point,BEP)处的产量或生产能力利用率,分析拟建项目的成本与收益的平衡关系,判断拟建项目适应市场变化的能力和风险大小的一种分析方法。所以,盈亏平衡分析也叫作量本利分析。

根据项目的收益和成本之间的函数关系,可将盈亏平衡分析分为线性盈亏平衡分析和非线性盈亏平衡分析。

一、线性盈亏平衡分析

盈亏平衡点是项目盈利与亏损的分界点，它反映了项目不盈不亏时的产量或生产能力利用率的临界水平，也反映了项目在一定的生产水平下的收益和成本的平衡关系。线性盈亏平衡分析适用于项目的收益和成本都是产量的线性函数的情况。

（一）总成本费用的划分

在进行线性盈亏平衡分析时，必须把项目建成投产后的正常年份的总成本费用划分为变动成本和固定成本。

（二）盈亏平衡分析的假设条件

盈亏平衡分析基于以下一些假设条件：

第一，产量等于销量；

第二，成本是产量的函数；

第三，单位变动成本随产量按比例变化；

第四，在盈亏平衡分析的产量范围内，固定成本维持不变；

第五，销售价格不随销售量的变化而变化，因此，销售收入是销售价格和销售数量的线性函数；

第六，计算所采用的数据均为项目达到设计能力生产期的数据。

（三）线性盈亏平衡分析图和平衡点

根据上述假设条件和有关产品成本的性态分析资料，可以形象地用图示的方法，把项目的营业收入、总成本费用和产量三者之间的变动关系反映出来，便于比较和分析（如图13-1所示）。

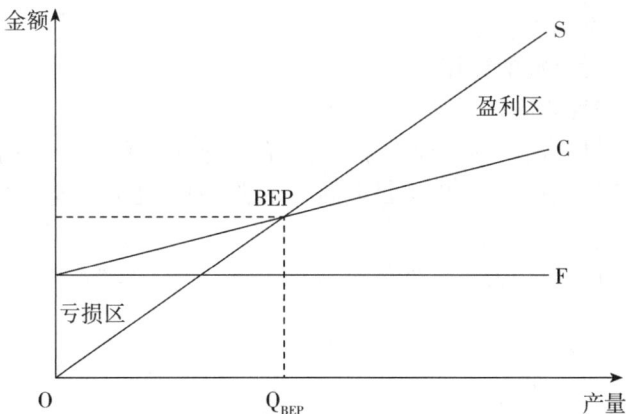

图13-1　线性盈亏平衡图

式中：F——固定成本曲线；

C——总成本曲线；

S——营业收入曲线。

　　在盈亏平衡图中，横坐标表示产量，纵坐标表示收入或成本金额。先确定固定成本线，再在图上画出总成本线和营业收入线。营业收入线与总成本线的交点，即为盈亏平衡点。从盈亏平衡点画一条垂直线，其与横坐标的交点，即为以产量表示的盈亏平衡点。从盈亏平衡点画一条垂直线与纵坐标相交，其交点即为以金额表示的盈亏平衡点。在盈亏平衡点右侧，营业收入线与总成本线之间的区域，表示企业可能获得利润的区域。在盈亏平衡点左侧，营业收入线与总成本线之间的区域，表示企业可能发生亏损的区域。

　　由于项目在取得营业收入的同时，要缴纳增值税以及税金及附加，因此必须对图 13-1 进行修正（如图 13-2 所示）。

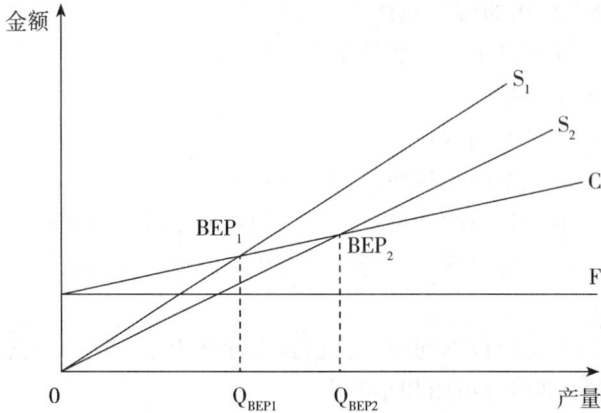

图 13-2　修正后的线性盈亏平衡图

式中：S_1——扣税前的营业收入；

　　　　S_2——扣税后的营业收入；

　　　　F、C 曲线的意义同前。

（四）线性盈亏平衡的计算

1.盈亏平衡产量的计算

　　从图 13-1 可以看出，当企业在小于 Q_{BEP} 的产量下组织生产，则项目亏损；在大于 Q_{BEP} 的产量下组织生产，则项目盈利。显然，Q_{BEP} 是项目盈亏平衡点的一个重要的表现形式。

　　根据盈亏平衡分析的假设条件可知：

$S = P \times Q$

$C = F + V \times Q$

式中：S——产品营业收入；

　　　　C——产品总成本费用；

　　　　P——产品单价；

　　　　Q——年产量；

　　　　F——年固定总成本；

　　　　V——每单位产品的变动成本。

设 T 为在盈亏平衡点处的单位产品税金及附加（若采用含增值税价格时，还应该包括增值税），由于处在盈亏平衡点上的项目收益正好抵偿其成本费用，因而可得基本损益方程式为：

S=C+T×Q

则：

P×Q=F+V×Q+T×Q

将上式整理，并以 Q_{BEP} 替代 Q，得：

$$Q_{BEP}=\frac{F}{P-V-T}$$

上式表明，当产量达到 Q_{BEP} 时，项目即可达到盈亏平衡。以产量表示的盈亏平衡点表明企业不发生亏损时必须达到的最低限度的产量，即 Q_{BEP} 是企业生产达到保本点时的产量。

2.盈亏平衡生产能力利用率的计算

生产能力利用率的盈亏平衡点是指盈亏平衡点时的销售量占企业正常销售量的比例。

设 R_{BEP} 为以生产能力利用率表示的盈亏平衡点，得：

$$R_{BEP}=\frac{F}{Q\times(P-V-T)}\times100\%$$

上式表明，当生产能力利用率达到 R_{BEP} 时，项目即可达到盈亏平衡点。以生产能力利用率表示的盈亏平衡点表明企业不发生亏损时必须达到的最低限度的生产能力，即 R_{BEP} 是企业生产达到保本点时的生产负荷。

进行可行性研究与项目评估时，生产能力利用率表示的盈亏平衡点，常常根据正常生产年份的产品产量或者销售量、变动成本、固定成本、产品价格，以及税金及附加等数据计算，即：

$$R_{BEP}=\frac{年固定成本}{年营业收入-年可变成本-年税金及附加}\times100\%$$

当采用含增值税价格时，式中分母还应扣除增值税。

以产量和生产能力利用率表示的盈亏平衡点低，说明项目生产少量产品即可不发生亏损，表示项目适应市场变化的能力、抗风险能力都比较强，获利能力大。

通过上述分析，可以看出，项目的固定成本、产品销售价格和变动成本是确定盈亏平衡点的决定性因素。

［例 13-1］某生产服装项目年设计生产能力为 20 万件，预计市场售价为每件 50 元，年增值税和税金及附加合计为 200 万元，年总成本费用为 500 万元，其中固定成本为 200 万元。假定项目的营业收入、总成本费用均与产量呈线性关系，计算该项目的盈亏平衡点。

①根据题意，可知：

$$V=\frac{5\,000\,000-2\,000\,000}{200\,000}=15（元/件）$$

$$T=\frac{2\,000\,000}{200\,000}=10\ (元/件)$$

②根据公式，可知：

$$Q_{BEP}=\frac{F}{P-V-T}=\frac{2\,000\,000}{50-15-10}=80\,000\ (件)$$

$$R_{BEP}=\frac{Q_{BEP}}{Q}\times100\%=\frac{80\,000}{200\,000}\times100\%=40\%$$

3.盈亏平衡分析结论

针对本例，通过盈亏平衡分析，可以判断项目不发生亏损的条件为：如果产品价格、变动成本和固定成本保持不变，则年销售量或者年产量应大于80 000件，生产能力利用率应不低于40%。由此可以看出，该项目以产量和生产能力利用率表示的盈亏平衡点是比较低的，项目的抗风险能力是比较强的。

二、非线性盈亏平衡分析

在实际生产经营过程中，产品的销售收入与销售量之间，成本费用与产量之间，并不一定呈现出线性的关系。例如，当项目的产量在市场中占有较大的份额时，其产量的高低可能会明显影响产品的供求关系，从而使销售收入与销售量的关系发生变化。再如，根据报酬递减规律，变动成本随着生产规模的不同而与产量呈非线性关系，在生产中还有一些辅助性的生产费用（通常指半可变成本）随着产量的变化呈梯形分布。这些原因导致产品的销售收入和总成本与产量之间存在着非线性的关系，在这种情况下进行的盈亏平衡分析称为非线性盈亏平衡分析。

设定销售收入是产量的非线性函数（二次函数）：

$$TR\ (x)\ =a_1x+a_2x^2+a$$

式中：$a_2<0$，通常a_2很小。

设定总成本是产量的非线性函数（二次函数）：

$$TC\ (x)\ =F+b_1x+b_2x^2$$

式中：$b_2>0$；

　　　F——固定成本；

　　　x——产量。

a_1、a_2、b_1和b_2为常数，主要源于市场预测或经验数据。

这时，利润的函数为：

$$P\ (x)\ =TR\ (x)\ -TC\ (x)\ =\ (a_1x+a_2x^2+a)\ -\ (F+b_1x+b_2x^2)$$

根据盈亏平衡的定义，得到：

$$P\ (x)\ =TR\ (x)\ -TC\ (x)\ =0$$

代入整理后，得到：

$$(a_2-b_2)\ x^2+\ (a_1-b_1)\ x+\ (a-F)\ =0$$

解此二次方程，得到两个解，x_1和x_2，即项目的两个盈亏平衡点（如图13-3所示）。

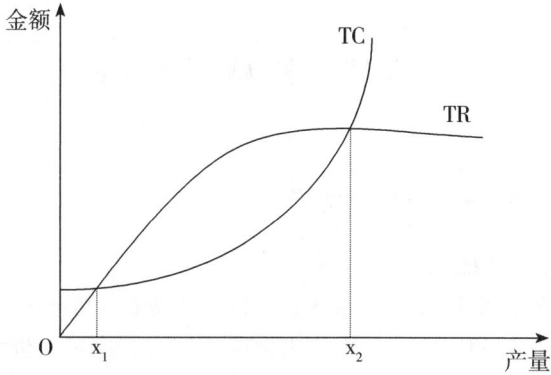

图 13-3　非线性盈亏平衡点

另外，通过对 P（x）求导，可求出项目的最大盈利点，即：

P′(x)＝2（a_2-b_2）x+（a_1-b_1）=0

式中的 x 就是项目的最大盈利点。

［例 13-2］某项目计划生产一种新产品，经过市场调研及历史数据分析，预计生产该产品的销售收入函数及成本函数分别为：

TR=3 100x-0.6x^2

TC=3 188 010+600x-0.2x^2

试确定该项目产品的盈亏平衡点及最大盈利点。

这是一个非线性盈亏平衡分析的问题。

根据盈亏平衡点的定义，可知在盈亏平衡时，有：

TR=TC

即　　3 100x-0.6x^2=3 188 010+600x-0.2x^2

对上述方程求解，可得：

x_1=1 785，x_2=4 465，即产品的盈利区域为产量介于 1 785 到 4 465 之间。

根据最大盈利点的含义，当产量水平达到最大盈利点时，应有：

P′(x)＝（0.4x^2-2 500x+3 188 010）′=0

解得：x=3 125，即当产量水平达到 3 125 时，该产品将获得最大的利润。

通过盈亏平衡分析，可以看到产量、成本、销售收入三者的关系，预测经济形势变化带来的影响，分析投资项目抗风险的能力，从而为投资方案的优劣分析与决策提供重要的科学依据，但是由于盈亏平衡分析仅仅是讨论价格、产量、成本等不确定因素的变化对投资项目盈利水平的影响，却不能从分析中判断项目本身盈利能力的大小。另外，盈亏平衡分析是一种静态分析，没有考虑货币的时间价值因素和项目计算期的现金流量的变化。因此，其计算结果和结论是比较粗略的，还需要采用其他的能分析判断出因不确定因素变化而引起项目本身盈利水平变化幅度的、动态的方法进行不确定性分析。

第三节 敏感性分析

一、敏感性分析的概念及作用

(一)敏感性分析的概念

敏感性分析是在确定性分析的基础上,进一步分析、预测项目主要不确定因素的变化对项目评价指标的影响,从中找出敏感性因素,确定评价指标对该因素的敏感程度和项目对其变化的承受能力的分析方法。敏感性分析也称为灵敏度分析。

单因素敏感性分析是分析单个因素变化对项目经济效益指标的影响程度的敏感性分析方法。多因素敏感性分析是指分析两个或多个不确定因素的变化对项目经济效益指标的影响程度。在可行性研究与项目评估中,一般使用单因素敏感性分析,所以,这里只介绍单因素敏感性分析。

(二)敏感性分析的作用

一个项目在其建设与生产经营的过程中,由于项目内外部环境的变化,许多因素都会发生变化。一般将产品价格、产品成本、产品数量、主要原材料价格、建设投资、工期、汇率等作为考察的不确定因素。

通过敏感性分析,可以研究各种不确定因素变动对项目经济效果的影响程度,了解投资项目的风险根源和风险大小,还可筛选出若干最为敏感的因素,以便对它们集中力量研究、重点调查和收集资料,尽量降低因素的不确定性,进而减少项目风险。因此,敏感性分析可以帮助决策者了解不确定因素对评价指标的影响,从而提高决策的准确性。

另外,通过敏感性分析,可以确定不确定因素在什么范围内变化能使项目的经济效益情况最好,在什么范围内变化会使项目的经济效益情况最差等这类最乐观和最悲观的边界条件或边界数值,可以启发评估人员对那些敏感的因素重新进行分析研究,以提高预测的准确性。在可行性研究与项目评估中,多数情况下都使用单因素敏感性分析,所以,这里只介绍单因素敏感性分析。

二、敏感性分析的一般步骤

(一)敏感性分析中不确定性因素的选取

不确定性因素是指那些在投资可行性研究与项目评估过程中,对项目效益有一定影响的基本因素。敏感性分析不可能也不需要对项目涉及的全部因素进行分析,而只需对那些可能对项目效益影响较大的、重要的不确定因素进行分析。因此,可以根据以下两条原则选择主要的不确定因素进行敏感性分析:一是预计在可能的变动范围内,该因素的变动将会极大地影响项目投资效益;二是对在确定性分析中所采用的该因素的数据来源的可靠性、准确性把握不大。对于一般的工业项目来说,确定敏感性分析的因素常从下列因素中选定：投资额、产品价格、产品产销量、经营成本、项目寿命期、寿命期内资产残值和折现率等。不确定因素的选取也可以结合行业和项目特点，根据经验数据加以判断。

（二）敏感性分析中效益指标的选取

由于敏感性分析是在确定性分析的基础上进行的，故一般敏感性分析指标应与确定性分析所使用的指标相一致。投资项目有一整套的指标体系，可选取其中一个或者几个主要指标进行敏感性分析。最基本的分析指标是财务内部收益率（FIRR），根据项目的实际情况也可选择财务净现值（FNPV）和投资回收期（P_t）等指标。

（三）研究并设定不确定性因素的变动范围

敏感性分析通常是针对不确定因素的不利变化进行的，为绘制敏感性分析图也可考虑分析不确定因素的有利变化。一般是选择不确定因素按照一定的变化幅度（如5%、10%和20%等）发生变化，通常选择10%。对于那些不便用百分数表示的因素，例如建设期，可采用延长一段时间表示，通常延长一年。

（四）敏感性分析的计算指标

敏感性分析的计算指标包括敏感度系数和临界值。

1.敏感度系数

敏感度系数也称灵敏度系数，是指项目效益指标变化的百分率与不确定因素变化的百分率之比。敏感度系数大，表示项目效益对该不确定因素敏感程度高，应重视该不确定因素对项目效益的影响。敏感度系数计算公式如下：

$$敏感度系数 = \frac{评价指标相对基本方案的变化率}{该不确定因素变化率} \times 100\%$$

敏感度系数的计算结果可能受到不确定因素变化率取值不同的影响，即随着不确定因素变化率取值的不同，敏感度系数的数值会有所变化。但确定其数值大小并不是计算该项指标的目的，重要的是确定各不确定因素敏感度系数的相对值，借此了解各不确定因素的相对影响程度，以选出敏感度较大的不确定因素。因此，虽然敏感度系数有以上缺陷，但在判断各不确定因素对项目效益的相对影响程度上仍然具有一定的作用。

2.临界值

临界值也称为临界点，是指不确定因素的极限变化值。以财务内部收益率为例，即该不确定因素使项目内部收益率等于基准收益率或净现值变为零时的变化百分率，临界值也可用该百分率对应的具体数值表示。当不确定因素的变化超过了临界点所表示的不确定因素的极限变化时，项目内部收益率指标将会转而低于基准收益率，表明项目由可行变为不可行。

临界点的高低与设定的基准收益率有关，对于同一个投资项目，随着设定基准收益率的提高，临界点就会变低，也就是说，临界点表示的不确定因素的极限变化变小。而在一定的基准收益率下，临界点越低，说明该因素对项目效益指标影响越大，项目对该因素就越敏感。

可以通过敏感性分析图求得临界点的近似值，但由于项目效益指标的变化与不确定因素变化之间不是直线关系，有时误差较大，因此最好采用计算机的专用函数来求解临界点。

（五）确定敏感性因素

各因素的变化都会引起效益指标的一定变化，但其影响程度各不相同。有些因素小幅度的变化，就能引起经济评价指标发生较大幅度的波动，而另一类因素即使发生了较大幅度的变化，对经济效益评价指标的影响也不是很大。我们把前一类因素称为敏感性因素，后一类因素称为非敏感性因素。敏感性分析的目的就是要找出哪些不确定因素是敏感性因素，哪些是非敏感性因素。敏感性因素的确定，可以采取上面介绍的两种方法：一是求敏感度系数，也称相对测定法；二是求各个不确定因素变动的临界值，也称绝对测定法。在实践中，通常是将这两种方法结合起来使用。

（六）提出敏感性分析的结论和建议

结合确定性分析与敏感性分析的结果，粗略预测项目可能的风险，对项目作进一步评价，并为下一步风险分析打下基础，同时还可以进一步寻找相应的控制风险的对策。如果进行敏感性分析的目的是对不同的投资项目进行比选，一般应选择敏感程度小、承受风险能力强、可靠性大的项目或方案。

三、敏感性分析的方法

单因素敏感性分析图是指通过在坐标图上作出各个不确定性因素的敏感性曲线，进而确定各个因素的敏感程度的一种图解方法，其基本作图方法如下：

第一，以纵坐标表示项目的经济评价指标（项目敏感性分析的对象），横坐标表示各个变量因素的变化幅度（以百分数表示）。

第二，根据敏感性分析的计算结果绘出各个变量因素的变化曲线，其中，与横坐标相交角度较大的变化曲线所对应的因素就是敏感性因素。

第三，在坐标图上作出项目经济评价指标的临界曲线（如 FNPV= 0，FIRR= i_c 等），求出变量因素的变化曲线与临界曲线的交点，则交点处的横坐标就表示该变量因素允许变化的最大幅度，即项目由盈到亏的极限变化值。

以财务内部收益率为例绘制的敏感性分析图如图 13-4 所示。

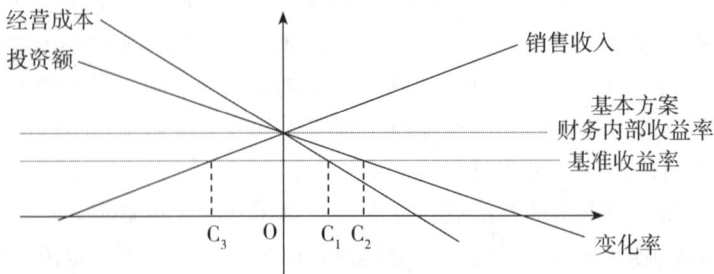

图 13-4 敏感性分析图

[例13-3] 某项目设计年生产能力为10万吨，计划总投资为1 800万元，建设期1年，投资期初一次性投入，产品销售价格为每吨63元，年经营成本为250万元，项目生产期为10年，期末预计设备残值收入为60万元，基准收益率为10%。试就投资额、产品价格（销售收入）和经营成本等影响因素对该投资方案进行敏感性分析。

选择净现值为敏感性分析的对象，根据净现值的计算公式可计算出项目的净现值，即：

FNPV=-1 800+（63×10-250）×（P/A，10%，10）+60×（P/F，10%，10）=558.08（万元）

由于FNPV>0，从财务分析角度，该项目是可行的。

对该项目进行敏感性分析的基本步骤为：

第一步，选定三个不确定因素——投资额、产品价格和经营成本。

第二步，为简单起见，选定FNPV作为项目效益的分析指标。

第三步，确定不确定因素的变动范围±10%。

第四步，分别计算相对应的净现值的变化情况，得出结果。

第五步，绘制敏感性分析图，计算临界值和敏感度系数（见表13-1）。

表 13-1 敏感性分析表

序号	调整项目			分析结果		
	投资额	销售收入	经营成本	FNPV（万元）	平均+1%	平均-1%
0				558.08		
1	+10%			378.08	-3.23%	
2	-10%			738.08		+3.23%
3		+10%		945.19	+6.94%	
4		-10%		170.97		-6.94%
5			+10%	404.46	-2.75%	
6			-10%	711.69		+2.75%

从表13-1可以看出，当其他因素均不发生变化时，产品销售收入每下降1%，净现值下降6.94%；当其他因素均不发生变化时，投资每增加1%，净现值下降3.23%；在其他因素均不发生变化的情况下，经营成本每上升1%，净现值下降2.75%。因此，在各个变量因素变化率相同的情况下，产品的销售收入的变动对净现值的影响程度最大，销售收入是最敏感的因素，其次是投资，最不敏感的因素是经营成本。

由图13-5可以看出，当产品价格下降幅度超过14.42%时，净现值由正变负，即项目由可行变为不可行；当投资额增加的幅度超过31%时，净现值由正变负，项目变为不可行；当经营成本上升幅度超过36.33%时，净现值由正变负，项目变为不可行。因此，通过图13-5的敏感性分析就可以计算出允许变量因素变动的临界值，即产品销售收入的下降不能超过14.42%，投资的增加不能超过31%，经营成本的增加不能超过36.33%。

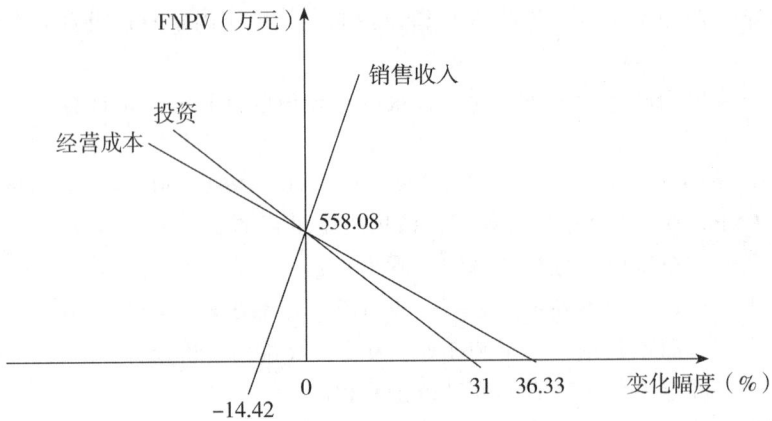

图13-5 单因素敏感性分析图

第六步，根据敏感性分析的结果，提出建议。

根据敏感性分析得知，销售收入是最敏感的因素，因此，从项目决策的角度来讲，应当对产品价格作进一步、更准确的测算。因为从项目风险的角度来讲，如果未来产品销售收入发生变化的可能性较大，则意味着这一投资项目的风险性也较大。

敏感性分析在使用中也存在一定的局限性。敏感性分析不能说明不确定因素发生变动的可能性是大还是小，也就是没有考虑不确定因素在未来发生变动的概率，而这种概率是与项目的风险大小密切相关的。例如，某些因素在未来发生不利变动的可能性很小，虽然它们可能是敏感因素，但实际上它们给项目带来的风险并不大；还有一些因素，虽然它们不太敏感，不是敏感因素，但由于它们在未来发生不利变化的可能性很大，因而实际上给项目带来的风险可能比敏感因素还要大。对于此类问题，必须借助风险分析来解决。

第四节 风险分析

一、风险分析的含义

风险分析是使用概率研究预测各种不确定因素和风险因素对项目经济效益指标影响的一种定量分析方法。概率就是可发生事件的次数与发生机会的比例，即可能事件发生的频率。可行性研究与项目评估中的概率分析，是估计基本参数或变量可能值的发生概率，然后，经过数理统计处理对项目指标的概率进行衡量。

通常，把以客观统计数据为基础的概率称为客观概率，以人为预测和估计为基础的概率称为主观概率。在可行性研究与项目评估中，客观概率非常难以获得，往往依靠主观概率，因而，确定主观概率应十分慎重，否则会对分析结果产生不利影响。

二、风险的识别

风险的识别，指首先认识和确定项目可能会存在的风险因素，再分析这些风险因素会给项目带来的影响及原因，同时结合风险程度的估计，确定项目的主要风险因素。

风险识别应采用系统论的观点对项目全面考察，综合分析，找出潜在的各种风险因素，并对各种风险进行比较、分类，确定各因素间的相关性与独立性，判断其发生的可能性及对项目的影响程度，按其重要性进行排序，或赋予权重。敏感性分析是初步识别风险因素的重要手段。

三、风险程度的等级分类

为了评估风险的大小，一般都要对风险程度进行分级。风险程度包括风险损失的大小和发生的可能性两个方面，可以综合考虑这两个方面的因素，对项目风险程度进行分类。

风险等级的划分既要考虑风险因素出现的可能性，又要考虑风险出现后对项目的影响程度。风险等级有多种表述方法，一般应选择矩阵列表法划分风险等级。矩阵列表法简单直观，将风险因素出现的可能性及对项目的影响程度构造一个矩阵，表中每一单元对应一种风险的可能性及其影响程度。为适应现实生活中人们往往以单一指标描述事物的习惯，将风险的可能性与影响程度综合起来，用某种级别表示（见表 13-2）。

表 13-2　　　　　　　　　　　　　　综合风险等级

综合风险等级		风险影响的程度			
		严重	较大	适度	低
风险的可能性	高	K	M	R	R
	较高	M	M	R	R
	适度	T	T	R	I
	低	T	T	R	I

综合风险等级分为 K、M、T、R、I 五个等级。

K（Kill）表示项目风险很大，出现这类风险就要放弃项目。

M（Modify Plan）表示项目风险大，需要修正拟议的方案，通过改变设计或采取补偿措施等。

T（Trigger）表示风险较大，需设定某些指标的临界值，指标一旦达到临界值，就要变更设计或对负面影响采取补偿措施。

R（Review and Reconsider）表示风险适度（较小），适当采取措施后不影响项目。

I（Ignore）表示风险小，可忽略。

落在该表左上角的风险会产生严重后果。落在该表左下角的风险，发生的可能性相对小，必须注意临界指标的变化，提前防范与管理。落在该表右上角的风险，影响虽然相对适度，但是发生的可能性相对大，也会对项目产生影响，应注意防范。落在该表右下角的风险，对项目造成的损失不大，发生的概率小，可以忽略不计。

四、风险评价

风险评价是对项目经济风险进行综合分析，是依据风险对项目经济目标的影响程度进行项目风险分级排序的过程。它是在项目风险识别和估计的基础上，通过建立项目风险的系统评价模型，列出各种风险因素发生的概率及概率分布，确定可能导致的损失大小，从而找到该项目的关键风险，确定项目的整体风险水平，为如何处置这些风险提供科学依据。风险评价的判别标准可采用两种类型：第一，以经济指标的累计概率、标准差为判别标准。对于FNPV，其大于零的概率越大，标准差越小，则说明风险越小。对于FIRR，其大于等于基准收益率的概率越大，标准差越小，则说明风险越小。第二，将综合风险等级作为判别标准（见表13-2）。

五、风险应对

在可行性研究与项目评估中，应考虑的风险防范对策主要有以下几种：

（一）风险回避

风险回避是彻底规避风险的一种做法，即断绝风险的来源。例如，风险分析显示产品市场存在严重风险，若采取回避风险的对策，就会作出缓建（待市场变化后再予以考虑）或放弃项目的决策。这样做固然避免了可能遭受损失的风险，但同时也放弃了投资获利的可能。因此，风险回避对策的采用一般都是很慎重的，只有在对风险的存在与发生，以及对风险损失的严重性有把握的情况下才有积极意义。风险回避一般适用于以下两种情况：一是某种风险可能造成相当大的损失，且发生的频率较高；二是应用其他的风险防范对策代价高昂，得不偿失。

（二）风险控制

风险控制是针对可控性风险采取的防止风险发生、减少风险损失的对策，也是绝大部分项目采用的主要风险防范对策。风险对策应十分重视风险控制措施的研究，应就识别出的关键风险因素逐一提出技术上可行、经济上合理的预防措施，以尽可能低的风险成本降低风险发生的可能性，并将风险损失控制在最低限度。风险控制措施必须针对项目具体情况提出，既可以是项目内部采取的技术措施、工程措施和管理措施等，也可以采取向外分散的方式来减少项目承担的风险。

（三）风险转移

风险转移是将项目可能面临的风险转移给他人承担，以避免风险损失的一种方法。转移风险有两种方式：一是将风险源转移出去；二是只把部分或全部风险损失转移出去。就投资项目而言，第一种风险转移方式是风险回避的一种特殊形式。第二种风险转移方式又可细分为保险转移和非保险转移两种方式。保险转移是采取向保险公司投保的方式将项目风险损失转嫁给保险公司承担，非保险转移是项目前期工作中涉及较多的风险对策（如采用新技术可能面临较大的风险），可以在技术合同谈判中提出加上保证性条款（如达不到设计能力或设计消耗指标时的赔偿条款等），以将风险损失全部或部分转移给技术转让方，在设备采购和施工合同中也可以采用转嫁部分风险的条款。

（四）风险自担

顾名思义，风险自担就是将风险损失留给项目承担。这适用于两种情况：一是已知有风险但由于可能获利，必须保留和承担这种风险。二是已知有风险，但若采取某种风险措施，其费用支出会大于自担风险的损失。此时，常常主动自担风险，通常适用于风险损失小、发生频率高的风险。

以上所述的风险防范对策不是互斥的，实践中常常组合使用。在采取措施降低风险的同时并不排斥其他的风险防范对策，如向保险公司投保。可行性研究与项目评估中应结合实际情况，研究并选用相应的风险对策。

第五节　风险分析的基本方法

一、专家调查法

专家调查法是以发函、开会或其他形式向专家进行调查，对项目风险因素及其风险程度进行评定，将多位专家的经验集中起来形成分析结论的一种方法。

专家调查法简单、易操作，它凭借分析者（包括可行性研究人员和决策者等）的经验对项目各类风险因素及其风险程度作出定性估计。专家调查法可以通过发函、开会或其他形式向专家进行调查，对项目风险因素、风险发生的可能性及风险对项目的影响程度加以评定，将多位专家的经验集中起来形成分析结论。由于它比一般的经验识别法更具客观性，因此应用较广泛。

［例13-4］某项目的投资额服从三角形分布，邀请10位专家，对投资额的最乐观值、最可能值、最悲观值进行估计，结果见表13-3。计算投资的最乐观值、最可能值、最悲观值，并判断专家意见的分歧程度。

表 13-3　　　　　　　项目建设投资概率专家调查意见汇总表　　　　　单位：万元

专家	最乐观值	最可能值	最悲观值
1	950	1 000	1 150
2	950	1 000	1 160
3	1 000	1 050	1 180
4	1 000	1 050	1 100
5	1 050	1 100	1 230
6	1 050	1 100	1 230
7	1 100	1 150	1 250
8	1 100	1 150	1 250
9	950	1 000	1 180
10	950	1 000	1 180

根据表 13-3，计算专家估计的平均值，并分别估算各估计值的方差，结果见表 13-4。

表 13-4　　　　　　　　　　　专家估计值处理表

项目	最乐观值	最可能值	最悲观值
平均值（$\bar{X}$）（万元）	1 010	1 060	1 181
方差（S^2）	3 400	3 400	4 849
标准差（S）	58.31	58.31	69.63
离散系数（β）（%）	5.77	5.50	5.9

从以上计算结果可以看出，最乐观值、最可能值、最悲观值的离散系数均满足专家调查的一致要求，不再进行下一轮调查。项目建设投资平均值服从最乐观值 1 010 万元、最可能值 1 060 万元和最悲观值 1 181 万元的三角形分布。

二、层次分析法

层次分析法（Analytic Hierarchy Process，AHP）是一种多准则决策分析方法，在风险分析中，它有两个用途：一是将风险因素逐层分解识别，直至最基本的风险因素，也称正向分解；二是两两比较同一层次风险因素的重要程度，列出该层次风险因素的判断矩阵（判断矩阵可由专家调查法得出），判断矩阵的特征就是根据该层次各个风险因素概率分布的组合，求得上一层风险的概率分布，直至求出总目标的概率分布，也称反向合成。

运用层次分析法解决实际问题一般包括以下步骤：

（1）建立研究问题的递阶层次结构。

（2）构造两两比较判断矩阵。

（3）由判断矩阵计算被比较元素的相对权重。

（4）计算各层元素的组合权重。

（5）将各子项的权重与子项的风险概率分布加权叠加，即得出项目的经济风险概率分布。

三、CIM 法

CIM （Controlled Interval and Memory Model，CIM）是控制区间和记忆模型，也称概率分布的叠加模型，或记忆模型。CIM 包括串联响应模型和并联响应模型，它们分别是以随机变量的概率分布形式进行串联、并联叠加的有效方法。

CIM 方法的主要特点是：用离散的直方图表示随机变量概率分布，用和代替概率函数的积分，并按串联或并联响应模型进行概率叠加。在概率叠加的时候，CIM 可将直方图的变量区间进行调整，即所谓的区间控制，一般是缩小变量区间，使直方图与概率解析分布的误差显著减小，提高计算的精度。CIM 同时也可用"记忆"的方式考虑前后变量的相互影响，把前面概率分布叠加的结果记忆下来，应用"控制区间"的方法将其与后面变量的概率分布叠加，直到最后一个变量为止。应用 CIM 分析风险的具体方法，读者可以参阅有关 CIM 的其他书籍，本书在这里不作详细介绍。

四、概率树法

概率树法假定风险变量之间是相互独立的，在构造概率树的基础上，将每个风险变量的各种状态取值进行组合，分别计算每种组合状态下的评价指标值及相应的概率，得到评价指标的概率分布，并统计出评价指标低于或高于基准值的累计概率，计算评价指标的期望值、方差、标准差和离散系数。可以绘制以评价指标为横轴、累计概率为纵轴的累计概率曲线。用概率树法计算项目净现值的期望值和净现值大于或等于零的累计概率的计算步骤如下：

（1）通过敏感性分析，确定风险变量。

（2）判断风险变量可能发生的情况。

（3）确定每种情况可能发生的概率，每种情况发生的概率之和必须等于1。

（4）求出可能发生事件的净现值、加权净现值，然后求出净现值的期望值。

（5）可用插入法求出净现值大于或等于零的累计概率。

[例13-5] 某项目的主要风险变量有建设投资、年销售收入和年经营成本。它们的估算值分别为 85 082 万元、35 360 万元和 17 643 万元。经调查认为，每个变量有 3 种状态，其概率分布见表 13-5。

表 13-5 变量概率分布

不确定性因素 \ 概率 \ 变化值	+20%	0	−20%
建设投资	0.6	0.3	0.1
销售收入	0.5	0.4	0.1
经营成本	0.5	0.4	0.1

通过敏感性分析确定风险变量，判断风险变量可能发生的情况及确定每种情况可能发生的概率（每种情况发生的概率之和等于1）。

（1）求出可能发生事件的净现值、加权净现值，然后求出净现值的期望值。

根据表13-5，可以组成27个组合，构造概率树，如图13-6所示的27个分支，圆圈内的数字表示输出变量各种状态发生的概率，如图中第一个分支表示建设投资、销售收入、经营成本同时增加20%的情况，称为第一事件。

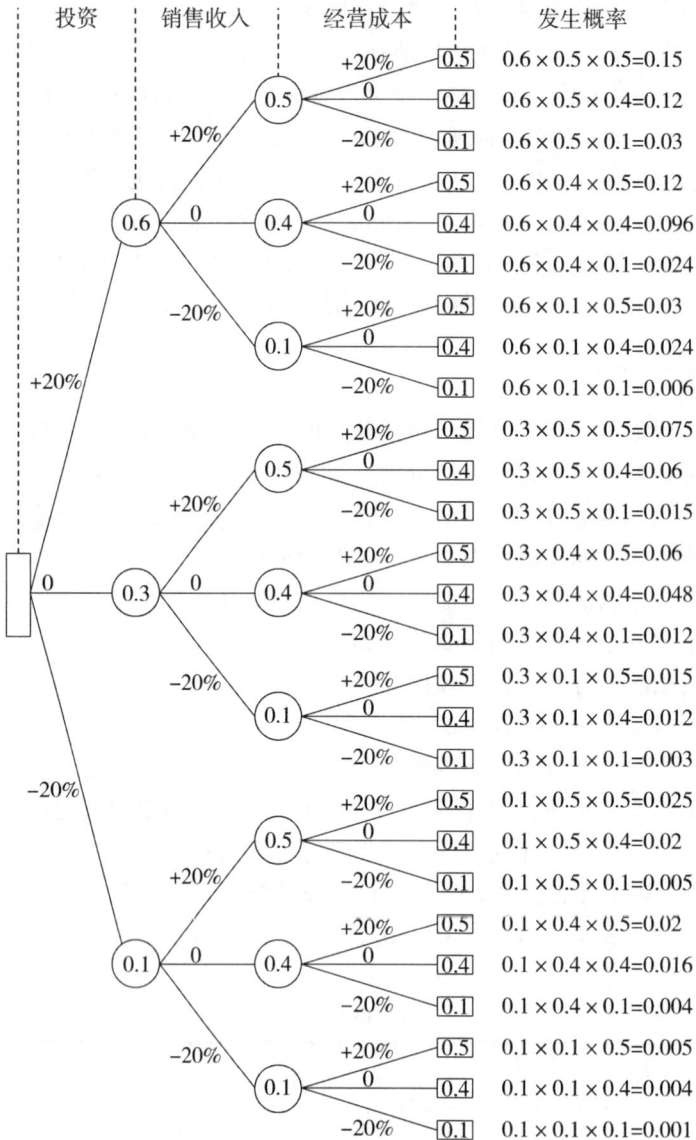

图13-6　概率树

下面计算净现值的期望值：

第一步，分别计算各种可能发生事件的概率。

如第一事件发生的概率=P1（建设投资增加20%）×P2（销售收入增加20%）×P3（经营成本增加20%）=0.6×0.5×0.5=0.15

依此类推，计算出其他26个可能发生事件的概率，其概率合计数应等于1，如表13-6所示。

表 13-6　　　　　　　　　　　　　期望值计算表

事件	建设投资	销售收入	经营成本	概率	净现值（万元）	加权净现值（万元）
1	+20%	+20%	+20%	0.150	32 480	4 872
2	+20%	+20%	估计值	0.120	41 133	4 935.96
3	+20%	+20%	−20%	0.030	49 778	1 493.34
4	+20%	估计值	+20%	0.120	−4 025	−483
5	+20%	估计值	估计值	0.096	4 620	443.52
6	+20%	估计值	−20%	0.024	13 265	318.36
7	+20%	−20%	+20%	0.030	−40 537	−1 216.11
8	+20%	−20%	估计值	0.024	−31 893	−765.43
9	+20%	−20%	−20%	0.006	−23 248	−139.49
10	估计值	+20%	+20%	0.075	49 920	3 744
11	估计值	+20%	估计值	0.060	58 565	3 513.90
12	估计值	+20%	−20%	0.015	67 209	1 008.14
13	估计值	估计值	+20%	0.060	13 407	804.42
14	估计值	估计值	估计值	0.048	22 051	1 058.45
15	估计值	估计值	−20%	0.012	30 696	368.35
16	估计值	−20%	+20%	0.015	−23 106	−346.59
17	估计值	−20%	估计值	0.012	−14 462	−173.54
18	估计值	−20%	−20%	0.003	−5 817	−17.45
19	−20%	+20%	+20%	0.025	67 351	1 683.78
20	−20%	+20%	估计值	0.020	75 996	1 519.92
21	−20%	+20%	−20%	0.005	84 641	423.21
22	−20%	估计值	+20%	0.020	30 838	616.76
23	−20%	估计值	估计值	0.016	39 483	631.73
24	−20%	估计值	−20%	0.004	48 127	192.51
25	−20%	−20%	+20%	0.005	−5 675	−28.38
26	−20%	−20%	估计值	0.004	2969	11.88
27	−20%	−20%	−20%	0.001	11 614	11.61
			合计	1		24 481.83

第二步，分别计算各可能发生状态的净现值。

将建设投资、产品销售收入、经营成本各年数值分别调增20%，重新计算财务净现值，得财务净现值为32 480万元。依此类推，计算出其他26个可能发生事件的净现值。

第三步，计算净现值的期望值。

将各事件的发生概率与其净现值分别相乘，得出加权净现值，再求和得出财务净现值的期望值为24 481.83万元。期望值计算表见表13-6。

（2）求净现值大于或等于零的累计概率。

概率分析应求出净现值大于或等于零的概率，从该概率值的大小可以估计项目承受风险的程度。概率值越接近1，说明项目的风险越小；反之，项目的风险越大。

计算步骤为：将计算出的各可能发生事件的财务净现值按数值从小到大排列，并将各可能发生事件发生的概率按同样的顺序累加，求得累计概率，见表13-7。

表 13-7　　　　　　　　　　　　**累计概率计算表**

事件	净现值（万元）	概率	累计概率
7	−40 537	0.03	0.03
8	−31 893	0.024	0.054
9	−23 248	0.006	0.06
16	−23 106	0.015	0.075
17	−14 462	0.012	0.087
18	−5 817	0.003	0.09
25	−5 675	0.005	0.095
4	−4 025	0.12	0.215
26	2 969	0.004	0.219
5	4 620	0.096	0.315
27	11 614	0.001	0.316
6	13 265	0.024	0.34
13	13 407	0.060	0.4
14	22 051	0.048	0.448
15	30 696	0.012	0.46
22	30 838	0.02	0.48
1	32 480	0.15	0.63
23	39 483	0.016	0.646
2	41 133	0.12	0.766
24	48 127	0.004	0.77
3	49 778	0.03	0.8
10	49 920	0.075	0.875
11	58 565	0.06	0.935
12	67 209	0.015	0.95
19	67 351	0.025	0.975
20	75 996	0.02	0.995
21	84 641	0.005	1

根据表13-7，可求得：

净现值小于零的概率=0.215+（0.219-0.215）×4 025÷（4 025+2 969）=0.217

即项目不可行的概率为0.217，净现值大于或等于零的概率为：

P（FNPV≥0）=1-P（FNPV<0）=1-0.217=0.783

计算得出净现值大于零或者等于零的概率为78.3%，说明项目风险较小。

■ 本章小结

不确定性就是指一种决策可能有一种以上的可能结果，但每个结果可能出现的概率是未知的，甚至对可能出现结果的概率是一无所知的。风险是指未来结果是不确定的，但未来结果出现的可能性，即概率分布是已知或可以估计的。所以，也可以将风险称为可测定的不确定性。

常见的风险因素源于诸多方面，如市场、技术、资源、工程、投资、融资、外部环境等。

不确定性与风险产生的原因主要包括主观原因和客观原因。其中，主观原因主要指信息的不完全性与不充分性和人的有限理性；客观原因主要包括市场供求变化的影响，技术变化的影响，经济环境变化的影响，社会、政策、法律、文化等方面的影响，自然条件和资源方面的影响等。

常用的不确定性分析方法主要有盈亏平衡分析和敏感性分析等。

盈亏平衡分析是通过计算盈亏平衡点，分析拟建项目成本与收益的平衡关系，判断拟建项目适应市场变化的能力和风险大小的一种分析方法。盈亏平衡点的表现形式有很多种，可以用盈亏平衡时的产量、产品的销售价格、单位变动成本和年总固定成本等绝对量表示，也可以用某些相对值表示。在可行性研究与项目评估中，常用的是以产量、生产能力利用率和销售价格等表示盈亏平衡点。

敏感性分析是在确定性分析的基础上，进一步分析、预测项目主要不确定因素的变化对项目评价指标的影响，从中找出敏感性因素，确定评价指标对该因素的敏感程度和项目对其变化的承受能力。敏感性分析也称灵敏度分析。敏感性分析侧重于对最敏感的关键因素（即不利因素）及其敏感程度进行分析。

投资项目可能面临各种各样的风险，因此，在可行性研究与项目评估过程中，不仅要了解项目可能面临的风险，而且要提出针对性的风险对策，避免风险的发生或将风险损失降到最低限度，才能有助于提高投资的安全性，促使项目获得成功。风险防范对策主要有风险回避、风险控制、风险转移和风险自担等。

风险分析的主要方法有专家调查法、层次分析法、CIM法及概率树法。风险分析为定量考察项目风险以及风险有可能对项目收益造成的影响提供了有效的根据，大大提高了决策的准确性。

■ 关键概念

不确定性　风险　盈亏平衡　线性盈亏平衡分析　非线性盈亏平衡分析　敏感

性分析　概率树法

■ 复习思考题

1. 什么是不确定性和风险？它们有什么区别？

2. 常见的项目风险因素有哪些？

3. 不确定性和风险产生的原因是什么？

4. 什么是盈亏平衡分析？盈亏平衡点有哪几种表现形式？

5. 盈亏平衡分析的局限性主要表现在哪几个方面？

6. 什么是敏感性分析？其作用是什么？

7. 单因素敏感性分析有哪些步骤？

8. 什么是敏感度系数和临界点？

9. 敏感性分析的局限性主要表现在哪几个方面？

第十四章

投资项目的多方案比选

□ **学习目标**

通过本章的学习，学生应该掌握寿命期相同和寿命期不同的互斥方案和独立方案比选的基本方法，熟悉相关方案的比选方法，了解方案之间的关系。

项目方案比选，即项目方案比较与选择，是寻求合理的经济和技术决策的必要手段，也是可行性研究和项目评估工作的重要组成部分。多方案的比较和选择是指对根据实际情况所提出的各个备选方案，通过选择适当的经济评价方法和指标，对各个方案的经济效益进行比较，最终选择出最佳投资方案。

第一节 投资方案之间的关系

在进行投资方案的比较和选择时，首先应明确投资方案之间的相互关系，然后才能考虑用适宜的评价指标和方法进行方案的比较。备选方案之间的关系不同，决定了所采用的评价方法也会有所不同。

一、互斥方案

互斥方案是指互相关联、互相排斥的方案，即一组方案中的各个方案彼此可以相互代替，采纳方案中的某一方案，就会自动排斥这组方案中的其他方案。互斥方案具有排他性。

二、独立方案

独立方案是指方案的采纳与否只受自身条件的制约，方案之间不具有排斥性。

也就是说，在独立方案中，选择某一方案并不排斥另一方案，它们在经济上互不相关，接受或放弃某个方案并不影响其他方案的取舍，相互独立方案之间的效果具有可加性。

由于可能存在的资金约束条件，独立方案的选择可能出现两种情况：第一种是无资金限制条件的；第二种是有资金限制条件的。

三、相关方案

相关方案是指在各个投资方案之间，其中某一个方案的采用与否会给其他方案的现金流量带来一定的影响，进而影响其他方案的采用或拒绝。

相关方案可以分为以下几种情况：

第一种是某些方案的接受以另一些方案的接受作为前提条件，后者叫作前提方案，前者叫作从属方案。第二种是在一组方案中，若接受了某一方案之后，其他方案就可以成为无足轻重、可有可无的方案。第三种是在一组方案中，某一种方案的接受有助于其他方案的接受，方案之间存在着相互依存的关系。

投资方案中最常见的是互斥方案和独立方案，相关方案亦可转化为这两种方案。互斥方案的比选比较容易，一般通过财务分析和国民经济评价进行。独立方案的比选则要有专门的方法，在可行性研究和项目评估过程中，经常遇到的问题就是独立方案的比较和选择。

第二节　互斥型方案的比较和选择

在方案互斥的条件下，只要方案的投资额在规定的投资额内，各个方案均可参加评选。对于评选的方案，经济效果的评价通常包含两方面的内容：一是首先评价各个方案自身的经济效果，即用前面章节介绍的有关知识进行方案的绝对效果检验；二是在参选的各个方案经济上都可行的条件下，对各个备选方案选优，即进行相对效果检验。

将互斥型方案的选择根据各个方案寿命期是否相同分为两部分：一是各方案寿命期相等；二是各方案寿命期不全相等。

依据方案分类和投资方案比选的原则与要求，互斥型方案进行经济评估比选时可采用下列方法（如图14-1所示）。

一、寿命期相同方案的比较和选择

对于寿命期相同的互斥方案，计算期通常设定为其寿命期，这样，在利用资金等值原理进行经济效果评价时，方案在时间上才具有可比性。

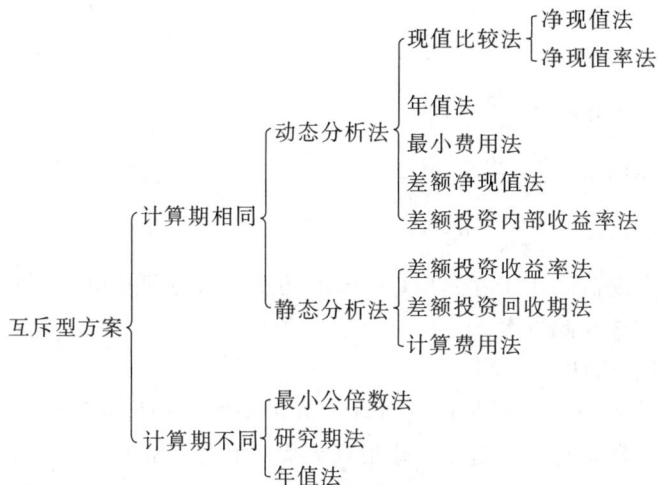

图 14-1　互斥型方案的经济比选方法

（一）单独分析法

在进行多方案比选时，现值法可以分为单独分析和增量分析（即差额净现值法）两种方法。

单独分析法是多方案比选中最常用的方法，其中，单独分析法又包括净现值（FNPV）法和净现值率（FNPVR）法。

1.净现值法

净现值法的基本步骤主要有：第一步，计算各个备选方案的净现值，检验各个方案的绝对经济效果，去掉 FNPV<0 的方案。第二步，对绝对经济效果合格的方案，比较其净现值，以净现值最大的方案为最优方案。

［例 14-1］现有 A、B、C 三个互斥方案，其寿命期内各年的净现金流量见表 14-1。假定投资发生在年初，已知 $i_c=10\%$，试用净现值法选择出最佳方案。

表 14-1　　　　　　　　　互斥方案 A、B、C 的净现金流量表　　　　　　　　单位：万元

方案 \ 年份	0	1~10
A	−3 500	454
B	−2 317	674
C	−2 346	697

解：首先计算各方案的净现值：

FNPV$_A$=−3 500+454×（P/A，10%，10）=−710.35（万元）

FNPV$_B$=−2 317+674×（P/A，10%，10）=1 824.46（万元）

FNPV$_C$=−2 346+697×（P/A，10%，10）=1 936.79（万元）

A 方案的净现值小于零，故舍去；C 方案的净现值大于 B 方案的净现值，故方

案C为最优方案。

2.净现值率法

$$I_{P-A}=3\ 500 \quad FNPVR_A=\frac{-710.35}{3\ 500}=-0.20$$

$$I_{P-B}=2\ 317 \quad FNPVR_B=\frac{1\ 824.46}{2\ 317}=0.79$$

$$I_{P-C}=2\ 346 \quad FNPVR_C=\frac{1\ 936.79}{2\ 346}=0.83$$

方案A的净现值率小于零，所以舍弃；方案B与方案C相比，方案C的净现值率最大，故应该选择此方案。

（二）增量分析法

增量分析法比较的原则是通过对现金流量差额的评价来比选方案。一般情况下，比选方案时需要有一个基准，即相对于某一给定的基准折现率而言，看一看投资大的方案比投资小的方案所增加的投资是否值得。具体地说，如果是在两个方案中选优，首先要计算这两个方案的现金流量之差，形成一个差额现金流，然后考虑某一方案比另一方案增加的投资在经济上是否合算，即计算新形成的差额现金流量的净现值，这个净现值也称为投资增额净现值。如果这个值大于零，表明由投资增额所引起的收益按基准折现率计算的现值大于所增加的投资的现值，说明投资的增加是合算的，差额现金流量所形成的方案在经济上是可行的，这时，应选择投资大的方案；反之，如果投资增额净现值小于零，则应选择投资小的方案。

1.差额净现值法

如果对三个或三个以上的方案进行比较，也可用差额净现值法进行评选。具体方法是先将各参选方案按投资额从小到大排列，并增设一个基础方案。当基础方案可靠时，把基础方案和投资额最小的方案进行比较，计算投资增额净现值，若投资增额净现值大于零，选择投资大的方案作为下一步比较的基础方案；若投资增额净现值小于零，则选择投资小的方案作为下一步比较的基础方案，以此类推，直到比完所有方案，最后保留的方案即为最优方案。

［例14-2］仍然以［例14-1］为例，采用差额净现值法进行方案比选。

第一，先把各方案按投资额由小到大排列，并增设一个基础方案A_0，也叫维持现状或不投资方案。A_0方案是假设已有的资金投放在其他的机会上，这时也可以获得基准收益率。

第二，计算方案B与维持现状方案A_0的投资增额净现值。

$$FNPV_{B-A_0}=-2\ 317+674\times（P/A，10\%，10）=1\ 824.46（万元）$$

由于$FNPV_{B-A_0}>0$，说明方案B优于方案A_0，应保留方案B作为下一步继续比较的基础方案。差额净现值大于零，说明追加的投资是合理的。

第三，以方案B作为临时最优方案，C作为竞赛方案。

$$FNPV_{C-B}=-2\ 346-（-2\ 317）+（697-674）\times（P/A，10\%，10）=112.33（万元）$$

由于$FNPV_{C-B}>0$，说明追加投资是合理的，去掉方案B，把方案C作为临时最优方案。

第四，计算方案C和方案A的投资增额净现值。

$FNPV_{A-c}=-3\ 500-(-2\ 346)+(454-697)\times(P/A,10\%,10)=-2\ 647.14$（万元）

由于$FNPV_{A-c}<0$，说明再追加投资是不合理的，因此与A方案相比，C方案为最优方案。

第五，得出比选结论。

A、B、C三个方案相比，C方案为最优。

由此可以看出，用净现值法、净现值率法和差额净现值法分析比选方案会得出完全一致的结论。

2.差额内部收益率法

内部收益率指标是项目经济评价中经常使用的指标之一，是衡量项目综合能力的重要指标。但是在进行多方案比选时，必须使用内部收益率法中的增量分析，即计算差额内部收益率来比选方案。如果直接按各个方案内部收益率的高低来评选方案有时会得出错误的结论。

［例14-3］方案A、B是互斥方案，其现金流量见表14-2，假定投资为年初投入，$i_c=10\%$，试选择出最佳方案。

表14-2　　　　　　　　　　　方案A、B的净现金流量表　　　　　　　　　　单位：万元

年份 方案	0	1~10
A	-2 000	385
B	-1 000	200

首先，用净现值法对方案进行比较，计算A、B方案的FNPV。

$FNPV_A=-2\ 000+385\times(P/A,10\%,10)=365.67$（万元）

$FNPV_B=-1\ 000+200\times(P/A,10\%,10)=228.92$（万元）

计算结果表明，两个方案经济上均可行，按照净现值最大的原则，方案A为最优方案。

然后，采用内部收益率指标来进行比选。

$-2\ 000+385\times(P/A,FIRR_A,10)=0$

$-1\ 000+200\times(P/A,FIRR_B,10)=0$

求得：

$FIRR_A=14.11\%$

$FIRR_B=15\%$

由于$FIRR_A$和$FIRR_B$均大于基准折现率10%，故两个方案均是可行的方案，如果按照内部收益率最大的原则来评选方案，方案B为最优方案。这一结论和净现值法得出的结论是矛盾的。

那么究竟哪一种结论是正确的呢？要想解决这一问题就要正确理解净现值和内

部收益率这两个指标的经济含义。FNPV指标的设计充分体现了企业的利润最大化目标，在该指标计算中可根据实际情况灵活选用折现率i，可见，根据FNPV的大小判断方案优劣，能充分体现投资的机会成本原则，因而无论在理论上还是在实务中，FNPV标准都是互斥方案（不考虑其他约束条件）比较理想的优选标准。由于FNPV属于绝对量指标，不能准确反映投资的相对效果，故在投资资金有明确限制而投资者又很看重资金利用效率时，可选择FNPVR较高的方案。

FNPV标准、FIRR标准都能全面地考虑待选方案的现金流量和时间价值，本质上都是对照机会成本决策的，按理说都应该是一种理想的择优标准。FIRR评价方法未能完全遵循机会成本原则，参选方案现金流量分布不规则，是导致FIRR标准可能有误的主要原因。内部收益率是表明投资方案所能承受的最高利率，或最高的资金成本，它指的是方案的净现金流量所具有的机会成本就是该方案本身所产生的内部收益率。内部收益率指标隐含着再投资收益率假设，虽然FIRR指标设计的意愿是完全按机会成本行事，但机会成本本身可能随时间、空间和有关条件的变化而变化，并非是一个肯定不变的常量，因此FIRR指标设计的再投资收益率假定，事实上使FIRR标准很难真正遵循机会成本原则。

采用差额内部收益率来比选方案时，实质是分析判断投资大的方案和投资小的方案相比，其所增加的投资能否被其增加的收益抵偿，即分析判断增量的现金流量的经济合理性。可以通过计算这个增量的现金流量的内部收益率来分析增量的现金流量的经济合理性，这个内部收益率就是差额内部收益率，这样就能够保证方案比选结论的正确性。在方案寿命期相同的情况下，差额内部收益率的表达式为：

$$\sum_{t=1}^{n}[(CI-CO)_1-(CI-CO)_2]\times(1+\Delta FIRR)^{-t}=0$$

式中：$\Delta FIRR$——差额内部收益率；

　　　（CI-CO）$_1$——互斥方案1的现金流量；

　　　（CI-CO）$_2$——互斥方案2的现金流量。

采用差额内部收益率指标对互斥方案进行比选的基本步骤和投资增额净现值的做法基本相同。只是取舍方案的标准不一样。差额内部收益率评选方案的标准是：若$\Delta FIRR \geq i_c$，则说明投资大的方案优于投资小的方案，保留投资大的方案；反之，若$\Delta FIRR < i_c$，则保留投资小的方案。

［例14-4］有两个互斥方案A、B，其寿命期相同，有关数据见表14-3。假定投资是年初投入，设基准收益率i_c=15%，试用差额内部收益率法比较和选择最优可行方案。

表14-3　　　　　　　　　　　互斥方案A、B的净现金流量表　　　　　　　　金额单位：万元

方案	投资	年收入	年支出	残值	寿命期（年）
A	50	16	4	2	10
B	60	20	6	0	10

首先，运用净现值法进行方案比选。

$FNPV_A$=-50+（16-4）×（P/A，15%，10）+2×（P/F，15%，10）=10.66（万元）>0

$FNPV_B$=-60+（20-6）×（P/A，15%，10）=10.26（万元）>0

说明两个方案均是可行方案，由于$FNPV_A$>$FNPV_B$，所以应选择方案 A。

其次，计算方案 B 较方案 A 的差额投资内部收益率，进行方案比选。

-（60-50）+［（20-16）-（6-4）］×（P/A，ΔIRR，10）-2×（P/F，ΔIRR，10）=0

得：

ΔFIRR=13.76%<15%

说明方案 B 较方案 A 的追加投资不合算，应选取方案 A。

需要说明的是，差额内部收益率只能说明增量投资部分的经济合理性，即ΔFIRR≥i_c，并不能说明全部投资的经济效果，所以，在采用差额内部收益率进行方案的比选时，首先应对备选方案进行单方案检验，只有可行的方案才能参加方案的评选。

（三）最小费用法

最小费用法是现值法的一种特殊情况，它包括费用现值法和费用年值法，在这里只介绍费用现值法。

在投资项目的经济评价中经常会遇到这种情况，即参加评选的方案所产生的效益无法或很难用货币计量，比如一些教育、环保等项目，对这些方案进行比选时，由于得不到方案的净现金流量，所以也就无法采用现值法和差额内部收益率法对方案进行经济评价。在这种情况下，假设各方案产生的收益是相同的，对各方案的费用进行比较，以比选方案的费用最小者为最优方案，这种评选方案的方法称为最小费用法。费用现值法是指利用此方法计算出的净现值只包括费用部分，即只计算各备选方案的费用现值，并进行对比，以费用现值最低的方案为最佳方案。

其表达式为：

$$PC = \sum_{t=0}^{n} CO_t(1+i_c)^{-t} = \sum_{t=0}^{n} CO_t(P/F, i_c, t)$$

［例 14-5］甲、乙两项目的有关费用支出见表 14-4，已知i_c=10%，试用费用现值法选择最佳方案。

表 14-4　　　　　　　　　　甲、乙两方案的净现金流量表　　　　　　金额单位：万元

项目＼费用	投资（第 1 年年末）	年经营成本（第 2~10 年年末）	寿命期（年）
甲	700	320	10
乙	850	300	10

$PC_甲$=700×（P/F，10%，1）+320×（P/A，10%，9）×（P/F，10%，1）=2 311.73（万元）

$PC_乙$=850×（P/F，10%，1）+300×（P/A，10%，9）×（P/F，10%，1）=2 343.39（万元）

计算结果表明，甲方案的最小费用低于乙方案，所以甲方案为最佳方案。

（四）静态分析法

静态分析法包括差额投资收益率法和差额投资回收期法。它用于投资方案产量相同或基本相同时的方案比选。由于在本章开始时已经说明了不考虑产量等问题，所以在这里就不详加介绍了。静态分析法和前面介绍的最小费用法的计算原理基本相同，其计算公式为：

静态差额投资收益率的计算公式为：

$$R_a = \frac{C_1 - C_2}{I_1 - I_2} \times 100\%$$

静态差额投资回收期的计算公式为：

$$P_a = \frac{I_1 - I_2}{C_1 - C_2}$$

式中：C_1 和 C_2 分别为两个比较方案的年经营总成本；I_1 和 I_2 分别为两个比较方案的投资。

二、寿命期不同的互斥方案的比较和选择

寿命期不同与寿命期相同的互斥方案，在经济效果的评价内容和评价程序方面是一样的，通常都要进行各方案绝对效果检验与方案间相对效果检验。但是，由于方案的使用寿命不同，评价指标在时间上没有比较基础，不具有可比性，因此，方案的评价必须在相等的时间段内比较它们的费用和收益才有意义。

按照分析期的不同，寿命期不同的互斥方案的比选主要有最小公倍数法、研究期法和年值法。

（一）最小公倍数法

最小公倍数法是以各备选方案的服务寿命的最小公倍数作为方案进行比选的共同的计算期，并假定各方案分析期内各年的净现金流量进行重复计算，直到分析期结束。例如，有 A、B 两个方案，A 方案的寿命期为 10 年，B 方案的寿命期为 5 年，则其共同的分析期为 10 年。在这个分析期内，B 方案需实施两次，分别对其净现金流量进行重复计算，计算出在共同的计算期内各方案的净现值，以净现值最大的方案为最佳方案。

［例 14-6］A、B 两个方案各年的净现金流量如表 14-5 所示，设 $i_c = 10\%$，试用最小公倍数法对方案进行比选。

表 14-5 　　　　　　　　寿命期不等的互斥型方案 A、B 的净现金流量 　　　　　金额单位：万元

方案	投资（年末）	每年净收益（年末）	寿命（年）
A	10	4	4
B	20	5	6

A 方案寿命期为 4 年，B 方案寿命期为 6 年，则其最小公倍数为 12 年。在这期间，A 方案重复实施 2 次，B 方案重复实施 1 次，现金流量如图 14-2 所示。

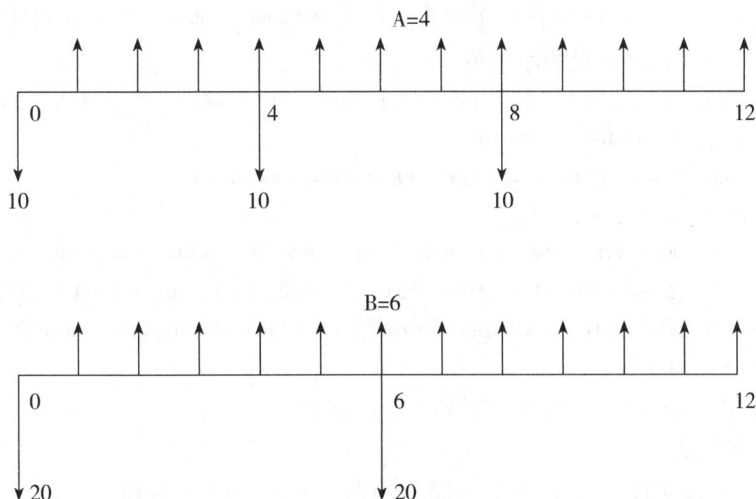

图14-2　最小公倍数寿命期现金流量图

计算在共同的计算期12年的情况下，A、B两方案的费用净现值。

FNPV$_A$=-10+4×（P/A，10%，12）-10×（P/F，10%，4）-10×（P/F，10%，8）

　　　　=-10+4×6.837-10×0.6830-10×0.4665=5.7598（万元）

FNPV$_B$=-20+5×（P/A，10%，12）-20×（P/F，10%，6）

　　　　=-20+5×6.837-20×0.5645=2.7785（万元）

因为FNPV$_A$>FNPV$_B$，所以选择A方案更为有利。

用最小公倍数法比较方案，是假设方案在共同的计算期内反复实施，但由于技术进步，使其完全重复往往是不经济的，甚至是不可能的，况且计算过程也十分复杂，因此用这种方法进行方案比选是比较复杂的，我们需要一种比较可行的方法。

（二）研究期法

所谓研究期法，是针对寿命期不同的互斥方案，直接选取一个适当的分析期作为各个方案共同的计算期，通过比较各个方案在该计算期内的净现值来对方案进行比选，以净现值最大的方案为最佳方案。研究期的选择没有特殊的规定，但一般以诸方案中寿命最短者为研究期，因为这样计算最简便，而且完全可以避免重复性假设。

［例14-7］A、B两个方案的净现金流量见表14-6，现金流量均发生在年末。若已知i$_c$=10%，试用研究期法对方案进行比选。

表14-6　　　　　　　　　　A、B两个方案的净现金流量表　　　　　　单位：万元

方案 ＼ 年份	1	2	3~7	8	9	10
A	-600	-450	480	540		
B	-1 300	-950	850	850	850	1 000

取 A、B 两方案中较短的寿命期为共同的研究期，即 n=8 年，分别计算当计算期为 8 年时，A、B 两方案的净现值。

$FNPV_A$=-600×（P/F, 10%, 1）-450×（P/F, 10%, 2）+480×（P/A, 10%, 5）×（P/F, 10%, 2）+540×（P/F, 10%, 8）

       =-600×0.9091-450×0.8246+480×3.7908×0.8246+540×0.4665

       =835.81（万元）

$FNPV_B$=［-1 300×（P/F, 10%, 1）-950×（P/F, 10%, 2）+850×（P/A, 10%, 7）×（P/F, 10%, 2）+1 000×（P/F, 10%, 10）］×（A/P, 10%, 10）×（P/A, 10%, 8）

       =（-1 300×0.9091-950×0.8246+850×4.8684×0.8246+1 000×0.3855）×0.1627×5.3349

       =1 590.68（万元）

由于 $FNPV_B$>$FNPV_A$，所以方案 B 为最佳方案。

（三）年值法

年值法是以年度为各方案的共同分析期。它是对使用寿命不同的互斥方案进行比选的一种常用的方法，也是最为简单的分析方法。不论各方案的使用寿命多长，只要将各方案的现金流量都换算成净年值（NAV），则各方案的费用和收益的比较可以以年度为时间基础，并进行比较，以 NAV≥0，且 NAV 最大者为最优方案。

净年值的表达式为：

$$NAV = \left[\sum_{t=0}^{n} (CI - CO)_t \cdot (P/F, i_c, t) \right] (A/P, i_c, n)$$

［例 14-8］设互斥方案 A、B 的寿命期分别为 5 年和 3 年，i_c=10%，各自寿命期内的净现金流量见表 14-7。试用年值法进行方案比选。

表 14-7   方案 A、B 的净现金流量表   单位：万元

方案 ＼ 年份	0	1	2	3	4	5
A	-400	120	120	120	120	120
B	-200	100	100	100		

先求出两方案的净现值：

$FNPV_A$=-400+120×（P/A, 10%, 5）=54.90（万元）

$FNPV_B$=-200+100×（P/A, 10%, 3）=48.69（万元）

然后求出两方案的净年值：

NVA_A=54.90×（A/P, 10%, 5）=54.90×0.2638=14.48（万元）

NVA_B=48.69×（A/P, 10%, 3）=48.69×0.4021=19.58（万元）

由于 NVA_B>NVA_A，且 NVA_A 和 NVA_B 均大于零，故方案 B 为最佳方案。

第三节　独立方案的比较和选择

对于独立方案而言，如果资金对所有项目不构成约束，那么其比选的方法与单个项目的检验方法是基本一致的，即只要项目本身的 FNPV≥0 或 FIRR≥i_c，则项目就可行。如果资金不足以分配到全部 FNPV≥0 的项目，就形成所谓的资金约束条件下的优化组合问题。在常用的资金约束条件下，独立方案的比选方法有两种，即互斥组合法和净现值率排序法。

一、互斥组合法

互斥组合法是工程经济分析的传统方法，它是指在有资金约束的条件下，将相互独立的方案组合成总投资额不超过投资限额的组合方案，这样各个组合方案之间的关系就变成了互斥的关系。利用前述互斥方案的比较方法，就可以选择出最优的组合方案。

其具体步骤是：第一，对于各种可能的互斥方案组合，把所有的项目组合全部列举出来，每个组合都代表一个满足约束条件的相互排斥的项目组合中的一个方案。第二，按各方案组合的投资额由小到大排序。第三，在总的初始投资小于投资限额的方案组合中，按互斥方案的比选原则选择最优的方案组合。

［例 14-9］某企业有三个独立的投资方案 A、B、C，其净现金流量情况见表 14-8，已知总投资限额为 7 000 万元，i_c=10%，试作出最佳投资决策。

表 14-8　　　　　　　　　A、B、C 三方案的净现金流量表　　　　　　金额单位：万元

方案	投资	年净收益	寿命（年）	净现值
A	2 000	460	8	454.05
B	3 000	600	8	200.94
C	5 000	980	8	228.20

首先，计算 A、B、C 三个方案的净现值，计算结果见表 14-8。A、B、C 三个方案的净现值均大于零，从单方案检验的角度看，A、B、C 三个方案均可行。但已知投资限额为 7 000 万元，A、B、C 三个方案同时实施的总投资为 1 亿元，超过了投资限额，在这里采用独立方案的互斥组合法来进行决策。

因为每个方案都有两种可能，即接受或拒绝，故 n 个独立项目可以构成 2^n 个互斥型方案，本例中 A、B、C 三个方案共有 2^3=8 个互斥的方案组合，各组合方案的投资总额、年净收益及净现值见表 14-9。

表 14-9　　　　　　　组合方案投资总额、年净收益及净现值　　　　单位：万元

组合号	方案组合	投资总额	年净收益	净现值
1	0	0	0	0
2	A	2 000	460	454.05
3	B	3 000	600	200.94
4	C	5 000	980	228.20
5	AB	5 000	1 060	654.99
6	AC	7 000	1 440	682.25
7	BC	8 000	1 580	429.14
8	ABC	10 000	2 040	883.19

根据表 14-9 中的数据，方案组合 7、8 的投资总额超出投资限额，故不予考虑；对于满足投资限额条件的 6 个方案组合，AC 的净现值最大，故方案 A 与方案 C 的组合为最佳投资组合，即投资决策为投资方案 A 与 C。

当参选项目个数较少时，这种方法简便实用，但当项目个数较多时，其组合方案数将成倍增加，用这种方案就显得相当麻烦。不过，这种方法可以保证得到已知条件下最优的方案组合。

二、净现值率排序法

净现值率是净现值与总投资现值的比率，反映单位投资所带来的净收益。净现值率越大，说明资金的使用效率越高。因此，在资金紧张的情况下，对于若干个独立方案，应优先选用净现值率大的方案。净现值率排序法是在一定资金限制下，根据各方案的净现值率的大小确定各方案的优先次序并分配资金，直到资金限额分配完为止的一种方案选择方法。

具体做法是：第一，计算各项目的净现值率（FNPVR）。第二，按净现值率由大到小排序。第三，按净现值率排序选择项目至资金约束条件为止。

[例 14-10] 6 个独立投资项目，其净现金流量见表 14-10，$i_c=14\%$，投资限额为 36 000 万元，试按净现值率排序法进行最佳项目组合的选择。

表 14-10　　　　　　　　　　独立项目净现金流量表　　　　　　金额单位：万元

项目	投资	寿命（年）	净收益
A	10 000	6	2 870
B	15 000	9	2 930
C	8 000	5	2 680
D	21 000	3	9 500
E	13 000	10	2 600
F	6 000	4	2 540

首先，计算出各项目的FNPVR并排序，可得表14-11。

表 14-11　　　　　　　　　　各项目的 FNPVR 排序

项目	投资（万元）	FNPVR	累计投资额（万元）
F	6 000	0.42	6 000
C	8 000	0.23	14 000
A	10 000	0.12	24 000
D	21 000	0.11	—
E	13 000	0.04	—
B	15 000	-0.03	—

其次，根据排序和资金约束条件，方案的选择顺序为F-C-A，由于资金限额为36 000万元，故最佳投资决策为方案F-C-A的组合。但这一选择比按FNPV排序的选择F-C-D的组合少1 100万元的FNPV。用这种方法评选独立方案，一般能得到投资经济效果较大的方案组合，但不一定是最优的方案组合。

净现值率排序法的优点是计算简便，选择方法简明扼要，缺点是由于投资方案的不可分性，经常会出现资金没有被充分利用的情况，因而不一定能保证获得最佳组合方案。

■ 本章小结

本章主要介绍了不同类型的项目方案，以及如何选择适当的评价方法。在实际工作中，首先应明确投资方案之间的相互关系，然后才能考虑用适宜的评价指标和方法进行方案的比较。通常备选方案之间存在三种关系：互斥关系、独立关系和相关关系。

在关于投资方案的经济分析中，用得较多的是互斥型方案的比较和选择问题。比选方案时应注意首先检验方案的绝对经济效果，在各个备选方案都可行的基础上，进行方案相对经济效果的检验。互斥型方案的比选分为寿命期相同的互斥方案的比较与选择和寿命期不同的互斥方案的比较与选择。对于寿命期不同的互斥方案的比选，为了使备选方案比较的基础一致，需要对各备选方案的计算期和计算公式作适当的调整。对于独立型方案的选优，比选的关键是资金对所有项目是否构成约束。如果资金充裕，对所有项目不构成约束，这时独立型项目的比选方法与单方案的评价方法基本一致。如果有一定的资金限制，即在资金约束条件下的项目选优，这时可参考互斥型方案的比较和选择的方法。常用的在资金约束条件下独立型方案的比选方法有两种：互斥组合法和净现值率排序法。相关项目的比选和其他项目的比选遵循同样的原则，常用的相关项目的比选方法为组合互斥法。

■ **关键概念**

　　互斥方案　独立方案　相关方案　投资增额净现值　差额内部收益率　最小费用法　最小公倍数法　研究期法　互斥组合法　净现值率排序法

■ **复习思考题**

　　1.什么是互斥方案、独立方案和相关方案?

　　2.如何进行互斥方案的比选?

　　3.如何进行独立方案的比选?

　　4.某项目有4个方案,净现金流量见表14-12,i_c=12%,试比较哪个方案最佳。

表 14-12　　　　　　　　　　　　　　**净现金流量表**　　　　　　　　　　单位:万元

年份 方案	0	1	2	3	4	5	6	7	8
A	−533	100	100	100	100	100	100	100	100
B	−960	200	200	200	200	200	200	200	200
C	−1 524	300	300	300	300	300	300	300	300
D	−1 727	400	400	400	400	400	400	400	400

　　5.某工程项目有4种备选方案,各方案的现金流量见表14-13,方案寿命期均为10年,如果要求项目的最低收益率为10%,试选择最佳投资方案。

表 14-13　　　　　　　　　　　　　　**现金流量表**　　　　　　　　　　单位:万元

方案	A	B	C	D
初始投资	1 700	2 600	3 000	3 300
年净现金流量	440	490	660	680

　　6.某技改项目有3个方案,其生产能力和产品质量相同,有关资料数据见表14-14,基准收益率为10%,试用最小费用法进行比选。

表 14-14　　　　　　　　　　　　**某技改项目基本资料**　　　　　　　金额单位:万元

项目	A	B	C
初始投资	4 000	5 000	4 600
寿命期（年）	5	5	5
年经营成本	1 500	1 200	1 300
残值	500	800	600

　　7.某项目技术改造有2个方案,有关数据资料见表14-15,基准收益率为10%。

（1）试用最小公倍数法选择最优方案。

（2）试用研究期法选择最优方案，并比较结果。

表 14-15　　　　　　　　　　某项目技术改造基本资料　　　　　　　　金额单位：万元

项目	A	B
初期投资	10 000	16 000
年经营成本	3 500	3 000
残值	1 000	2 000
寿命期（年）	5	10

第十五章

社会稳定风险评估

□ **学习目标**

    社会稳定风险评估作为项目可行性研究报告、项目申请报告的重要内容，在可行性研究中设独立篇章。通过本章的学习，学生应该掌握社会稳定风险的定义、特征、产生因素、评估的内容，熟悉风险评估的程序、方法以及评价指标，具备进行项目社会稳定风险评估的能力。

第一节　社会稳定风险评估概述

一、社会稳定风险的定义

从广义来讲，社会稳定风险是指因重大事项处置不当而引发利益矛盾、利益冲突甚至群体性事件的风险，是一种导致社会冲突，危及社会稳定和社会秩序的可能性，是一类基础性、深层次、结构性的潜在危害因素，对社会的安全运行和健康发展构成严重威胁。从狭义角度来看，社会稳定风险是指在实施重大建设项目时，存在的对社会和群众生产与生活影响面大、持续时间长并容易导致较大社会冲突的不确定性。这里主要指狭义的社会稳定风险。

社会稳定风险分析和评估主要是针对由于重大建设项目的建设可能引发的社会稳定风险，通过深入的调查研究，调查和识别风险来源，采用风险分析和管理的技术方法，对重大项目建设的合法性、合理性、必要性、程序性、适时性等进行全面分析，分析评价风险大小，采取风险应对措施，以期达到规避和化解重大建设项目所引发的社会不稳定事件（如群体性事件或个人极端事件）风险的目的。重大建设项目社会稳定风险评估是我国项目评估的创新工作机制，是特定发展阶段出于"维稳"的现实需要，对项目建设及运营可能引发的社会稳定风险所进行的专项分析和审查，目的是要规避和化解可能引发不稳定的社会矛盾风险。

二、社会稳定风险的特征以及产生因素

（一）社会稳定风险的一般特征

1.客观性和现实性

社会稳定风险是存在于社会生活之中的既定事实，社会稳定风险存在的方式在不同的情况下会表现出不同的状态，虽然社会稳定风险有时是隐性的，但确实是客观存在的，一旦社会稳定风险事件爆发，其危害性就显现出来了。

2.不确定性和损失性

对于未来，人们的认知是有很大局限性的，不能准确或根本不能预测未来会发生什么。另外，社会稳定风险不同于其他风险，社会稳定风险事件一旦发生，其产生的损失不仅表现在经济上，更可能波及社会和政治层面，损失往往不可估量。

3.突发性和传染性

社会稳定风险是人们对未来的认知，任何一个微小的信息都有可能导致风险事件的突发。信息经过人们的传播以及现代媒体的放大，在一定程度上失去了其真实性，一些不明就理的人也由于信息不对称，增加了心理的恐慌，这一系列的连锁反应很容易引发社会稳定风险事件。

（二）社会稳定风险的产生因素

1.利益冲突是蕴含社会稳定风险的根本原因

利益矛盾既是推动一切社会发展的根本动力，也是导致一切社会冲突的总根源。随着我国社会主义市场经济体制的逐步建立和完善，社会阶层结构出现了一些新的变化，社会群体利益日益呈现多样性。不同社会阶层除了共同利益、根本利益外，更多地表现为各自群体的具体利益。这些具体利益有时并不完全一致，在一定条件下甚至是对立的。利益的分化、重组必然会引发利益群体之间的矛盾和冲突，当这些矛盾和冲突通过制度化的渠道无法解决时，相关利益群体就会采取非制度化的渠道来发泄不满情绪，表达自己的利益诉求。由于引发群体利益冲突的因素集中表现在企业改制、劳动就业、征地补偿、移民安置、环境污染等问题上，如果这些问题处理不好，就必然产生社会矛盾。重大项目的建设因涉及广大群众的切身利益，与民生密切相关，在政策制定、出台时机、执行等项目决策和实施的任何一个环节出现偏差，都极易引发利益冲突，甚至成为群体性事件的导火索。

2.决策机制不科学是蕴含社会稳定风险的直接原因

不少群体性事件都是因为对涉及广大群众切身利益的重大决策、重大政策、重大项目和重大改革考虑不周或者估计不足而发生的，其中不乏因决策、政策失误而导致的。重大事项决策机制不科学，致使重大事项缺乏合法性、合理性和可行性，没有得到群众尤其是利益相关者的理解和支持，从而引起社会冲突。这主要表现在：首先，决策理念偏颇。当前，一些地方政府和部门对重大事项的决策往往重经

济增长而轻社会进步，重眼前利益而轻长远利益。这种片面追求经济增长、利益短视的决策理念，致使重大事项的制定和出台不符合经济社会发展规律，必然带来矛盾和冲突。其次，决策程序不科学。某些重大事项的决策程序不规范，调研论证不够充分，决策过程缺乏透明度，缺乏应有的论证听证程序。最后，决策执行偏差。一些旨在增进公共利益的重大事项反而引发矛盾冲突，并非重大事项本身有问题，而是在实施过程中出现了偏差。如某些政府部门和领导干部在重大事项实施过程中，为了地方利益或者私利，不惜牺牲群众的根本利益，曲解政策和扭曲执行，致使群众的利益诉求得不到满足，导致社会矛盾激化。

三、社会稳定风险的分类

（一）经济来源

经济风险也是社会稳定风险的核心要素。国内层面的经济风险主要体现在三个方面：第一，经济快速发展导致了民众更高期望与现实之间的差距。这种差距极易导致社会成员的相对挫败感与不公感。第二，经济发展的地区差异、行业差异、城乡差异日趋明显，过大的差异将成为发展阻力与稳定的不利因素。第三，经济发展与社会其他领域发展呈现出非均衡性。经济发展固然重要，但是单一的、缺乏协同性的经济发展，从长远来看可能会孕育大量社会稳定风险要素。

（二）政治来源

政治风险关涉国家政权以及政党合法性的问题，是任何一个执政党长期执政所面临的最大风险，它会严重影响党群关系、干群关系，削弱执政党的凝聚力、战斗力和创造力，更不利于执政党地位的巩固和奋斗目标的实现。

（三）文化来源

文化作为个人或群体一整套生活方式的主观反映，不仅直接影响和塑造着人们的价值观和世界观，而且也会对社会经济、政治的发展产生重要影响。文化的基本原则之一就是为政治活动和经济活动提供一个相互影响的场所。就我国而言，随着改革开放的不断推进，社会的开放性日趋明显，文化领域随之呈现出"主流文化"与"非主流文化"多元化的发展趋势。因此，一定要将文化因素作为社会稳定风险分类的重要内容。

（四）生态能源来源

生态环境与能源风险已成为影响我国社会稳定的一个重要变量。近些年来，我们为快速经济增长付出了较为高昂的代价，其中之一便是资源浪费和环境污染引发的生态恶化，严重破坏了自然生态的平衡系统，引发各种环境危机和生态灾难，并从根本上威胁到人们的生存基础，从而使人们的不安全感与恐惧感油然而生，并且会被不断放大、传播与蔓延，进而引发群体性恐慌，影响社会正常运行。显然，生态环境恶化与能源短缺已成为影响我国当前和未来一段时期社会稳定的重要因素。

（五）社会来源

社会风险主要存在于社会的多个维度，其中既有社会自身结构和运行机制因素，也有人为因素，主要表现在以下几个层面：其一，社会发展成果共享度偏低。我国社会建设大大落后于经济建设，二者之间严重失衡，很难满足民众更高层次的社会需求，影响社会稳定运行。其二，社会发展非均衡性明显。在社会发展过程中，社会建设内部也呈现出严重的失衡状态，如地区之间差距、行业之间差距、城乡之间差距以及贫富差距等明显拉大。这些差距的拉大会让社会弱势群体产生一种挫败感、社会不公感，进而成为社会风险的诱因。

四、社会稳定风险影响领域

构建重大建设项目社会稳定风险评估机制要对其社会稳定风险源进行细致分析，对可能引发社会稳定风险因素按内在因果、隶属等逻辑关系进行层次分解，充分考虑其与社会稳定风险可能发生的关联性，以是否会引发社会稳定风险作为筛选评估指标的重要依据，综合其直接和间接社会影响，构建较为全面系统的评估指标体系，并在实践中不断加以完善。

（一）经济领域风险指标

经济领域风险是实施重大建设项目在经济方面可能引发的社会稳定风险。重大建设项目在经济领域引发社会稳定风险的因素主要有：工程项目对当地居民收入与就业的影响、工程资金是否到位以及工程项目征地拆迁补偿等。这些因素引发社会稳定风险主要表现为：工程项目对所在地居民收入和就业造成不良影响、工程资金不到位形成拖欠工程款、征地拆迁补偿不足引起当地居民的不满或抗议。因此，从经济角度出发，应以工程预期居民收入变化率、工程预期新增就业率、工程资金到位率、工程征地拆迁损失补偿率来评估重大建设项目社会稳定风险。

（二）生态环境风险指标

生态环境风险是指实施重大建设项目在生态环境方面可能引发的社会稳定风险。重大建设项目在生态环境方面引发社会稳定风险的因素主要有：工程项目对生态系统的影响程度、对环境系统的影响程度、对水资源的影响程度和对人文景观的影响程度等。实施重大建设项目会破坏绿地、森林资源，造成水土流失，对周围环境产生噪声、辐射、粉尘等影响，污染水资源，甚至破坏周边人文景观，从而引发居民抗议或群体性事件，产生相应的社会稳定风险。因此，应对生态环境因素引发的重大建设项目社会稳定风险进行评估。

（三）社会治安风险指标

社会治安风险是指实施重大建设项目在社会安全与融合方面可能引发的社会稳定风险。重大建设项目在社会治安方面引发社会稳定风险的因素主要有：居民对工程社会安全的满意度、工程建设预期产生的交通风险、工程引起的流动人口增长率、工程征地拆迁居民安置率、工程移民与安置区居民的融合度等。这些因素引发的社会稳定风险主要表现为：重大建设项目带来社会安全隐患、交通拥挤与事故、大量流动人口增加、被征地拆迁居民未被妥善安置以及移民未能与安置区居民融合，造成当地社会不安定，引发社会冲突事件。

（四）制度方面风险指标

制度方面风险是指实施重大建设项目在制度建设方面可能引发的社会稳定风险。重大建设项目在制度方面引发社会稳定风险的因素主要有工程信息公开程度、工程民意征询程度、工程管理制度完善程度、工程社会稳定风险问责制完善程度等。这些制度因素引发的社会稳定风险主要表现为：信息公开不到位及民意征询度低导致的掩盖信息、暗箱操作行为会引发群众不满；工程管理制度不完善导致社会稳定风险增加以及社会稳定风险发生后的恶性循环，引发更大的社会稳定风险；项目社会稳定风险问责制度不健全或事后处罚力度不够，致使相关管理人员不重视潜在的社会稳定风险。

第二节　社会稳定风险评估的内容

社会稳定风险评估的内容包括风险调查评估，风险识别评估，风险估计评估，风险防范、化解措施评估，落实措施后的风险等级评估以及风险分析结论。

一、风险调查评估

风险调查评估是用来说明评估主体根据实际需要直接开展或者要求项目单位开展补充风险调查的情况。对收集项目各方面意见进行梳理和比较分析，形成能够反映实际情况的信息资料并阐述其采纳情况。

（一）风险调查评估的要点

工程项目的风险调查评估应重点围绕拟建项目的合法性、合理性、可行性、可控性等方面展开工作。

1.拟建项目的合法性

主要评估拟建重大项目是否符合现行相关法律、法规、规范以及国家有关政策，是否符合国家与地区国民经济和社会发展规划、产业政策等；拟建项目相关审批部门是否有相应的项目审批权并在权限范围内进行审批；决策程序是否符合国家法律、法规、规章等有关规定。

2.拟建项目的合理性

主要评估拟建项目的实施是否符合经济社会发展规律，是否符合社会公共利益、人民群众的现实利益和长远利益，是否兼顾了不同利益群体的诉求，是否可能引发地区、行业、群体之间的相互盲目攀比；依法应给予相关群众的补偿和其他救济是否充分、合理、公平、公正；拟采取的措施和手段是否必要、恰当，是否维护了相关群众的合法权益等。

3.拟建项目的可行性

主要评估拟建项目的建设时机和条件是否成熟，是否有具体、翔实的方案和完善的配套措施；拟建项目实施是否与本地区经济社会发展水平相适应，是否超越本地区财力，是否超越大多数群众的承受能力，是否能得到大多数群众的支持和认可。

4.拟建项目的可控性

主要评估拟建项目是否存在公共安全隐患，是否会引发群众性事件、集体上访，是否会引发社会负面舆论、恶意炒作以及其他影响社会稳定的问题；对拟建项目可能引发的社会稳定风险是否可控；对可能出现的社会稳定风险是否有相应的防范、化解措施，措施是否可行和有效；宣传解释和舆论引导措施是否充分等。

（二）风险调查评估的要求

第一，对风险调查的全面性进行评估，包括风险调查的内容和范围、调查的形式和方法是否恰当、合理、科学，是否达到广泛性和深入性的要求。第二，对公众参与的完备性进行评估，包括拟建项目是否按照有关规定履行了公众参与、专家咨询、信息公开等程序性的要求。第三，对风险调查结果的真实性和可信性进行评估，包括是否广泛听取了各方面意见，是否全面、真实地反映了相关利益者合理和不合理、现实和潜在的诉求。

在整理风险调查的内容时，应重点阐述以下方面：

（1）调查的对象、所采用的调查方式与方法；

（2）拟建项目的合法性、合理性、可行性和可控性；

（3）各类利益相关者的意见和诉求；

（4）地方各级政府部门、基层组织、社会团体、工商企业等有关人员或法人的参与情况和认可态度；

（5）媒体舆论导向及已经公开报道过的同类建设项目风险情况等。

在对社会稳定风险分析评估的基础上，根据实际情况，可采取公示、问卷调查、实地走访和召开座谈会、听证会等方式进行补充调查，完善风险调查相关内容。

二、风险识别评估

风险识别是从风险调查的客观记录、统计结果中辨认出风险因素的过程，即以维护拟建项目所在地群众的合法权益为前提，针对各利益相关者不理解、不认同、不满意、不支持的所有方面及其可能引发风险事件的影响表现，确定风险因素的来源、风险事件的产生条件，从而查找、识别出属于不同风险类型和风险阶段的各种风险因素。风险识别过程包括识别那些可能对目标产生重大影响的风险源、影响范围、事件原因和潜在隐患及其可能产生的后果，从而生成一个全面的风险列表。

（一）风险识别的对象

风险识别的对象主要包括以下5个方面的内容：

1.风险类别

针对某一种类的事件或者某一区域，分析、列举、细化此类事件或该区域可能发生的各种风险。

2.风险原因

分析可能导致风险发生的各种原因，包括自然原因、人为原因、政策原因、历史原因、管理原因、技术原因等。

3.风险机理

分析不同风险源发生作用的机理，即风险源是通过何种途径、如何导致不利后果发生的。

4.风险发生的时间、地点

分析不同风险发生和产生影响的时间、地点，确定风险发生及其影响的重点区域和时间段。

5.风险影响对象

分析风险可能导致的后果，包括可能产生的客观损失和主观影响，受风险影响的对象和影响方式。

（二）风险识别的方法

识别风险的方法有很多，可以将其分为定量分析法和定性分析法，还可以分为宏观评估方法和微观评估方法。

1.定性分析法和定量分析法

（1）定性分析法

定性分析法是社会科学研究中比较重要的方法，这是一种从人的主观意识角度来对事物作出判断的方法，是比较直观、简便和非理性的识别方法。定性研究方法主要有调查问卷法、德尔菲法、头脑风暴法、风险源清单法、主观评分法。

（2）定量分析法

定量分析法是运用在大量实践和从充分的事故资料统计分析中获得的指标或数学模型，对重大建设项目的社会环境、相关人员、组织管理等方面的状况按照有关标准，应用科学的方法构造数学模型进行数理分析的一种方法。定量分析方法主要有统计和概率法、蒙特卡罗模拟法、故障树分析法、层次全息模型法。

2.宏观评估方法和微观评估方法

（1）宏观评估方法

①成本-收益分析

成本-收益分析法又称为成本-效益分析法，主要分为净现值法和净现值率法两种方法。

②成本-效果分析

成本-效果分析主要运用于政策方案和项目目标在一开始就被接受和确定，评估目的是寻找最好、最有效率的方法以实现该目标。通过比较成本和达到目标的有效性程度来选择最优方法，它不要求政策效果货币化。在成本-效果分析中，比较一定数量产出成本的最合适的方法是用增加的成本除以增长的产量得到比值。

（2）微观评估方法

①结构方程法

结构方程法通过一些可以直接观察的变量（社会系统要素）来反映不可直接观察到的潜变量（社会稳定风险状况），从而建立起潜变量之间的关系。通过公开或调查的数据，拟合出个人的偏好参数和技术参数，进而模拟在不同政策环境下政策的动态变化对社会稳定造成的影响。

②主成分分析法

主成分分析法的基本原理是：由于对项目进行综合评估时用到多项指标，指标之间存在一定的线性关系，主成分分析法通过提取出多指标中相互独立的主要成分，构造简单的评估指标来代替原指标体系，并利用方差贡献率这种客观的赋权法对其赋权，使得出的结论相对客观和科学。

③回归分析法

回归分析法属于统计学上的数据分析方法，主要用于探讨数据之间是否存在相关关系。回归分析通过对统计数据进行数字处理，建立因变量与自变量之间的关系模型，并加以外推，预测因变量未来的变化趋势，该方法已经成为一种较为成熟的预测方法。回归分析法主要分为普通最小二乘法和双倍差分法。

总之，风险识别评估就是要结合风险调查评估结果，对社会稳定各风险因素进行全面和准确的评估。通过对有关社会经济调查及统计资料的分析，结合对项目经济影响评价、社会影响评价、环境影响评价、资源利用、土地房屋征收补偿和移民安置影响评价等相关评估结论，以及公众参与的完备性程度等的评估，判断拟建项目是否存在被遗漏的重要风险因素，并补充识别被遗漏的重要风险因素。

三、风险估计评估

风险估计是指在风险识别的基础上，通过层层剖析每一种风险因素的形成原因、影响表现、风险分布状况、影响程度和引发风险事件的可能性，以及各种风险因素之间是否相互影响的情形，归纳、筛选出其中的主要风险因素，并逐一对每项主要风险因素的发生概率、影响程度和风险程度所进行的预测性判断。

在进行风险估计的分析时，应逐一解释各项主要风险因素的形成原因、影响表现和风险分布状况，以及导致风险事件可能发生的风险概率、影响程度和风险程度，并按照风险类型、风险阶段、风险因素、风险概率、影响程度和风险程度的顺序编制成汇总表。

风险估计评估就是用选定的风险估计方法，对每一个主要风险要素所进行的分析推理过程，对预测估计的主要风险因素的发生概率、影响程度和风险程度是否恰当进行评估。补充风险识别中遗漏的重要风险因素，对拟建项目可能存在的重要风险因素的性质、特征，未来变化趋势及可能造成的影响后果进行分析评估，形成评估后主要风险因素的风险程度汇总表。

四、风险防范、化解措施评估

为避免主要风险因素可能引发的风险事件，应结合拟建项目的实际特点，研究提出有针对性的风险防范、化解措施，以在风险事件发生之前将风险因素完全消除，或者减少已经存在的风险因素，从而使风险事件发生的概率降至接近于零。

在风险防范、化解措施中，应逐一解释各项主要风险因素的防范、化解措施的具体内容、实施时间和要求，以及责任主体、协助单位的意见，并按照风险阶段、风险因素、防范和化解措施、实施时间和要求、责任主体、协助单位的先后顺序编制成汇总表。

风险防范、化解措施评估就是对所提出的风险防范、化解措施是否与现行的相关政策和法规相符，进行合法性的评估。对所提出的风险防范、化解措施是否有遗漏，进行系统性、完整性的评估。对所提出的风险防范、化解措施是否具有明确的责任主体，职责分工以及时间进度安排是否全面、合理、可行、有效进行评估。结合风险识别和风险估计评估的结论，补充、优化和完善风险防范、化解措施汇总表，提出综合评估意见。

五、落实措施后的风险等级评估

风险等级是指在各项风险防范、化解措施落实后的基础上，根据分析和预测每一风险可能引发风险事件的风险概率、影响程度和风险程度等的变化趋势及结果，参照所规定的社会稳定风险等级评判标准，对拟建项目的社会风险状况作出的综合判断。风险等级分为高风险、中风险、低风险三级。

（一）高风险

高风险是指大部分群众对项目有意见、反应特别强烈，可能引发大规模群体性事件。

（二）中风险

中风险是指一部分群众对项目有意见、反应强烈，可能引发矛盾冲突。

（三）低风险

低风险是指多数群众理解支持，但少部分人对项目有意见，通过有效工作可防范和化解矛盾。

风险等级是决定拟建重大项目能否进入建设实施阶段的重要依据。例如，当重大固定资产投资项目的风险等级为高风险或中风险时，国家发改委不予审批、核准或核报；存在低风险且有可靠防控措施的，国家发改委可予审批、核准或核报国务院审批、核准，并应在批复文件中提出切实落实防控风险的要求。

在进行风险等级的分析时，应逐一预测主要风险因素在其防范、化解措施落实后的可能变化趋势，并结合预期可能引发的风险事件的风险程度，参照国家发改委或本地区、本行业制定的社会稳定风险等级评判标准，对拟建项目的社会稳定风险等级作出综合判断。

风险等级的综合判断一般可以采用定性与定量相结合的方法。但在选用专家打分等方法进行定量分析时，要说明风险防范、化解措施落实后确定每一风险因素权重的方法。

总之，落实措施后的风险等级评估是在风险防范、化解措施评估的基础上，对分析中采取措施后各主要风险因素变化的分析是否得当进行评估，提出评估意见。对所采用的风险等级评判方法、评判标准的选择运用是否恰当，评判的结果是否合理提出评估意见。通过结合补充的主要风险因素和上述评估论证的结果，预测各主要因素风险可能变化的趋势和结果；对分析变化情况、落实措施后的风险等级进行综合判断，提出项目风险等级的评判结论。

六、风险分析结论

社会风险分析的结论是对拟建项目进行社会稳定风险评估工作的重要依据。在风险分析结论中，应逐一阐述拟建项目的主要风险因素、主要的风险防范和化解措施，以及拟建项目的风险等级和落实主要风险防范、化解措施的有关建议。

社会稳定风险评估报告应当在项目审批（核准）所需的各前置文件具备之后完成。该项目规划、土地、环评等已完成社会稳定风险专项评估的，在社会稳定情况未发生较大变化的前提下，其结论可以直接引用。

第三节　社会稳定风险评估程序和方法

一、社会稳定风险评估主体

评估主体是指在社会稳定风险评估中拥有一定权力，承担一定职能和相应责任的组织或个人，可以由组织领导主体、评估责任主体、评估监督主体和评估民主参与主体组成。

（一）组织领导主体

在我国，社会稳定风险评估主体一般由党委、政府、维护社会稳定工作领导小组及其办公室组成。在各地重大事项社会稳定风险评估的实践中，基本确立了党委统一领导、党政齐抓共管、维护社会稳定工作领导小组及其办公室负责指导协调的职责分工体系。

（二）评估责任主体

评估责任主体是具体牵头负责进行有关重大事项社会稳定风险评估的职能部门，包括应当进行社会稳定风险评估的重大决策的提出部门、重大政策的起草部门、重大建设项目的承建部门、重大改革的牵头部门等。

（三）评估监督主体

评估监督主体是负责对重大事项社会稳定风险评估进行监督的组织或个人，包括政府专职监督机构、维护社会稳定工作领导小组等评估组织管理机构的内部监督和司法机关、大众传媒和公众的外部监督。

（四）评估民主参与主体

评估民主参与主体是在各地重大事项社会稳定风险评估中，在以政府为主体的基础上，还广泛引入其他主体参与到评估工作中，这些主体主要包括与评估事项相关的利益群体、专家学者、第三方评估机构、新闻媒介等。

二、社会稳定风险评估依据和原则

（一）社会稳定风险评估依据

2012年8月，国家发改委以（2012）2492号文发布了《国家发展改革委重大固定资产投资项目社会稳定风险评估暂行办法》。2013年2月，国家发改委以"发改办投资（2013）428号文"发布了《国家发展改革委办公厅关于印发重大固定资产投资项目社会稳定风险分析篇章和评估报告编制大纲（试行）的通知》，为社会稳定风险评估工作提供了一套基本的技术规范。目前各地、各行业针对重大项目社会稳定风险分析及评估报告编制工作均开始启动。

（二）社会稳定风险评估原则

社会稳定风险评估牵涉面广、影响深远，要以"维稳"为主，充分吸纳民众意见，做到反映民意、传达民声，实现稳定与发展的互促共生，必须坚持全面性、客观性和科学性原则，这些原则相互联系、密不可分、缺一不可，是指导重大建设项目社会稳定风险评估工作的基本准则。

1.全面性原则

全面性原则就是指要对重大建设项目社会稳定风险进行全面审查，既审查其风险源，又审查其价值取向；既审查其所依据的法律、法规、政策，又审查其实施过程可能出现的漏洞及补救措施；既审查其实施方法、步骤，又审查其实施各环节的互相衔接关系；既考虑其直接社会稳定风险，也考虑其间接社会稳定风险，把社会稳定风险与技术风险、经济风险结合在一起综合考虑，全面分析重大建设项目在前期准备、实施和运营等不同阶段产生社会稳定风险的可能性及影响，从各个不同角度反映重大建设项目对社会运行的总体影响，多层次、全方位地描述社会稳定风险的变化趋势，确保重大建设项目既符合相关法律、法规和政策要求，又充分考虑群众的现实和长远利益，实现社会效益与经济效益的有机统一。

2.客观性原则

客观性原则即指重大建设项目社会稳定风险评估要坚持实事求是，充分听取利益相关方的意见，进行科学的分析研判，在保证评估主体构成、评估内容和评估流程等方面客观中立的同时，评估重大建设项目本身是否符合经济社会发展规律、是否把地区发展速度和社会可承受程度有机结合、是否得到多数群众的理解和支持、是否符合法律法规和所涉及政策的基本要求等客观内容，如实反映其社会稳定风险程度。在实际评估工作中，应尽可能使评估标准具体化、数量化、清晰化，保证评估过程的便利性和评估结果的准确性，并动态跟踪评估结果，及时发现问题，及早预测、防范、化解风险，变被动化解为主动预防，使重大建设项目社会稳定风险降到最低限度或在可控范围。

3.科学性原则

所谓科学性，是指进行重大建设项目社会稳定风险评估，应在依据相关法律、法规和政策制定科学规范的评估标准的同时，深入调查研究，坚持走群众路线，提高评估工作的透明度，运用论证、听证和公示等公众参与程序，多渠道、多方式、多层次地广泛征询社会各方意见，逐步形成利益协调、诉求表达、矛盾调处、权益保障的制度体系，切实保障群众的知情权、参与权、监督权，以充分反映民意、集中民智，确保社会稳定风险评估指标和评估方法的科学性，通过定性与定量分析，保证重大建设项目社会稳定风险评估结论的科学性，准确把握人民群众长远利益和现实利益的平衡点，判断社会稳定风险及可控程度，最大限度地防止和减少社会稳定风险隐患，促进经济发展，维护群众利益和社会稳定。

4.系统性原则

系统性是每一个重大建设项目所具有的基本特征，风险识别的对象正是在这种系统性的环境中运行的，系统中各种零散、复杂、不同性质的风险势必要求根据一定的流程来进行识别，这样可以在程序上保证风险因素评估的全面和有效。系统性原则要求在进行风险评估时，将重大建设项目的社会稳定风险视为一个整体性的系统，以系统整体目标的优化为准绳，对系统进行全面系统的分析，协调系统中各子系统的相互关系。

三、社会稳定风险评估程序

重大事项社会稳定风险评估工作可以分阶段实施，具体阶段和每一阶段的主要工作如下：

（一）明确评估对象和评估内容

社会稳定风险评估对象是指有可能引发社会不稳定风险的重大建设项目及其相关联事项，它与重大建设项目本身并不一定完全一致。例如，对于城市垃圾焚烧发电厂的建设项目，除了要将垃圾焚烧发电厂作为评估对象外，还应将垃圾进场路线列入评估对象，因为垃圾运输车沿途造成的垃圾渗漏、异味飘散等也有可能引发沿途居民的反对。因此，评估对象的确定不能简单地确定为重大建设项目本身，也不能生搬硬套有关文件，而应充分考虑各关联因素可能产生的预期后果来合理确定评估对象。

社会稳定风险评估的内容比较复杂，是整个评估工作的重点。在掌握评估对象特性的基础上，主要关注：

（1）重大事项的合理性、合法性；

（2）可能给人民群众造成的影响，重点是负面影响；

（3）群众可能提出的合理的异议和诉求及解决方法；

（4）群众可能提出的不合理诉求，以及如何利用现有的法律、法规对这些不合理诉求进行充分、合理、有力的解释，以获得广大群众对项目的理解和支持；

（5）重大事项是否在广大群众的可承受范围内；

（6）是否存在引发群众大规模集体上访或群体性事件的风险等。

确定评估内容时要充分依靠相关专家的知识和经验，并且必须坚持树立法律的权威，依法维护社会的和谐与稳定。

（二）识别主要利益相关方

对重大事项利益相关方的识别，主要是在确定评估对象之后，根据评估对象的相关资料以及对其进行特性分析基础上，确定与之有各种直接或间接利害关系的各方。一般将主要利益相关方区分为受益方和受害方，但一般为了下一阶段（进行风险调查）工作的方便，又进一步将其区分为相关政府职能部门（包括重大事项出台的实施部门、其上级主管部门、项目所在地居委会等）、非政府组织（包括企业、事业单位等）、居民个人，从而针对不同的群体选择适当的风险调查方法。

（三）制订风险调查方案

针对各利益相关方，制订详细的社会稳定风险调查方案。对于居民个人，特别是受负面影响的居民，应根据充分了解的重大事项的特点及可能的影响，结合社会学、风险管理科学知识，设计全面的风险调查问卷，并制订科学的抽样调查方案，以充分掌握可能存在的社会稳定风险点。同时要设立固定的收集居民意见的渠道，随时了解最新信息。对于与重大建设项目有关的政府职能部门、非政府组织，可根据事先拟定的访谈提纲进行深入的座谈，了解和掌握这些机构对重大事项的意见和建议。

（四）社会稳定风险分析

社会稳定风险分析是整个社会稳定风险评估工作的核心。该阶段主要是从各个途径获得的有关重大项目的社会反映的信息中，识别重大事项可能引发的社会稳定风险及风险的来源，进而制定相应的风险管理措施和应急处置预案。

在这一阶段，应组织与项目有关的技术专家进行座谈，从专业技术角度了解重大建设项目可能存在的对各利益相关者的影响，特别是负面影响，并从专业技术角度寻求应对方法。对获得的有效居民调查问卷进行统计分析，获得居民最关心的可能引发社会稳定风险的因素，确定其影响程度，并掌握最容易被居民接受的有效的风险应对措施。对各机构的访谈内容进行归纳，掌握来自这些机构的各种影响重大事项实施的因素，并制定应对措施。另外，关注各方反应强烈的各种诉求，并从当前的技术水平以及法律、法规出发，分析这些诉求的合理性和可能的应对方案。

在社会稳定风险的分析中，还应充分了解广大人民群众对相关重大建设项目的可承受能力。因为有可能重大建设项目从技术的角度是可行的，也是合理合法的，但却是广大群众一时所不能承受的，这种项目的实施就很可能引发社会不稳定。这也是社会稳定风险有别于其他风险的重要特征。

（五）提出风险管理措施

社会稳定风险评估的最终目的，一是要全面识别出可能存在的风险，二是要提出有针对性的、行之有效的风险管理措施。在制定风险管理措施的时候，除了要考虑技术可行性，考虑现有的法律、法规外，还要考虑措施实施的经济成本，以及人民群众的认可程度。

不稳定事件随时可能会突然出现，这就要求事先制定有效的应急处置预案，并建立应急处置职能部门，保证在突发事件发生时，事态可以得到及时有效的控制，问题可以得到及时有效的解决，避免因处置不及时或处置不当导致事态恶化，引发社会不稳定。

四、社会稳定风险评估方法

评估方法是为实现重大事项社会稳定风险评估目标所使用的基本工具或采取的基本手段，科学地掌握和运用重大事项社会稳定风险评估方法，是做好重大事项社会稳定风险评估的重要保证。运用适当的方法对重大的政策决策和建设项目进行社会稳定风险评估，一方面，可以借鉴企业进行风险评估的方法，因为目前企业的风险评估方法相对成熟，经验也相对丰富；另一方面，企业都是以利润最大化为其宗旨的，它们的风险评估考虑的主要是自身经济利益方面的损失和不确定性，而社会稳定风险评估主要考虑社会稳定和民众拥护方面的风险。由于进行风险评估的目的不同，所以不能完全照搬企业风险管理的评估方法。为了更好地提高重大决策社会稳定风险评估的有效性，在重大建设项目社会稳定风险评估制度运行的实践中，应在全面系统的社会风险分析基础上，根据政策制定不同阶段的特征，注意具体问题具体分析，认真借鉴发达市场经济体和法治健全国家所采取的一系列方法，灵活选择多种评估方法进行组合。一般地，社会稳定风险评估主要有六种方法。

（一）访谈法

该方法主要是指在重大决策制定以及实施过程中，由专业的访谈人员对所有的利益相关者进行开放式、半结构化或者结构化的访谈，深入了解他们对重大决策的意见和建议。从利益相关者的态度中了解其对决策的支持程度，在对所收集到的信息进行系统加工的基础上，预测可能会因重大决策出现社会稳定的风险。这种方法在重大决策社会稳定风险评估中的适用范围较广，可以在决策的制定以及实施等阶段采用。但是，其存在一个突出问题，即受访者可能会由于顾虑而不愿意透露真实看法。

（二）专家预测法

该方法主要是指在重大决策制定以及实施过程中，根据决策内容的不同而选择相关领域的专家学者，由其运用自身的专业知识，通过系统的指标体系对重大决策可能会带来的社会稳定风险进行评估。该方法在重大决策的制定以及实施等环节都可以运用。但是，专家对于信息掌握得不全面有可能会影响预测的准确性和科学性。

（三）问卷调查方法

重大决策社会稳定风险评估最简单的方法就是对公众的态度进行调查。该方法主要是指在重大决策制定以及实施过程中，通过问卷的形式对决策的利益相关者进行全面的调查，在此基础上，对有关信息进行全面的分析。在获取信息的真实性上，该方法具有访谈法所无法比拟的优势。该方法不仅可以运用到决策的制定阶段，也可以在决策的实施阶段应用。

（四）定量分析法

该方法主要是指在重大决策制定以及实施过程中，使用可以采集到的统计数据对相关利益主体的利益得失情况进行分析，并且计算出社会稳定风险的发生点、发生的概率以及风险的等级。从实践来看，该方法往往会受到数据收集的局限，而不能发挥应有的作用。

（五）比较案例分析法

比较案例分析法即选择以往类似的案例与重大决策进行比较，从中发现重大决策可能带来的社会影响。选择恰当的案例就成为比较案例分析法的关键，因此在案例的选择上，既要考虑到已有案例与决策所涉及领域的相似性，又要考虑到已有案例的利益相关者与决策可能涉及的利益相关者的一致性。

（六）实验研究法

实验研究法的主要目的就是在重大决策制定以及实施的过程中，通过模拟现实的方法，引入政策这一自变量对随机选择的利益相关者进行刺激，搭建起不同利益相关者之间利益博弈的平台。通过有无对比以及控制组与实验组之间的比较来发现不同利益相关者之间在利益或价值观等方面的冲突，以此为基础，对决策可能产生的社会稳定风险进行评估。

第四节　我国社会稳定风险评估指标

一、社会稳定风险评估指标体系的基本原则

（一）外部评价与内部评价相结合

外部评价与内部评价相结合，是指在进行重大建设项目社会稳定风险评估时，不仅需要考虑重大建设项目审批时所面临的外部环境，如是否符合当地的民风民俗、区域文化、社会价值观等，还应考虑重大建设项目自身是否具有合法性与合理性、可行性与可控性。将外部评价与内部评价相结合，才能全面把握重大建设项目审批与实施时社会稳定风险发生的可能范围及程度。

（二）客观评价与主观评价相结合

客观评价与主观评价相结合，是指在进行重大建设项目社会稳定风险评估时，不仅需要收集相关数据，进行量化分析，还需要结合客观分析的结果，分析公众特

别是利益相关者的主观感受，切实把握公众的真实偏好及要求。目前，维稳工作的最大误区在于，将公众正常的利益表达与社会稳定的维护相对立，将公民正当权利和利益的诉求与表达视作社会不稳定因素。实际上，重大建设项目对社会稳定的影响始终以公众的主观感受为主要作用渠道，这就需要考虑民心民意等主观评价指标。将客观评价与主观评价相结合，才能全面掌握重大项目对公众尤其是利益相关者的实际影响以及公众尤其是利益相关者的主观感受与反应。

（三）合法性与合理性相结合

合法性与合理性相结合，是指在进行重大建设项目社会稳定风险评估时，不仅需要考虑重大项目建设是否符合国家法律、法规的规定，政策制定和出台是否遵循法定程序，还要考虑重大建设项目是否符合经济社会发展规律，这样才能将静态的制度规定与动态的经济社会发展需求相结合。

（四）可行性与可控性相结合

可行性与可控性相结合，是指可以将重大项目社会稳定风险评估划分为两个阶段，即重大建设项目审批阶段和重大建设项目实施阶段。在重大建设项目审批阶段，社会稳定风险评估主要应侧重于重大项目建设的可行性；在重大建设项目实施阶段，社会稳定风险评估主要应侧重于重大项目建设的可控性。将可行性与可控性相结合，才能保证重大政策决策的出台具有可行性与可操作性，重大项目的实施具有可控性和稳定性。

二、构建重大建设项目社会稳定风险评估指标体系的重要意义

（一）有助于科学客观地评价重大建设项目的社会稳定风险

防范和化解重大建设项目的社会稳定风险，首先需要科学客观地评价重大建设项目的社会稳定风险，这就需要构建一整套重大建设项目社会稳定风险评估指标体系。社会稳定风险贯穿于重大建设项目制定实施的全过程，这就要求重大建设项目社会稳定风险评估指标体系考虑重大建设项目外部环境，以及重大建设项目自身的合法性与合理性、可行性与可控性。如果没有重大建设项目社会稳定风险评估指标体系，那么难以对重大建设项目进行社会稳定风险评估，或者是只能由决策者主观地对重大建设项目进行社会稳定风险评估。构建重大建设项目社会稳定风险评估指标体系，通过对重大建设项目制定、出台、实施过程进行社会稳定风险评估，有助于科学客观地评价重大建设项目的社会稳定风险。

（二）为积极化解社会稳定风险指明方向

深入探究重大群体性事件产生的原因，其往往是由于对涉及广大人民群众切身利益的重大建设项目论证评估不充分，或对重大改革和重大项目制定和出台的后果预测不足而造成的。风险评估的结果不仅仅是辨别风险，更重要的是要通过与广大民众交流沟通的过程，实现统一认识、平衡利益、达成信任、降低风险的目标。通过构建科学客观的评价指标体系，并将其运用到重大建设项目社会稳定风险评估中，可以发现重大建设项目在制定与实施过程中可能对公众尤其是利益相关者的影

响，这就为政府提高社会管理能力、积极化解社会矛盾指明了方向，也为政府进一步开展工作奠定了坚实的基础，客观上有助于防范社会稳定风险，避免群体性事件的发生。

三、重大建设项目社会稳定风险评估指标体系的构建

评估重大建设项目社会稳定风险，主要应考虑两个方面：一是看重大建设项目的出台是否具备支持性的外部环境；二是看重大建设项目本身是否具有合法性与合理性、可行性与可控性。由此可以形成以下两部分评价指标体系：

（一）重大建设项目外部环境评价指标体系

构建重大建设项目外部环境评价指标体系，就是要了解重大建设项目的制定与实施是否具备支持性的外部环境，比如项目实施所在地的环境对重大建设项目是否具有足够的承受力；重大建设项目的实施是否会加剧当地的经济社会矛盾，以及当地对重大建设项目实施可能造成的经济社会矛盾能否有效化解。

外部环境评价指标体系主要包括政治指标、个人经济指标、社会经济指标，以及满意度指标。

1.政治指标

政治指标主要包括贪污腐败数量上升率、行政投诉数量上升率、群体性事件数量上升率。

2.个人经济指标

个人经济指标包括居民可支配收入、贫富差距、城镇失业率等。

3.社会经济指标

社会经济指标包括劳动争议处理情况、人民调解纠纷情况、治安情况、义务教育服务支出占GDP的比重、公共就业服务支出占GDP的比重、医疗卫生服务支出占GDP的比重、公共文化服务支出占GDP的比重等。

4.满意度指标

满意度指标主要包括公众对经济发展的满意度、对环境保护的满意度、对公共服务的满意度，以及对社会管理的满意度。

（二）重大建设项目自身评价指标体系

重大建设项目自身评价指标体系主要考察重大建设项目本身是否具有合法性与合理性、可行性与可控性，以反映重大建设项目制定与实施的可操作性。

1.重大建设项目的合法性评估

主要评估重大建设项目的制定、出台、实施是否符合党和国家的路线、方针、政策，是否具有政策、法律、法规依据；重大建设项目制定、出台、实施所涉及的利益调整是否具有政策、法律、法规依据，利益调整对象和范围的界定是否准确。

2.重大建设项目的合理性评估

主要评估重大建设项目的制定、出台是否符合经济社会发展规律；重大建设项目的制定、出台、实施是否坚持以人为本的指导思想，是否符合大多数人民群众的

根本利益；重大建设项目的制定、出台、实施是否超出大多数人民群众的承受能力；重大建设项目的制定、出台、实施是否得到大多数人民群众的理解与拥护。

3.重大建设项目的可行性评估

主要评估重大建设项目的制定、出台是否坚持严格的报批和审批程序；重大建设项目的制定、出台、实施是否经过科学的可行性分析；重大建设项目制定、出台、实施的时机是否成熟；重大建设项目的具体实施方案是否详尽、配套措施是否完善；重大建设项目的制定、出台、实施是否符合可持续发展的要求；重大建设项目的制定、出台、实施是否有权威部门的环保鉴定和审批手续；重大建设项目的实施是否会造成环境污染与生态污染，是否具备应对环境生态污染的配套措施。

4.重大建设项目的可控性评估

主要评估重大建设项目的制定、出台、实施是否会引发较大的社会治安事件；重大建设项目实施过程中可能遇到哪些社会治安问题；重大建设项目实施过程中是否会给当地及周边的社会治安带来较大的冲击；对可能出现的影响社会治安的问题，是否有应急处置预案。

四、指标选择应注意的问题

（一）指标设置要有因果逻辑性

分析评估指标体系的设置，应考虑建设项目与社会稳定风险之间存在的因果关系和逻辑关系，准确把握项目与风险之间存在的关系思路，即项目建设产生影响——个人及组织受到影响——受影响群体的要求——其要求得不到满足——发生风险，应周密考虑全过程各环节的影响因素。如项目建设内容、规模、选择地点等决定项目将对哪些群体产生影响、造成怎样的影响，进而扩大到当地社会。每个环节的指标针对性强，因果逻辑关系清晰，其结果才更具权威性。

（二）指标设置与风险调查内容紧密结合

分析评估指标的选取与设置应与风险调查内容紧密结合，问卷调查设计及调查结果、个人走访、部门座谈会和同类项目的经验等风险调查内容，都是选择风险指标的重要依据，此内容基本能准确体现各相关利益群体的意愿和诉求，其结果更准确可信。

（三）指标设置需动态跟踪监测

分析评估指标设置需进行动态跟踪监测，目前多为静态，只在风险调查时点上，而社会稳定风险分析评估要求从项目的决策、准备、实施、运营全过程进行分析评估，整个过程是一个动态过程，因此风险指标确定还需考虑分时点进行动态预判及跟踪，建设期和运行期风险可能发生的因素有所不同，在分析评估过程中应对风险发生的可能性进行预测，其结果才更全面。

（四）指标设置要关注潜在的风险因素

在风险指标设置中，很容易重点关注项目涉及的直接相关利益群体，如因项目需征地搬迁的居民、企业，项目涉及的当地政府及部门，直接受项目影响的周边环境等，而忽略了无直接利益相关群体，他们因某些社会不公现象而产生心理失衡，通过发泄不满以实现对政府的某种意愿表达，可能引发一定规模的群体事件，在指标设置中也应有所考虑。

■ 本章小结

从广义来讲，社会稳定风险是指因重大事项处置不当而引发利益矛盾、利益冲突甚至群体性事件的风险，是一种导致社会冲突、危及社会稳定和社会秩序的可能性。从狭义来讲，社会稳定风险是指在实施重大建设项目时，存在的对社会和群众生产与生活影响面大、持续时间长并容易导致较大社会冲突的不确定性。本章主要指狭义的社会稳定风险。

重大建设项目社会稳定风险评估是我国项目评估的创新工作机制，是特定发展阶段出于"维稳"的现实需要，对项目建设及运营可能引发的社会稳定风险所进行的专项分析和审查，目的是要规避和化解可能引发不稳定的社会矛盾风险。

社会稳定风险具有的一般特征主要包括客观性和现实性、不确定性和损失性、突发性和传染性。

利益冲突是蕴含社会稳定风险的根本原因，决策机制不科学是蕴含社会稳定风险的直接原因。

社会稳定风险影响领域主要包括：经济领域、生态环境系统、社会治安、制度方面风险等。

社会稳定风险评估的内容包括风险调查评估，风险识别评估，风险估计评估，风险防范、化解措施评估，落实措施后的风险等级评估以及风险分析结论。

重大建设项目的风险调查评估应重点围绕拟建项目的合法性、合理性、可行性、可控性等方面展开工作。

风险识别过程包括识别那些可能对目标产生重大影响的风险源、影响范围、事件原因和潜在隐患及其可能产生的后果，从而生成一个全面的风险列表。

识别风险的方法有很多，可以将其分为定量分析法和定性分析法，还可以分为宏观评估方法和微观评估方法。

风险估计是指在风险识别的基础上，通过层层剖析每一种风险因素的形成原因、影响表现、风险分布状况、影响程度和引发风险事件的可能性，以及各种风险因素之间是否相互影响的情形，归纳、筛选出其中的主要风险因素，并逐一对每项主要风险引发风险事件的概率、影响程度和风险程度所进行的预测性判断。

为避免主要风险因素可能引发的风险事件，应结合拟建项目的实际特点，研究提出有针对性的风险防范、化解措施，以在风险事件发生之前将风险因素完全消除，或者减少已经存在的风险因素，从而使风险事件发生概率降至接近于零。

在进行风险等级的分析时，应逐一预测主要风险因素在其防范、化解措施落实后的可能变化趋势，并结合预期可能引发的风险事件的风险程度，参照国家发改委或本地区、本行业制定的社会稳定风险等级评判标准，对拟建项目的社会稳定风险等级作出综合判断。

通过上述评估论证的结果，预测各主要因素风险可能变化的趋势和结果；对分析变化情况、落实措施后的风险等级进行综合判断，提出项目风险等级的评判结论。

社会风险分析结论，是对拟建项目进行社会稳定风险评估工作的重要依据。在风险分析结论中，应逐一阐述拟建项目的主要风险因素，主要的风险防范和化解措施，以及拟建项目的风险等级和落实主要风险防范、化解措施的有关建议。

评估主体是指在社会稳定风险评估中拥有一定权力，承担一定职能和相应责任的组织或个人，可以由组织领导主体、责任主体、监督主体和民主参与主体组成。

2012年8月，社会稳定风险评估主要依据为国家发改委（2012）2492号文发布的《国家发展改革委重大固定资产投资项目社会稳定风险评估暂行办法》。2013年2月，国家发改委以发改办投资（2013）428号文发布了《国家发展改革委办公厅关于印发重大固定资产投资项目社会稳定风险分析篇章和评估报告编制大纲（试行）的通知》，为社会稳定风险评估工作提供了一套基本的技术规范。目前各地、各行业针对重大项目社会稳定风险分析及评估报告编制工作均开始启动。

社会稳定风险评估牵涉面广、影响深远，充分吸纳民众意见，做到反映民意、传达民声，实现稳定与发展的互促共生，必须坚持全面性、客观性和科学性原则，这些原则相互联系、密不可分、缺一不可，是指导重大建设项目社会稳定风险评估工作的基本准则。

重大事项社会稳定风险评估工作可以分阶段实施，具体阶段和每一阶段的主要工作如下：明确评估对象和评估内容、识别主要利益相关方、制订风险调查方案、进行社会稳定风险分析、提出风险管理措施。

一般地说，社会稳定风险评估主要有六种方法，即访谈法、专家预测法、问卷调查方法、定量分析法、比较案例分析法和实验研究方法。

社会稳定风险评估指标体系的基本原则，主要有外部评价与内部评价相结合、客观评价与主观评价相结合、合法性与合理性相结合、可行性与可控性相结合的原则。

构建重大建设项目外部环境评价指标体系，就是要了解重大建设项目的制定与实施是否具备支持性的外部环境，外部环境评价指标体系主要包括政治指标、个人经济指标、社会经济指标以及满意度指标。

重大建设项目自身评价指标体系主要考察重大建设项目本身是否具有合法性与合理性、可行性与可控性，以反映重大建设项目制定与实施的可操作性。

■ 关键概念

重大建设项目　社会稳定风险　评估主体　风险等级

复习思考题

1. 社会稳定风险的具体含义是什么？

2. 社会稳定风险具有的一般特征是什么？

3. 社会稳定风险评估的内容有哪些？

4. 风险等级是如何划分的？

5. 社会稳定风险评估有哪些评估主体？

6. 详细论述社会稳定风险评估的原则。

7. 如何构建我国社会稳定风险评估指标体系？

国家发展改革委重大固定资产
投资项目社会稳定风险评估
暂行办法